संस्मरण और श्रद्धांजलियाँ

संस्मरण और श्रद्धांजलियाँ

रामधारी सिंह 'दिनकर'

लोकभारती प्रकाशन

लोकभारती प्रकाशन
पहली मंजिल, दरबारी बिल्डिंग, महात्मा गांधी मार्ग
प्रयागराज-211 001

वेबसाइट : www.lokbhartiprakashan.com
ईमेल : info@lokbhartiprakashan.com

शाखाएँ : 1-बी, नेताजी सुभाष मार्ग, दरियागंज
नई दिल्ली-110 002
अशोक राजपथ, साइंस कॉलेज के सामने
पटना-800 006
1, अनमोल सोराबजी संतुक लेन, धोबी तलाव,
मरीन लाइंस, मुम्बई-400 002

पहला संस्करण : 1969
पहला (लोकभारती) संस्करण : 2019
दूसरा संस्करण : 2024

मुद्रक : विकास कंप्यूटर एंड प्रिंटर्स
ट्रॉनिका सिटी-201 102

SANSAMARAN AUR SHRADHANJALIYAN
Memoirs by Ramdhari Singh 'Dinkar'

ISBN : 978-93-89243-10-9

मूल्य : ₹795

प्राक्कथन

पूज्य राष्ट्रकवि रामधारी सिंह 'दिनकर' को गुजरे छियालीस वर्ष हो गए। अब उनकी 110वीं जयन्ती का वर्ष बीत रहा है।

यूँ तो महाकवि दिनकर जी को राष्ट्रकवि कहा गया है पर महीयसी महादेवी वर्मा ने कहा था कि वे विश्वकवि हैं, क्योंकि उनकी कविताओं में मात्र राष्ट्रीयता की वाणी और उसकी स्वायत्तता का गौरवगान और संघर्ष नहीं है वरन् प्रेम का एक व्यापक क्षितिज है जो उन्हें विश्वकवि की श्रेणी में ले आता है। वस्तुतः दिनकर जी एक ही साथ विश्वकवि, महाकवि, राष्ट्रकवि और जनकवि–सभी हैं। उनकी विभिन्न कविताओं में भिन्न-भिन्न तौर पर उनके काव्य-व्यक्तित्व का वैशिष्ट्य प्रकट होता है।

दिनकर जी आज भी पाठकों के सर्वाधिक प्रिय कवि हैं और प्रासंगिक भी। उनकी कविताओं में आग है, राग है और अध्यात्म है। उनकी कविताओं का अवगाहन कर प्रतीत होता है कि वे अपने समकालीन कवियों से अलग तरीके से पाठकों के समक्ष प्रकट होते हैं।

दिनकर जी ने कहा था कि सच्चा कवि हमेशा जीवित रहता है–उसके प्रति राग और द्वेष के कारण उसके सामने उसका सही मूल्यांकन नहीं हो पाता। किसी कवि का सही मूल्यांकन उसके निधन के पचास वर्ष बाद होता है। और हम देख रहे हैं, जैसे-जैसे समय गुजरता जा रहा है, दिनकर जी की कविताओं की लोकप्रियता बढ़ती जा रही है।

पूर्व में दिनकर जी की सभी किताबें लोकभारती प्रकाशन से कुछ नवीन स्वरूप और अलग नाम देकर प्रकाशित हुई थीं। अब सभी पुस्तकें अपने पुराने नाम और प्रारूप में प्रकाशित हो रही हैं। आशा है, इससे दिनकर-प्रेमी हिन्दी साहित्य जगत् संतुष्ट होगा।

—अरविन्द कुमार सिंह

दिनकर भवन
आर्य कुमार रोड
पटना-800004

भूमिका

अपने समकालीनों की चर्चा करना बहुत ही नाजुक काम है, मगर यह चर्चा लेखक के लिए सुखद भी होती है। स्वर्गीय डॉक्टर काशीप्रसाद जायसवाल को अपना समकालीन मानने में कुछ संकोच होता है, मगर बात तो सच है कि कुछ दिनों के लिए वे हमारे भी समकालीन थे। इसी प्रकार डॉक्टर राजेन्द्र प्रसाद और राहुल सांकृत्यायन तथा टंडन जी भी हमारे समकालीन थे।

मित्रों और समकालीन महापुरुषों ने मेरे हृदय पर जो छाप डाली, मैंने उसी का विवरण लिखा है। अधिकांश संस्मरणों में अन्तरंगता की झलक मिलेगी, मगर कुछ में थोड़ी विवेचना भी आ गई है।

अगर पाठकों को ये संस्मरण पसन्द आए, तो समझूँगा कि मेरा प्रयास सार्थक है।

—रामधारी सिंह 'दिनकर'

नई दिल्ली
जुलाई, सन् 1969 ई.

अनुक्रम

पुण्यश्लोक जायसवाल जी

1

स्वर्गीय डॉक्टर काशीप्रसाद जायसवाल, वैसे तो मिर्जापुर के थे, किन्तु जन्म उनका सन् 1881 ई. में झालदा में हुआ था, जो जगह पहले बिहार में थी लेकिन राज्यों के पुनःसंगठन के बाद अब बंगाल में है। उन्होंने ऑक्सफोर्ड से इतिहास में एम.ए. किया था तथा इंग्लैंड में बैरिस्टरी भी पास की थी। देश लौटने के बाद उन्होंने कानून की प्रैक्टिस सन् 1907 ई. में कलकत्ता हाईकोर्ट में शुरू की। किन्तु उनके इतिहास के अद्‍भुत ज्ञान के कारण शीघ्र ही सर आशुतोष मुखर्जी ने उन्हें विश्वविद्यालय में बुला लिया जहाँ वे शायद साल भर से अधिक नहीं टिक सके।

जायसवाल जी आरम्भ से ही तेजस्वी देश-भक्त थे, अतएव अँगरेजों ने उनका नौजवानों के बीच रखा जाना पसन्द नहीं किया। पीछे जब पटना हाईकोर्ट की स्थापना हुई, जायसवाल जी पटना आ गए और वहीं कानून की प्रैक्टिस और इतिहास की साधना करने लगे।

कानून का आश्रय जायसवाल जी ने केवल जीविका के लिए लिया था। उनका हृदय और प्रायः समग्र अस्तित्व, वस्तुतः इतिहास को अर्पित था। भारत के प्राचीन इतिहास की बहुत-सारी खोज उन्नीसवीं सदी में की जा चुकी थी, किन्तु जायसवाल जी के अनुसन्धानों ने इतिहास के क्षेत्र में क्रान्ति मचा दी। अपने समय में वे शायद सम्पूर्ण संसार के सबसे बड़े अनुसन्धानी थे। यही नहीं, प्रत्युत अनुसन्धान के क्षेत्र में उनकी दृष्टि द्रष्टा की दृष्टि थी। खोज और सम्बुद्धि (इनटुइशन) के बल पर उन्होंने जो अनुमान लगाए, वे आगे चलकर सत्य प्रमाणित हुए और अपने जीवनकाल में ही उन्होंने देख लिया कि देश-विदेश के विद्वान अपनी पहले की लिखी पुस्तकों को फिर से लिख रहे हैं। विंसेंट स्मिथ ने भारत का जो इतिहास लिखा था, उसके बाद के संस्करणों में बराबर कुछ-न-कुछ परिवर्तन होता गया क्योंकि जायसवाल जी के अनुसन्धानों का क्रम जारी था और संसार के सामने बराबर वे कुछ ऐसे तथ्य रखते जा रहे थे जो बिलकुल नूतन और

अखंडनीय थे। स्मिथ के इतिहास का अन्तिम बार संशोधन श्री ई. एडवर्ड ने किया। उसकी भूमिका में उन्होंने यह स्पष्ट किया है कि इतने बड़े संशोधन की आवश्यकता इसलिए हो गई कि जायसवाल ज़ी ने जो बातें खोज निकाली हैं, वे पहले किसी को मालूम नहीं थीं।

जायसवाल जी का, प्रायः, अधिक समय खारवेल के शिलालेखों के पढ़ने से चला गया। इस सिलसिले में उन्होंने जो अनुसन्धान किए, उन्हीं के परिणामस्वरूप मौर्य और गुप्त वंशों के बीच का इतिहास यत्किंचित् निर्मित हो सका है। किन्तु उनका सबसे प्रमुख काम हिन्दू-राज्यतंत्र का अनुसन्धान है। सच पूछिए तो भारतीय इतिहास के एतद्विषयक अध्ययन के वे आदिप्रवर्तक हुए हैं। डॉक्टर डी.आर. भंडारकर ने अपनी 'मणीन्द्रचन्द्र नन्दी व्याख्यानमाला' में कहा था कि भारतीय राज्यतंत्र का अध्ययन करने की बात सबसे पहले जायसवाल जी को सूझी थी और उन्होंने ही सन् 1913 ई. में 'मॉडर्न रिव्यू' में इस विषय पर पहला लेख लिखा था। सन् 1925 ई. में ऑक्सफोर्ड के प्रोफेसर टामस बोडेन ने भी इस कार्य के लिए जायसवाल जी की भूरि-भूरि प्रशंसा की थी।

जायसवाल जी हिन्दी के बहुत बड़े प्रेमी और पक्षपाती थे। जब वे इंग्लैंड में थे, तभी से उनके हिन्दी लेख यहाँ पत्रों में छपने लगे थे। 'सरस्वती' में उनकी हिन्दी-कविताएँ भी निकली थीं। जब वे कलकत्ता छोड़कर पटना आए, उन्होंने 'साप्ताहिक पाटलिपुत्र' का कुछ महीने सम्पादन भी किया था। उनका देहावसान 4 अगस्त, सन् 1937 ई. को हुआ। उससे चार साल पूर्व यानी सन् 1933 ई. में उन्होंने बिहार प्रादेशिक हिन्दी साहित्य सम्मेलन के भागलपुरवाले वार्षिक अधिवेशन का सभापतित्व भी किया था।

2

दूर से तो जायसवाल जी के दर्शन मैंने पटना में कई बार किए थे, किन्तु उनके सम्पर्क में आने का अवसर मुझे इसी भागलपुर सम्मेलन में मिला। अपनी 'हिमालय के प्रति' नामक कविता का मैं बड़ा उपकार मानता हूँ। जनता में मेरा नाम पहले-पहल इसी कविता के कारण फैला, किन्तु उससे भी पूर्व, इस कविता ने मुझे जायसवाल जी का स्नेहभाजन बना दिया, यह उसका सबसे बड़ा उपकार है।

'हिमालय' कविता अचानक ही लिखी गई थी। बात यों हुई कि जब मैं सम्मेलन देखने को भागलपुर पहुँचा, मुझे पता चला कि दूसरे दिन जो

कवि-सम्मेलन होनेवाला है, उसके लिए कविता का विषय 'हिमालय' रखा गया है। मैं वहाँ लालूचक मोहल्ले में एक मित्र के घर ठहरा था। स्थान-संकोच के कारण सोने की जगह मुझे बरामदे पर मिली थी जो संकीर्ण था। मुझे जो खाट मिली थी, वह भी थोड़ी नसखट थी। उसी पर जगे-जगे मैंने रातभर में पूरी कविता लिख डाली। दूसरे दिन सम्मेलन में मैंने जब उसका पाठ किया, तब जायसवाल जी समेत सारी सभा झूम उठी और उतनी लम्बी कविता को तीन-चार बार पढ़वाकर सभा ने मुझे भारी प्रोत्साहन और गौरव प्रदान किया। जायसवाल जी के साथ मेरा सम्पर्क उसी समय से आरम्भ हुआ और वे जब तक जीवित रहे, उनके सहज स्नेह से मेरा आन्तरिक व्यक्तित्व बराबर सिक्त और प्रफुल्लित होता रहा।

3

मेरी कविताओं के प्रति उनका जैसा बर्ताव था, उससे मुझे सदैव यह भासित होता था कि संसार में जितनी भी अच्छी चीजें हैं, जायसवाल जी कविता को उन सबमें श्रेष्ठ समझते थे। कविता की चोट खाकर बड़े-से-बड़े लोग कैसे हिल जाते हैं और बदले में वे किस प्रकार कवि पर प्रेम और आशीर्वाद की वृष्टि करने लगते हैं, इसका यथेष्ट अनुभव मुझे 1933 के बाद होनेवाला था। किन्तु जब जायसवाल जी मेरे जीवन में आए, उससे पूर्व और किसी भी बड़े आदमी की दृष्टि मुझ पर नहीं पड़ी थी। और यह अच्छा हुआ कि मेरे सबसे प्रथम प्रशंसक जायसवाल जी हुए क्योंकि अब जब मैं सूर्य, चन्द्र, वरुण, कुबेर, बृहस्पति, शुक्र, इन्द्र, शची और ब्रह्माणी–सबके प्रेम और प्रोत्साहन का स्वाद जान चुका हूँ, तब यह साफ दिखाई देता है कि इनमें से कोई भी वैसा नहीं था, जैसे जायसवाल जी थे।

जायसवाल जी का प्रेम मेरे जीवन में सूर्य बनकर उदित हुआ और मेरे भीतर जो कमल बन्द था, उसके दल स्वयमेव उन्मुक्त होने लगे। उन दिनों पहले तो मैं स्कूल मास्टर था और बाद को सब-रजिस्ट्रार हो गया था। दोनों ही धन्धे ऐसे थे जिनके कारण मुझे, पटना से दूर, गाँवों में रहना पड़ता था। खैरियत की बात यह हुई कि जब मेरा नाम क्रान्तिकारी कवियों की श्रेणी में लिया जाने लगा, सरकार चौंक पड़ी और चार साल के भीतर उसने बाईस बार मेरा ट्रांसफर किया। घबराहट में आकर कई बार मैंने सोचा कि अब नौकरी छोड़ दूँ; किन्तु तीन बातें थीं जिनके कारण मैं नौकरी नहीं छोड़ सका। पहली तो यह कि नौकरी छूट गई

तो परिवार खाएगा क्या? दूसरी यह कि हर ट्रांसफर के साथ मुझे चार-छः दिनों की ट्रांजिट छुट्टियाँ मिल जाती थीं, जिन्हें मैं जायसवाल जी के सान्निध्य में बिताने को पटने चला आता था और तीसरी यह कि जायसवाल जी बराबर यह शह देते रहते थे कि इस्तीफा देने की अपेक्षा डिसमिस हो जाना ही श्रेष्ठ है।

ये ट्रांजिट की छुट्टियाँ मेरे लिए वरदान साबित हुईं। भागलपुर सम्मेलन के बाद से मैं अपना प्रधान श्रोता जायसवाल जी को मानने लगा। यही नहीं, ज्यों-ज्यों उनका प्रेम और प्रोत्साहन मुखर होता गया, त्यों-त्यों मेरे इस भाव में अधिकाधिक वृद्धि होती गई कि कविता वही श्रेष्ठ है जिसे जायसवाल जी पसन्द करें। फिर तो ऐसी अवस्था हो गई, मानो जीवन में कोई देवता आ गया हो और मैं उसी की प्रसन्नता के लिए उसी की योजना के अनुसार लिख रहा होऊँ! गाँवों में कविता रचते समय काले पत्थर की वह सरस, सजीव प्रतिमा, अनायास ध्यान में झलक मार जाती थी, जिसके सामने बैठकर पटना में मैं कविता पढ़ता था और जो कविताओं पर केवल झूमती ही नहीं, मात्राओं और वर्णों की अशुद्धियाँ और दुष्प्रयोग भी पकड़ती जाती थी।

जब मैं पहुँच जाता, कचहरी से लौटकर वे कोई काम नहीं करते। बीस बार सुनी हुई कविताएँ सुनते समय भी उनकी प्रतिक्रिया ऐसी होती, मानो मैं कोई नई रचना ही सुना रहा होऊँ! अक्सर उनके घर में यूरोप से आए हुए विद्वान ठहरे होते थे। जायसवाल जी उन सभी लोगों को मेरी कविताएँ सुनवाते और उनके सामने भी कविताओं पर उसी प्रकार झूमते रहते, जैसे एकान्त में झूमते थे।

मैं कई बार कहता, "ये बेचारे तो समझने से रहे। केवल शील के कारण मेरा अत्याचार सहते हैं।"

जायसवाल जी कहते, "नहीं बेटा! कविता में केवल भाव और विचार ही नहीं होते, उसमें लय और ताप भी होता है। लेट देम हियर। दे विल गेट द हीट आव् इट। इन्हें भी सुनने दो। वे उसकी गर्मी तो पा सकेंगे।"

4

जब जायसवाल जी स्वर्गीय हो गए, एक दिन जयचन्द्र जी ने मुझसे कहा, "तुम लोग अपने को परम सौभाग्यशाली समझो कि जायसवाल जी तुम्हारे साथ उतना समय बिता देते थे, नहीं तो कौन था जो उनका समय ले सकता था? वे अत्यन्त स्वाभिमानी, बल्कि अहंकारी मनुष्य थे और अपने एक-एक क्षण पर कठोरता से पहरा देते थे।"

जयचन्द्र जी ने जब मेरी आँख खोली, मुझे स्पष्ट दिखाई देने लगा कि जायसवाल जी में कड़ाके का अहंकार था और सचमुच यह हम लोगों का सौभाग्य था कि हमारे पहुँचते ही वे अपनी सन्ध्या बिलकुल खाली कर लेते थे।

एक बार जब मैं उनके साथ ठहरा हुआ था, एक शाम को श्री जे.सी. कुमारप्पा और श्री मथुराप्रसाद जी (राजेन्द्र बाबू के सचिव जो अब नहीं रहे) उनसे मिलने आए। जायसवाल जी ने आते ही उन्हें यह कह लौटा दिया कि अभी व्यस्त हूँ, कल प्रातःकाल साढ़े नौ बजे आइए।

दूसरे दिन, दुर्भाग्यवश वे लोग पन्द्रह मिनट देर से पहुँचे। जायसवाल जी कपड़े पहनकर कचहरी जाने को बरामदे पर आ गए थे और चाहते तो दो-चार मिनट उन्हें दे सकते थे, किन्तु यह बात उन्हें सूझी भी नहीं। उन्होंने घड़ी की ओर देखा और वे बोल उठे, "अब तो बात नहीं हो सकती, कभी और आइएगा।"

मुझे यह बात बुरी लगी। जब वे दोनों सज्जन चले गए, मैंने जायसवाल जी से कहा, "आप जानते भी हैं कि कुमारप्पा जी कौन हैं? वे गांधी जी के अपने आदमियों में से हैं।"

जायसवाल जी हँसने लगे और हँसते-हँसते ही बोले, "अरे, मैंने तो पहचाना ही नहीं। मैंने समझा, एक मथुरा है और दूसरा मथुरी।"

मैं लज्जित हो गया। जायसवाल जी शायद मथुरा बाबू को नहीं चाहते थे और कुमारप्पा से भेंट उन्होंने शायद इसलिए नहीं की कि वे मथुरा बाबू को साथ लेकर आए थे।

ठीक अहंकार तो नहीं, किन्तु उनके उत्कट स्वाभिमान की झाँकी मैंने एक बार और देखी जब रवीन्द्रनाथ शान्तिनिकेतन के लिए धन-संचय करने के सिलसिले में अपनी पार्टी के साथ पटना पधारे थे। मैं किसी ट्रांजिट की छुट्टी में ही पटना आया था और जायसवाल जी के साथ ठहर गया था। मिलते ही उन्होंने यत्किंचित् उत्साह से कहा, "रवीन्द्रनाथ पटने आ रहे हैं। अगले 13 अप्रैल को तुम छुट्टी लेकर यहाँ अवश्य आ जाना। तुम्हारी कविताएँ रवीन्द्रनाथ को सुनवाऊँगा और पूछूँगा कि कविताएँ कैसी लगती हैं।"

मैंने सानन्द यह आज्ञा स्वीकार कर ली और पूछा, "क्या वे आपके साथ ठहरेंगे?"

जायसवाल जी बोले, "अभी कुछ ठीक नहीं है। चाहो तो उनकी चिट्ठी तुम देख सकते हो।"

चिट्ठी में रवीन्द्रनाथ जी ने जायसवाल जी को लिखा था कि 'अमुक तारीख को हम अमुक उद्देश्य से पटने आ रहे हैं। बड़ी कृपा हो, यदि आप मेरे ध्येय

को सफल बनाने में सहायता दें।' मैंने समझा, गुरुदेव जायसवाल जी के ही पास ठहरने वाले हैं और मेरे इस अनुमान का जायसवाल जी ने खंडन नहीं किया।

13 अप्रैल को मैं बड़े ही उत्साह के साथ पटना पहुँचा, किन्तु जायसवाल जी को अप्रसन्नता से भरा देखकर मेरा सारा उत्साह पानी हो गया। न वह हँसी, न वह खुशी, न चुहलें, न कविता सुनाने का संकेत। पहले यदि वे कम अप्रसन्न रहे होंगे तो मेरे आने से कुछ और अप्रसन्न हो गए थे। हम लोग चुपचाप ही खाते-पीते उनके पास बैठे रहे।

रात में सोते समय मैंने जायसवाल जी के छोटे भाई इंजीनियर उमेशप्रसाद से पूछा, "क्यों, आखिर बात क्या है?"

उमेश जी बोले, "कुछ ठीक नहीं कहा जा सकता। मेरा खयाल है, भाई साहब गुरुदेव से नाराज हैं। उन्होंने शायद सोचा था कि गुरुदेव इन्हीं के साथ ठहरेंगे किन्तु वे तो बैरिस्टर पी.आर. दास के यहाँ उतर पड़े हैं, गरचे, दास साहब पटने में हैं भी नहीं। भाई साहब को इसी बात से चोट लगी है।"

शाम से लेकर सुबह तक मेरी तो हिम्मत ही नहीं पड़ी कि जायसवाल जी के सामने रवीन्द्रनाथ का नाम भी लूँ। सुबह को जब हम लोग चाय पर बैठे, तभी एक घटना घट गई। गुरुदेव के यहाँ से फोन आया। जायसवाल जी ने रिसीवर उठा लिया। पटने के स्वर्गीय बैरिस्टर श्री गोपालप्रसाद दास साहब के घर पर गुरुदेव की आवभगत में लगे हुए थे। फोन के दूसरे छोर पर वे ही थे। उन्होंने जायसवाल जी से कहा, "गुरुदेव अभी फुरसत में हैं। वे चाहते हैं कि आप अभी आ जाएँ तो संगति और कुछ वार्तालाप हो जाए।"

जायसवाल जी ने सिर्फ यह कहा कि 'मेरे पास समय नहीं है (नो, आइ हैव नो टाइम)।' और रिसीवर उन्होंने रख दिया।

जलपान की मेज पर का वातावरण और भी धुएँ से भर गया। स्पष्ट ही यह अच्छा व्यवहार नहीं था; किन्तु यह बात बोले कौन? जायसवाल जी तो इस प्रकार गम्भीर होकर चाय पी रहे थे, मानो आसपास की दुनिया से उन्हें कोई सरोकार ही नहीं हो! आखिर उमेश जी ने साहस बटोरकर कहा, "गुरुदेव अतिवृद्ध हैं। वे यदि आपसे मिलने नहीं आए तो यह कोई अपराध की बात नहीं है; किन्तु आपको ऐसा जवाब नहीं देना चाहिए था।"

अब घटा, अचानक ही, फट गई और जायसवाल जी ने अपने दिल का बुखार निकालना शुरू कर दिया, "इस शहर में अन्तरराष्ट्रीय ख्याति का व्यक्ति मेरे सिवा और कौन है? पटना आने पर मुझे विजिट देना रवीन्द्रनाथ का पहला कर्तव्य था। जो व्यक्ति इतने से शील का पालन न कर सका, उसके पास मैं क्यों दौड़ा जाऊँ

और वह भी गोपाल के कहने पर? क्या फोन पर रवीन्द्रनाथ खुद नहीं बोल सकते थे? मैं तो इस ग्लानि से मरा जा रहा हूँ कि मैंने व्यर्थ ही इस लड़के को (संकेत मेरी ओर था) बुलाया। और रवीन्द्रनाथ में ऐसी है भी क्या चीज? वे अँगरेजी लिखने के कारण प्रसिद्ध हुए हैं। तो देखना, मैं बुद्ध का जीवन-चरित कितनी अच्छी शैली में लिखता हूँ। और तुम कविता पर फिदा हो, तो देख लेना, वह रचना कितने कवित्व से युक्त होती है।" बातें उन्होंने कुछ और भी कही होंगी जो मुझे याद नहीं हैं।

बड़े से बड़े आदमी का भी जब धुआँ फूटता है, तब उसकी भाषा अतिरंजित और जोशीली हो जाती है।

मौके का फायदा उठाकर मैंने निवेदन किया, "लेकिन मुझको लेकर आप ग्लानि क्यों करते हैं? मैं तो अपने बाप के घर आया हूँ। गुरुदेव अपनी जगह पर हैं; किन्तु पिता तो सदैव पिता ही होता है।"

अब जायसवाल जी के मुख पर की घटा जरा पतली हो आई। सिगार को अधरों से हटाते हुए बोले, "लेकिन बाबा अगिन गिरि में जो ताप है, उसकी झाँस तो सबको झेलनी ही पड़ेगी।"

अगिन गिरि जायसवाल जी का छद्‌म नाम था। भगवान पर एक व्यंग्य काव्य उन्होंने इसी नाम से लिखा था। जब कोई कटु बात कहनी होती, तब उसे वे बाबा अगिन गिरि के ही मुख में रखकर बोलते थे। असल में उन्होंने यह नाम अपने व्यक्तित्व के उस पहलू को दिया था, जिसमें तुर्शी, चरपराहट और झाँस जरा ज्यादा थी।

उसी दिन शाम को रवीन्द्रनाथ की पार्टी ने 'चित्रांगदा' का अभिनय किया। रवीन्द्रनाथ मंच के एक कोने में आराम कुर्सी पर बैठे थे। जब खेल खत्म हुआ, जायसवाल जी हॉल छोड़ते-छोड़ते, शाही ठाठ से रवीन्द्रनाथ के पास से गुजरे और 'पोयेट, यू हैव मेड इट ए गुप्त थिंग' (कवि, आपने इसे गुप्तयुग की वस्तु बना दिया) कहकर हॉल से बाहर निकल गए।

रात के कोई दस बजे जब हम लोग भोजन कर रहे थे, गुरुदेव के यहाँ से फिर से फोन आया। बोलने वाले फिर गोपाल बाबू ही थे। उन्होंने जायसवाल जी से कहा, "गुरुदेव मारे आनन्द के विभोर हो रहे हैं। वे कई बार बोल चुके हैं कि जायसवाल जी ने एक शब्द में मेरी कला का सार समेट दिया। सचमुच चित्रांगदा गुप्तकालीन कला है; किन्तु यह बात मुझे अब तक नहीं सूझी थी।"

जब जायसवाल जी फोन सुन चुके, मैंने पूछा, "क्या फिर गोपाल बाबू ही थे?"

वे बोले "नहीं, गोपाली था।" फिर सब कुछ सुनाकर उन्होंने टिप्पणी ठोंकी, "तुम कवियों की बड़ाई रोज होनी चाहिए। वही तुम्हारा आहार है। जाकर देखो, बुड्ढा नाच रहा होगा।"

मैं गुरुदेव के यहाँ जा तो नहीं सका किन्तु वे जब अपनी पार्टी के साथ शान्तिनिकेतन वापस लौटे तब उनकी यात्रा का जो विवरण प्रकाशित हुआ, उसमें जायसवाल जी की इस उक्ति का प्रमुखता से उल्लेख था।

सन् 1937 ई. के चुनाव में कांग्रेस की जो अद्भुत विजय हुई, उससे जायसवाल जी गद्गद हो उठे थे। वे केवल इसी बात से खुश नहीं थे कि अँगरेजों के पिट्ठुओं को मुँह की खानी पड़ी थी, बल्कि ज्यादा खुशी उन्हें इस बात की थी कि जनता ने जमींदारों को झाड़ू से झड़ुआ दिया था। चुनाव के बाद जायसवाल जी ने 'मॉडर्न रिव्यू' में जो लेख लिखा, उसमें उन्होंने चुन-चुनकर चुनाव के उन गीतों के अनुवाद दिए थे, जिनमें जमींदारों के विरुद्ध जनता के आक्रोश और उत्साह का बखान था। उन दिनों बिहार और सारे भारतवर्ष के किसानों के अप्रतिम नेता क्रान्तिकारी संन्यासी स्वामी सहजानन्द थे। चुनाव में स्वामी जी की महिमा से सम्बन्धित गीत भी कई निकले थे और जायसवाल जी ने भी अपने लेख में स्वामी जी की बड़ाई लिखी थी। इस लेख से बिहार के जमींदार जलकर आग हो गए। उनमें से एक ने जायसवाल जी को लिखकर डाँटा भी कि 'आप हमीं से पैसे कमाकर हमारी ही जड़ काटते हैं!' जायसवाल जी ने उन महाराज महोदय को तुरन्त फटकारा, 'पैसे आप मुझे इसलिए नहीं देते कि आप मुझ पर कृपालु हैं, बल्कि इसलिए कि मेरे समान दूसरा वकील आपको नहीं मिलता।'

जमींदार महोदय इज्जत से चुप लगाकर बैठ गए।

5

जायसवाल जी मजाकिया भी एक ही थे और उनके सारे मजाक खूब गहरे, पैने और पुष्ट होते थे। अद्भुत से अद्भुत बातें उन्हें ठीक मौके पर सूझ जाती थीं। मजाक वे नये भी गढ़ते थे और यदा-कदा पुराने मजाक भी पूरी ताजगी से सुनाया करते थे। एक रात हम दोनों चाँदनी में बैठे गप्पें लड़ा रहे थे कि उन्होंने पूछा, "बेटा, कभी अगिन गिरि की वह भगवानवाली गप भी सुनी है या नहीं?"

मैंने कहा, "अगर बाबा अगिन गिरि कृपा करें तो अभी सुन सकता हूँ।"

जायसवाल जी बोले, "एक बार बाबा अगिन गिरि ने मुंशी अजमेरी से कहा, 'अजमेरी, एक बात जानते हो?'

अजमेरी बोले, 'कौन-सी बात महाराज?'

अगिन गिरि ने कहा, 'यही कि भगवान ने कहा—अरे, मैं मछली हो जाऊँगा; अरे, मैं कछुआ हो जाऊँगा; अरे, मैं सूअर हो जाऊँगा, किन्तु ब्राह्मण तो मैं नहीं ही बनूँगा।'

अजमेरी ने शंका उठाई, 'क्यों, परशुराम तो ब्राह्मण ही थे?'

अगिन गिरि ने कहा, 'बिलकुल गलत बात। जब रामावतार मौजूद है तब परशुराम अवतार कहाँ से होगा? एक समय में एक ही अवतार बड़ी मुश्किल से होता है। फिर एक ही समय दो-दो अवतार कैसे हो सकते हैं? और यह भी तो याद करो कि राम और परशुराम में लड़ाई हुई थी। तो क्या भगवान भगवान से लड़ने को अवतार लेता है? ना भाई, परशुराम वाज ए प्रिटेंडर (परशुराम बहानिया अवतार थे)।'

लेकिन अजमेरी जी ने माना नहीं। उन्होंने जब यह देखा कि परशुराम नहीं टिक सकते, तब वे बोले, 'तो महाराज, वामन को अवतार मानिएगा?'

इस पर अगिन गिरि को जरा ताव आ गया। वे बोले, 'अजमेरी, अब तुम रास्ते पर आ गए। भगवान ने जब यह देखा कि अब छल करना है, धोखा देना है, दानी को पाताल दिखाना है, तब वे भी यह मान गए कि ऐसे अवसर के लिए ब्राह्मण शरीर से बढ़कर और चोला नहीं।'"

और यह कहानी सुनाकर जायसवाल जी वह हँसे, वह हँसे कि कुछ मत पूछिए।

एक दूसरे दिन जब हम लोग रात का भोजन करके बाहर आए, जायसवाल जी बोले, "अच्छा, आओ बेटा! आज कुछ साहित्यिक गप्प-शप्प (मजाक में वे प को द्वित्व कर देते थे) की जाए।"

मैं सामने की कुर्सी पर बैठते हुए बोला, "तो शुरू कीजिए।"

जायसवाल जी बोले, "यही कि हिन्दी में केवल दोय कवि भये।"

मैंने पूछा, "वे कौन हैं भला?"

उन्होंने कहा, "एक तो वही चन्द, और दूसरा यही हरिचन्द।"

मैंने अकचकाकर पूछा, "और तुलसीदास?"

जायसवाल जी को मौज आ गई। बोले, "अरे, तुलसिया भी कौनो कवि रहा? उसकी तो बन्दरवा न सुधार देता रहा, जैसे गुप्तवा की महविरवा। मिलाओ हाथ!"

और 'मिलाओ हाथ' कहते हुए उन्होंने हाथ बढ़ाकर जो हँसना शुरू किया तो पूरे मिनट भर हँसते रहे। और हँसी के मारे मेरा भी बुरा हाल था। कहावत है कि तुलसीदास की अधूरी कविताओं को हनुमान जी पूर्ण कर देते थे। और इधर

तो यह सर्वविदित ही है कि श्री मैथिलीशरण जी की कविताओं का संशोधन पं. महावीर प्रसाद द्विवेदी किया करते थे। फिर महावीर और हनुमान का यह अद्‌भुत संयोग! इन व्याप्तियों पर जितना ही विचार करता, भीतर से हँसी का ज्वार उतना ही तेज होता जाता था।

एक बार आषाढ़ आने तक पटना में एक बूँद भी वर्षा नहीं हुई। लोग घबराकर भगवान की शरण में जाने लगे। हिन्दुओं ने बहुत पूजा की, बहुत पाठ किया, मंत्र और कीर्तन गाया, इन्द्र देवता को आरती दिखाई, मनों घी और जौ जलाकर भस्म कर डाला, लेकिन इन्द्र देवता नहीं पसीजे। अब मुसलमानों की बारी थी। वे भी जुटकर सम्मिलित नमाज पढ़ने लगे। अजब संयोग कि एक-दो नमाजों के बाद ही आकाश में बादल उमड़ आए और रातभर मूसलाधार वृष्टि होती रही।

दूसरे दिन जायसवाल जी जब हाईकोर्ट गए, उनके मित्र बैरिस्टर यूनुस ने (जो 1937 ई. में बिहार में अंतरिम मुख्यमंत्री हुए थे) मजाक किया, "देखा जायसवाल! तुमने उतना घी और जौ व्यर्थ ही बर्बाद किया। भगवान तो सामूहिक नमाज के मुन्तजिर बैठे थे। हमने नमाज पढ़ी नहीं कि वर्षा के मारे जल-थल एक हो गया।"

जायसवाल जी निर्लिप्त भाव से बोले, "व्हाट कैन आइ डू यूनुस? अल्लाताला हैज अल्सो बिकम ए कमुनलिस्ट (क्या करूँ यूनुस! अल्लाताला भी सम्प्रदायवादी हो गया)।"

जायसवाल जी ईश्वर को मानते थे या नहीं, यह बात कभी भी ठीक से मेरी समझ में नहीं आई। एक दिन मैंने उनसे कहा, "आप योग में विश्वास करते हैं, मंत्र-तंत्र को मानते हैं, यह भी सोचते हैं कि भूत-प्रेत का अस्तित्व हो सकता है, तो फिर आप नास्तिक कैसे हुए? आपको तो आस्तिक होना चाहिए?"

वे बोले, "बचपन में जो गुरुजी मुझे पढ़ाते थे, वे नास्तिक थे। जब पढ़ने को विलायत गया, तब जिस बुढ़िया के घर में डेरा रखा, वह बुढ़िया ईश्वर के बोझ से बरी थी। लौटकर जब भारत आया, तब संगति पंडित रामावतार शर्मा की हो गई। अब बुढ़ापे में लुढ़कते-लुढ़कते ईश्वर की ओर जाता, तब राह में रहुलवा (राहुल सांकृत्यायन) आय गया है।"

एक दिन रात में हम लोग भीतर भोजन कर रहे थे कि इतने में मेरे एक मित्र मुझसे मिलने आए और बरामदे में एक कुर्सी पर बैठ गए। जायसवाल जी के पास कई कुत्ते थे जिनमें से एक का नाम कैसर था। वह डील-डौल में बाघ मालूम होता था। उसका जबड़ा विशाल था। मेरे मित्र को कुर्सी पर बैठा देखकर कैसर उनके पास पहुँच गया और बिना कुछ बोले वह अपना पूरा जबड़ा उनकी गोद में रख

चुपचाप खड़ा हो गया। पता नहीं, यह व्यवहार उसने पुचकार पाने की आशा में किया था या अहिंसक ढंग से उन्हें कैद करने के लिए; किन्तु मित्र महोदय को भय के मारे समाधि लग गई। हिलने-डुलने की तो बात ही क्या, उनके मुँह से कोई आवाज नहीं निकली। भोजन समाप्त करके जायसवाल जी जो बाहर निकले तो उलटे पाँव फिर कोठरी में लौट गए। प्रयासपूर्वक दबाई हुई हँसी से उनका सारा आनन फड़क रहा था। फिर तुरन्त मुझे पकड़कर वे बाहर आ गए और कैसर के पास पहुँचते-पहुँचते बड़े जोर से भभा उठे। सचमुच, बिन्दो बाबू का बुरा हाल था। वे कोई पन्द्रह मिनट से कुत्ते की कैद में प्रतिमावत् निश्चल होकर बैठे रहे थे। लेकिन टीप का बन्द तो तब आया जब जायसवाल जी ने कहा, "बाबू साहब! इतनी देर तक तो आप हनुमान चालीसा ही पढ़ रहे होंगे?"

मोहनजोदड़ो और हड़प्पा के शिलालेख अब तक भी पढ़े नहीं जा सके हैं। किन्तु जायसवाल जी के जीवन-काल में ही यह अफवाह उड़ी कि काशी के एक विद्वान शिलालेखों के पढ़ने में सफल हो गए हैं। जायसवाल जी जब काशी जाते, तब विख्यात कलामर्मज्ञ श्री रायकृष्णदास जी के साथ ठहरा करते थे। एक बार जब वे राय साहब के अतिथि हुए, उन्होंने उस विद्वान को अपने पास बुलवाया और कहा कि आप इन शिलालेखों को कैसे पढ़ते हैं, यह मैं भी देखना चाहता हूँ। शिलालेखों के फोटो उस विद्वान के सामने रखे गए; किन्तु उनकी पाठ-पद्धति को देखकर जायसवाल जी ने उनसे कहा, "महाराज, अगर यही हाल है तो यहाँ से लौटते समय दुकानों पर की जलेबियाँ भी आपको शिलालेख नजर आएँगी।"

जब 'भारत-भारती' पहले-पहल प्रकाशित हुई, द्विवेदी जी ने 'सरस्वती' में उस पर एक लेख लिखा था जो प्रशंसात्मक और अत्यन्त प्रभावपूर्ण था। लेख के अन्त में द्विवेदी जी ने मैथिलीशरण जी के साथ अपनी मैत्री का भी जिक्र किया था और लिखा था, 'लेकिन मैंने इसका कोई खयाल नहीं रखा है। सत्य, इसके साक्षी तुम हो।'

जायसवाल जी पाटलिपुत्र में जब 'भारत-भारती' की समीक्षा करने लगे, उन्होंने पुस्तक और लेखक तथा प्रकाशक के नाम एवं मूल्यादि लिखकर केवल एक वाक्य लिखा, 'स्वर्ग से फतवा आया है।' और उसके बाद द्विवेदी जी का पूरा-का-पूरा लेख उद्धृत कर दिया।

जायसवाल जी के पास जो छोटे-छोटे दो कुत्ते थे, उनमें से एक का नाम उन्होंने तिलक सिंह और दूसरे का मोहन सिंह रखा था। एक दिन, बड़ी गम्भीरता से कहने लगे, "तिलक सिंह तो इस साल निःसन्तान ही रहा। हाँ, मोहन सिंह के दो लड़के हुए थे। एक मर गया और दूसरा वियोगी जी के पास है।"

नवयुवकों को वे खान-पान में उदार बनाना चाहते थे। चूँकि मैं मांस नहीं खाता था, इसलिए बार-बार वे मेरे मन को हिलाते-डुलाते रहते थे। कभी कहते, 'अरे शास्त्रों में लिखा है कि जिसके घर से चिरायँध नहीं आती, उसके पितर स्वर्ग में रोया करते हैं।' कभी कहते, 'बुद्धदेव ने हिन्दुओं को बुद्धू बना दिया, इसीलिए उन्होंने मांस खाना छोड़ दिया।' कभी कहते, 'तुम्हारा शरीर बुढ़ापे के प्रहारों को नहीं झेल सकेगा क्योंकि यह केवल दूध पर पला है।'

एक दिन शाम को मैं ज्योंही उनके पास गया, वे बोले, "अच्छा, तो लौटकर जरा सड़क की ओर जाओ तो।" मैं कुछ समझ नहीं सका। उन्होंने फिर कहा, "अच्छा, सड़क नहीं, उस फूल तक चले जाओ।" मैं उलटे पाँव लौटकर फूल तक जाकर ठहर गया। फिर वे बोले, "अच्छा, अब चले आओ।" मैं उनके पास आकर ठहर गया। अब उन्होंने पूछा, "अच्छा, बताओ तो सही, यह पुण्य हुआ या पाप?"

मैंने हँसते हुए कहा, "यह भी कोई पूछने की बात है! यह तो न पुण्य हुआ, न पाप।"

जायसवाल जी अपने चेहरे पर सात मन नकली गम्भीरता भरते हुए धीरे से बोले, "तो फिर मांस खाना भी न पुण्य होता है, न पाप। वह केवल खाना होता है।"

सौभाग्य से जायसवाल जी की सहधर्मिणी मांस नहीं खाती थीं। उनकी कृपा से मुझे सुस्वादु वैष्णव भोजन तो मिलता ही था, आड़े वक्त वे शास्त्रार्थ में भी मेरा पक्ष ले लेती थीं।

एक बार जब जायसवाल जी मुझे दबाए चले जा रहे थे, माता जी बोल उठीं, "अरे बेटा, इनसे यह पूछो न कि जीव-दया की बात अगर गलत है तो ये उस बकरे का मांस क्यों नहीं खाते जिसकी आवाज इनके कान में पड़ जाती है?"

जायसवाल जी अपनी कमजोरी के सामने आप ही परास्त हो गए। बोले, "हाँ, यह तो है कि मैं अपने पालतू बकरे और कबूतर को अपना भोजन नहीं बना सकता।"

लेकिन एक बार उन्होंने माता जी (अपनी पत्नी) को ही बनाकर धर दिया। उस बार वे कहीं पहाड़ जाकर लौटे थे। कहने लगे, "इस बार पहाड़ पर हम लोग रेणुका माई का स्थान देखने गए थे। कई मील तक बस पर जाना होता है। सो हम भी जब बस पर चढ़े, तब क्या देखते हैं कि हर आदमी या तो कबूतर या मुर्गी लिये चल रहा है। जब धाम पर पहुँचे, तब वहाँ भी वही तमाशा। जिधर देखो, बेचने वाले मुर्गियाँ बेच रहे हैं। मेरे मन में आया, हो न हो, यह रेणुका-धाम नहीं, किसी पीर का मकबरा होगा और हम लोग यहाँ गलती से आ गए हैं।

लेकिन पूछ-ताछ करने पर पता चला कि यह रेणुका माई का ही धाम है और मुर्गी तथा कबूतर का चढ़ावा यहाँ चलता है। तब मैंने इनसे (माता जी से) कहा, देखा न? रेणुका माई डटकर मुर्गी और कबूतर खाया करती थीं, तभी तो उनकी कोख से परशुराम का जन्म हुआ। एक आप हैं कि कद्दू और करेला छोड़कर और कुछ खातीं ही नहीं। तभी तो परशुराम के बदले चेत सिंह और चतुर्भुज सिंह जनमे हैं।"

चेत सिंह और चतुर्भुज सिंह जायसवाल जी के प्रथम दो पुत्रों के नाम थे। भाई चेत सिंह मलाया में बैरिस्टरी करते थे। शोक की बात है कि वे अब नहीं रहे। लेकिन, उनके बाकी बेटे, ईश्वर की कृपा से कमा-खा रहे हैं।

6

जायसवाल जी की कितनी ही बातें याद आती हैं। राष्ट्रीय आन्दोलन पर उनकी एकान्त श्रद्धा थी और यद्यपि अहिंसा के वे आलोचक थे, किन्तु गांधी जी का बहुत आदर करते थे।

एक दिन शाम को मैं उनके यहाँ जरा देर से पहुँचा। पूछने पर कहना पड़ा कि मैदान में गांधी जी का भाषण हो रहा था, मैं वहीं जरा विरम गया था। फिर मैं उन्हें गांधी जी के भाषण का सारांश सुनाने लगा। देखा, उनकी आँखें धीरे-धीरे सजल हो गईं। रोने की वैसी कोई बात नहीं थी। जायसवाल जी यह सोचकर पसीज उठे थे कि भारतमाता ने सचमुच एक महावीर उत्पन्न किया है।

प्रबन्ध-काव्य पर उनका नैसर्गिक प्रेम था। दुःख है कि 'कुरुक्षेत्र' और 'रश्मिरथी' की रचना वे नहीं देख सके। उनकी आज्ञा थी कि बुद्धदेव पर मैं कोई खंड-काव्य लिखूँ। 'लाइट ऑव एशिया' और 'बुद्धचरित'—ये दो काव्य मैंने उन्हीं की प्रेरणा से पढ़े थे। उस समय 'बुद्धचरित' को लेकर मैं कुछ सपने भी देखने लगा था; किन्तु वह काव्य आज तक नहीं लिखा जा सका। घुणाक्षर-न्याय से कभी वह लिख गया तो उसे मैं जायसवाल जी की ही कृपा का प्रसाद समझूँगा।

वे न तो पटना हाईकोर्ट के जज हो सके, न पटना विश्वविद्यालय के वाइस चांसलर। वे अँगरेजों के स्वेच्छाचारिता के दिन थे। उस समय विद्याबुद्धि भी उसी की आदर पाती थी, जिसमें कुछ विद्येतर गुणों का भी प्रकर्ष हो। ये खास तरह के गुण जायसवाल जी में नहीं थे। मेरा खयाल है, जायसवाल जी काफी सँभलकर चलने लगे थे। लेकिन उनके स्वभाव में जो अक्खड़पन था, उसकी झाँस गवर्नरों को कभी भी अच्छी नहीं लगती होगी।

फिर भी उनके जज या वाइस चांसलर न होने का उतना दुःख नहीं है जितना इस बात का कि वे भारत का सुसम्बद्ध इतिहास नहीं लिख सके। जायसवाल जी उन दुर्लभ लोगों में भी अत्यन्त श्रेष्ठ थे जो भारतीय इतिहास के सभी कालों के ज्ञाता होते हैं। उनकी इच्छा थी कि वे भारत के सभी कालों का इतिहास, सुसम्बद्ध रूप में लिख दें। प्रोफेसर शेरवास्की उन दिनों जीवित थे और जायसवाल जी से उनका बराबर पत्राचार चलता था। एक पत्र में शेरवास्की ने जायसवाल जी को लिखा था कि तुम यह इतिहास अवश्य लिख डालो क्योंकि तुम्हारे बाद मुझे कोई भी ऐसा व्यक्ति नहीं दिखाई देता जो इस काम को सफलता से पूरा कर सके। लेकिन आर्थिक कारणों से जायसवाल जी इस कार्य का आरम्भ नहीं कर सके। पीछे, जब सुविधा आने-जाने को हुई, जायसवाल जी स्वर्गीय हो गए। इस प्रकार वह कार्य होने से रह गया जिसे यदि जायसवाल जी कर पाते तो वह अत्यन्त प्रामाणिक और विलक्षण हुआ होता; किन्तु जितना काम वे कर गए हैं, वह उनके नाम को अमर बनाने के लिए यथेष्ट हैं।

[मई, 1960 ई.]

श्री राहुल सांकृत्यायन

'लेकिन, उस समय मुझे तनिक भी अनुमान नहीं था कि इसी आदमी का विकास उस राहुल सांकृत्यायन के रूप में होगा जिसे मैं आज जानता हूँ—एक ऐसा मनुष्य, जो बुद्ध से मिलता-जुलता है, जो जीव मात्र के प्रति दुर्भावना से मुक्त है, जिसका दृष्टिकोण विश्वव्यापी है, जो पूर्णरूप से सुस्थिर और शान्त है, जिसके पास बच्चे आप-से-आप दौड़ पड़ते हैं, जो अगर यह कहे कि 'मेरे पीछे आओ', तो मनुष्य उसके पीछे, उसी प्रकार चल पड़ेगा, जैसे वह गौतम या ईसामसीह के पीछे-पीछे चलता था।'

—काशीप्रसाद जायसवाल

एक धर्म-प्रचारक, जिसमें उत्तरीय के सिवा धार्मिक परम्परा का कोई आडम्बर नहीं; ऐसा विद्वान जिसने सारी विद्याओं में डूबकर केवल नास्तिकता को ग्रहण किया हो; एक साधु जिसे राह चलते अनावश्यक अवसरों पर भी ईश्वर पर व्यंग्य, शास्त्रों की भर्त्सना और अंडों के प्रचार में आनन्द आता हो; साहित्य में रहते हुए जिसे राजनीति का मोह हो और राजनीति की ओर अग्रसर होते हुए जिसे कुछ घृणा, कुछ झिझक-सी लगे; युगविधायक अनुसन्धान करते हुए भी जिसे अपना श्रम व्यर्थ मालूम होता हो; इतिहास को मुर्दों का क्षेत्र कहकर जो जिन्दों के बीच जीने की लालसा से रूस दौड़े और जिन्दों के जीवन से मर्म पर व्याघात लेकर फिर मुर्दों के देश लौट आए; प्रकांड विद्वान; बहुत बड़ा स्वतंत्र विचारक; सांस्कृतिक क्रान्ति का उग्र नेता, क्रान्तिदर्शी और विक्रान्त परिश्रमी; लेकिन अपनी पूरी शक्ति के उपयोग के योग्य निश्चित क्षेत्र के अभाव में अमूल्य विचारों का बहुत बड़ा बोझ ढोता-सा; संसार जिसे असाधारण एवं अज्ञेय रहस्य मानकर विस्मय करे, उसे साधारण—अतिसाधारण—मानकर उसकी खिल्ली उड़ाता-सा, श्रद्धावान् हाथ जोड़कर जब गगनोन्मुख हो, तब ऐसा दिखलाता-सा, मानो मैं आकाश में भी घूम चुका हूँ, वहाँ कुछ नहीं है; देवताओं के सामने मनुष्य और स्वर्ग के सामने पृथ्वी को पूजनेवाला; जो अपने तर्क के तीखे बाणों से परम्परा, रूढ़ि और प्राचीन संस्कारों पर कुटिल व्यंग्य कसने का आदी हो; धुन का पक्का, लगन का कड़ा,

साँप के फन पर जानबूझकर पैर रखनेवाला; ऐसी विचित्रताओं का आगार है वह मनुष्य, जिसे हम राहुल सांकृत्यायन के नाम से अभिहित करते हैं।

और राहुल जी के स्वभाव की ये विशेषताएँ, जिन्हें मैंने झाँकी को आकर्षक बनाने के लिए जरा गाढ़े रंग में दिखलाया है, परस्पर-विरोधी नहीं हैं, गर्चे दूर से देखने पर वे आपस में मेल-खाती-सी नहीं दीखतीं। दरअसल वे उनके विचार-स्वातन्त्र्य और अधिक से अधिक ठोस काम कर गुजरने की चेष्टा से निकली हुई विभिन्न किरणें हैं, जो अक्सर एक-दूसरे के रंग से हटकर अलग रहती हुई-सी जान पड़ती हैं। ये उनकी इस परम व्याकुलता के द्योतक हैं कि क्या करें कि तपस्या सफल हो, कौन-सा मार्ग मिले कि संचित शक्ति अपनी पूर्णता के साथ संसार के व्यापक कल्याण का हेतु बन सके। वे एक बार अन्धविश्वास के अन्तराल में बुद्धि की तीव्रतम किरण बनकर घुसना चाहते हैं; दूसरे क्षण, बौद्धदर्शनों का अनुवाद बिखेरकर उसपर आघात करना चाहते हैं। कभी साहित्य में स्वतंत्र चिन्ता का समावेश करते हैं; कभी राजनीति को अन्धभक्ति के दल-दल से निकालना चाहते हैं। वे शक्ति के एक बहुमुखी स्रोत हैं, जो चारों ओर से मनुष्यों की मानसिक गुलामी का प्राचीर तोड़ना चाहता है, किन्तु अन्तर्द्वन्द्वों की उलझन में फँसकर जिसके प्रहार का वेग इच्छानुकूल नहीं हो पाया है।

कुछ वर्ष पहले की बात है, हिन्दी के मंच से रोमन लिपि का समर्थन सुनना सारी सभा के लिए असह्य था। और स्वर्गीय जायसवाल जी के सभापतित्व में होनेवाले बिहार प्रादेशिक हिन्दी-साहित्य-सम्मेलन के मंच से छह फीट लम्बी एक दिव्य, बलिष्ठ मूर्ति ने बड़ी शान्ति और निश्चिन्तता के साथ यही अपराध किया था। खलबली के बीच एक सभासद ने क्षोभ से पूछा, "प्रस्तावक महोदय कहाँ के प्रतिनिधि हैं? उन्हें सभा की कार्यवाही में भाग लेने का क्या अधिकार है?"

जायसवाल जी ने उठकर अपने स्वाभाविक विनोद से उत्तर दिया, "राहुल जी तिब्बत के प्रतिनिधि हैं।"

तब से उनके संसर्ग में रहकर यह जान सका हूँ कि राहुल जी में कितने ही गुण महामानव के हैं। अगर जीवन ने प्रतिभा का साथ दिया तो उनका स्थान उन पुरुषों के बीच होना चाहिए जिनकी संख्या किसी भी युग में अधिक नहीं होती। आज जब उनके जीवन के दृष्ट और श्रुत, समग्र अंश पर एक विहंगम दृष्टि डालने का अवसर आया है, मुझे ऐसा लगता है कि आज से लगभग बत्तीस वर्ष पूर्व जो बालक आजमगढ़ जिले के कनैला ग्राम से सांसारिक सुखों का मोह त्याग कर चला था, उसके हृदय में केवल विरक्ति की ही आग नहीं थी, बल्कि एक अनिर्वचनीय पिपासा की ज्वाला भी, जो किसी दिन राजकुमार सिद्धार्थ के हृदय में जली थी,

जो प्रत्येक युग में महामानवों के हृदय में जला करती है। राहुल जी का ध्यान एक ऐसी आत्मा का ध्यान है जो युग-युगान्तर से अन्धकार के बीच आलोक खोजती आ रही है; एक के बाद दूसरी प्राप्तियाँ उसके पथ में आती हैं, किन्तु वह उन्हें पीछे छोड़कर 'नेति-नेति', इतना ही नहीं, इतना ही नहीं, कहते हुए आगे बढ़ जाती है, मानो जो सिद्धि मिली है, वह उसे तृप्ति नहीं दे सकती; मानो जो कुछ वह खोज रही है, वह अभी और आगे है।

राहुल जी के इस महान अभियान में बार-बार ऐसी स्थिति पैदा हुई है जो मनुष्य की गति रोक सकती थी। वैराग्य के मार्ग में हाथ जोड़कर खड़ी होनेवाली मठ की सम्पत्ति को छोड़कर वे आगे बढ़े। अपनी आन्तरिक पिपासा को उन्होंने विद्या के जल से बुझाना चाहा, काशी में बैठकर उन्होंने संस्कृत-दर्शनों का अभ्यास किया, मद्रास जाकर उन्होंने वैष्णव-आगमों को अधिकृत किया; फिर भी शान्ति उन्हें नहीं मिली। अपने लिए तथा समस्त मानव-जाति के लिए वे जिस आलोक की खोज में चल रहे थे, उसकी प्राप्ति देवताओं की गुलामी करने से नहीं हो सकती थी। वैष्णव-आगमों से उन्हें निराशा हुई और वे वहाँ से भी आगे बढ़ गए। लंका पहुँचकर उनके संकल्प ने दुर्दांत रूप धारण किया। लगभग दो वर्षों की कठोर तपस्या एवं बौद्ध दर्शनों के अविरत मंथन के बाद मिट्टी जैसे उनके पैरों के नीचे आई और शायद पहली बार वैष्णव रामोदारदास के हृदय से विष्णु की भावना दूर हो गई। माया-पुत्र गौतम के उपदेशों ने माया की फाँस काट दी। राहुल जी (तब के रामोदारदास) के हृदय में यह बात बैठ गई कि मनुष्य का कोई ईश्वर नहीं हो सकता। वह अपने कर्मों के सिवा किसी भी अन्य शक्ति के अधीन नहीं है। उनके मन में मनुष्य की महत्ता अपने सम्पूर्ण चमत्कारों के साथ चमक उठी। संस्कृत आगमों के देवता मनुष्य से नीचे आ गए। स्वर्ग और नरक जलकर भस्म हो गए। आध्यात्मिकता भौतिकता से मिलने को नीचे उतर आई। छूँछा आदर्श, रहस्यवाद के फेरे में डालकर मानवीय श्रम को व्यर्थ करनेवाली दार्शनिक कल्पनाएँ कुहरे की भाँति फट गईं। राहुल जी ने देखा कि मनुष्य का जीवन उसके अपने हाथ में है। ईश्वर और देवताओं का साहाय्य लिये बिना उपनिषदों के रहस्य-रूप पर विस्मित और चकित हुए बिना वह अपने जीवन को जैसा चाहे बना सकता है।

बौद्ध-दर्शन के सांगोपांग अध्ययन की तृषा दुर्गम मार्गों से घसीटकर उन्हें तिब्बत ले गई। इसी बीच हिन्दी-साहित्याकाश में उनका उदय धूमकेतु की भाँति हुआ। भू-मंडल के सभी प्राच्य विद्याविद् उनके ऐतिहासिक अनुसंधानों पर विस्मय कर रहे हैं। धर्मकीर्ति के प्रमाणवार्तिक को तिब्बत के मठों से भारत लाकर उन्होंने बौद्धदर्शन के इतिहास में क्रान्ति ला दी है। मास्को के विख्यात भारत-विद्या-विशारद

प्रोफेसर शेरवास्की उनके अनुसन्धानों का अन्तरराष्ट्रीय प्रदर्शन करके उनका सम्मान करना चाहते हैं, उनके कार्यों को ऐतिहासिक महत्त्व देना चाहते हैं। और स्वर्गीय जायसवाल जी ने 'मॉडर्न रिव्यू' (LXI, No.2, 1937) में लिखा था कि राहुल जी ने लगभग डेढ़ सौ ऐसे ग्रन्थों का उद्धार किया है जिनमें से किसी एक का उद्धारक भी इतिहास में अमर पद पा सकता था।

किन्तु राहुल जी यहाँ भी रुकते नहीं दीखते मानो दिगन्तव्यापी सुयश के आलोक में भी कोई सार नहीं हो! ऐसा लगता है, इस अनुसन्धान-कार्य को छोड़कर वे फिर आगे जा रहे हैं किसी सार्वजनिक कल्याण की खोज में। उनकी आज की राह में मिट्टी ठोस और आकाश शून्य है। यह वह युग है, जिसमें गांधी जैसे सन्त की आदर्शप्रियता राजनीति को अपना माध्यम चुन रही है। अजब नहीं कि राहुल जी भी अपने लक्ष्य की प्राप्ति के लिए राजनीति का अवलम्ब ग्रहण करें। कोरी आध्यात्मिकता के दिन सैकड़ों वर्ष पूर्व ही लद चुके। आज के अवतारों को भी राजनीति से अलग रहकर अपना संदेश नहीं देना है।

पीले उत्तरीय से आवृत्त एक दीर्घकाय मनोरम मूर्ति, नख से शिख तक प्रतापवान्, ओठों पर अन्तरतम से पल-पल उल्लसित आनन्द की हलकी रेखा, आँखों की ऐसी प्रभा जैसे उनके पीछे बहुदृष्टता का कोष छिपा हो और जैसे वे अब भी कुछ हेर रही हों! आकृति प्रसन्न, आनन के चतुर्दिक् अमोघ शान्ति का आलोक, राहुल जी सचमुच अपनी परम्परा के गुरु तथागत से मिलत-जुलते हैं, सिवा इसके कि उनकी आँखों में बुद्धदेव की आँखों की नीलिमा नहीं है। बातें वे इतनी सरलता से करते हैं कि उनका शब्द-शब्द आपके दिल पर बैठता जाता है। वे कभी खुलकर नहीं हँसते, फिर भी ऐसा लगेगा कि आपकी बातों से उन्हें काफी आनन्द आ रहा है। आपकी युक्तियों का खंडन वे बड़ी सहजता से करेंगे और इतने कम शब्दों में कि आपको विस्मय होगा, 'कहीं यह मनुष्य मुझसे इन्हीं प्रश्नों की आशा तो नहीं करता था?' उनकी आकृति पर वातावरण को असह्य बना देनेवाली विषैली गम्भीरता की कभी कल्पना भी नहीं की जा सकती। अहिंसा का यह हाल है कि उनके कीमती समय में धँस पड़िए तो अधीर नहीं होंगे। जितनी देर चाहिए, बातें करते जाइए, वे नैसर्गिक मुस्कान के साथ बोलते जाएँगे। स्वयं प्रश्न कम करेंगे, किन्तु कहीं आपके दिल पर हलकी-सी चोट न लग जाए, इसलिए उत्तर वे अवश्य देंगे। ओठों पर मुस्की और आनन पर धैर्य वर्तमान रहेगा; किन्तु मन में उनका कार्य जो आपके आ जाने से अधूरा रह गया है, बार-बार टक्कर मारेगा; लेकिन वे उसे सहते रहेंगे, केवल इस आशा में कि रात में दो घंटे अधिक जगकर वे इस कमी को पूरा कर लेंगे। और स्मरण रहे कि राहुल जी की दृष्टि

में समय और श्रम से अधिक मोल किसी वस्तु का नहीं है। वे चम्मच से इसलिए खाते हैं कि हाथ धोने में समय बरबाद नहीं हो। लंका के विद्यालंकार कॉलेज में जब उनका घनघोर अध्ययन अबाध रूप से चल रहा था, तब वे कभी-कभी कहा करते थे, 'अब मैं मिनटों का उपयोग तो कर लेता हूँ; हाँ, सेकंड कभी-कभी व्यर्थ चले जाते हैं।' अपनी महत्ता को छिपाने की कला में वे इतने पटु हैं कि आपको कभी मालूम भी नहीं होगा कि आप जिस मनुष्य के साथ घूम रहे या बातें कर रहे हैं, उसे ऐतिहासिकों के बीच युग-विधायक होने का गौरव प्राप्त है, जिसके हृदय और मस्तिष्क में भारत की समस्त प्राचीन विद्याएँ घर कर गई हैं तथा जो प्रव्रजित होकर समस्त राष्ट्र के कल्याण की खोज में निरत है।

राहुल जी के सम्पर्क में आनेवाले व्यक्ति को यह जानते देर नहीं लगती कि यह साधु जो निष्काम, निर्लिप्त और अपने में पूर्ण है, अपने चारों ओर की वस्तुओं की वर्तमान स्थिति को असन्तोष की दृष्टि से देखता है। किन्तु तो भी वे कभी उत्तेजित नहीं होते। बातों के सिलसिले में कभी-कभी वे व्यंग्य करते हैं; किन्तु उनका व्यंग्य म्लान नहीं, निर्मल होता है। लक्ष्य तक पहुँचने वाले वे व्यंग्य यदाकदा कटु तो होते हैं, पर उनके पीछे विष नहीं होता। कुछ तो उनकी वाणी की मधुरता के कारण और कुछ उनकी निर्लिप्त भावना के कारण उनके मुँह से निकली हुई बात न सुनने योग्य होकर भी कानों को अप्रिय नहीं लगती।

एक बार जायसवाल जी से मैंने कहा, "आप जैसा बोलते हैं, ईश्वर पर आपका वैसा ही अविश्वास है या नहीं, इसमें मुझे सन्देह है। अगर ईश्वर-सिद्धि के पक्ष में केवल एक ही दलील हो तो वह काफी है कि कोई था ही नहीं, तो यह सारी सृष्टि आई कहाँ से?"

राहुल जी पास ही बैठे थे। जायसवाल जी ने संकेत किया। वे झट बोल उठे, "कौन कहता है कि ईश्वर नहीं था? था जरूर; लेकिन बहुत दिन हुए, बेचारा मर गया। देखते नहीं, दुनिया कितनी दुखी है?"

तीर लक्ष्य पर लगे और सुननेवालों का जी भी न दुखे, राहुल जी ऐसे व्यंग्य के धनी हैं।

बहुत दिनों तक फकीर बनकर देश-विदेश घूमने के कारण उनके स्वभाव में एक प्रकार का फक्कड़पन, कुछ मनमौजी की-सी बान भी आ गई है, जिसे हम उनकी संस्कृति के कारण नहीं देख पाते। राहुल जी का नाम लेते ही हमारे मनों में जायसवाल जी, राखाल बाबू, शेरवास्की और रीस डेविज जैसे सुसंस्कृत व्यक्तियों के चित्र उग आते हैं और इस पंक्ति में एक स्थान पर बैठनेवाला कोई फक्कड़ भी है, इस ओर हमारा ध्यान ही नहीं जाता। तो भी यह कितनी भली

बात है कि राहुल जी ऊँच-नीच का भेद नहीं मानते और जहीं मन रम जाए, वहीं जमकर आनन्द मनाने लगते हैं। प्रयाग में कितने ही आनन्द-भवनों के द्वार उनके स्वागत के लिए खुले रहते होंगे; किन्तु सुनने में आया है कि वहाँ के किसी सौभाग्यशाली व्यक्ति पंडित उदयनारायण त्रिपाठी (अब विख्यात भाषाशास्त्री) को अपने आतिथ्य का पुण्य देने में राहुल जी को सन्तोष होता है।

प्रयाग की ही बात है। राहुल जी किसी सड़क से होकर पैदल ही जा रहे थे। कोई अपरिचित श्रद्धालु व्यक्ति, जो उन्हें पहचानता था, दौड़ता हुआ आया और पैर पकड़कर विनय करने लगा कि वह उसके यहाँ भोजन करें। राहुल जी शायद, उसके एक दिन पहले किसी मंत्री के घर खाने से इनकार कर चुके थे, किन्तु उस अजनबी के प्रेम से उनका हृदय पिघल गया और भावातिरेक में आकर वे रोने भी लगे। जिन्हें राहुल जी को समीप से देखने का अवसर मिल चुका है, वे ही बतला सकेंगे कि उनकी आँखों में आँसू आने का अर्थ क्या होता है। 'सन्त-हृदय नवनीत समाना, कहा कविन पै कहै न जाना'। लेकिन राहुल जी की यह भावप्रवणता तो परम्परागत है। एक बार तथागत ने भी लिच्छवी के राजकुमारों का निमंत्रण छोड़कर आम्रपाली वेश्या के यहाँ भोजन स्वीकार किया था।

बहुत सोचने पर भी मैं सन्त और पंडित राहुल में भेद नहीं कर सकता। उनके अन्दर के सन्त और पंडित का विकास समान रूप से हुआ है। उन दोनों का स्थान ऊपर-नीचे नहीं, बल्कि आमने-सामने है। जहाँ उनकी विद्या अपरिमेय है, वहाँ उनका साधुत्व भी शिशु-सा सरल और निरभ्र आकाश के समान मलहीन है। मानव मात्र पर उनकी दृष्टि एक-सी रहती है और देश-भक्ति के मिथ्याभिमान से वे परे हैं। भारतीय होते हुए भी तिब्बत में रहते उन्हें कोई अभाव नहीं सताता, मानो सारी मेदिनी ही उनके लिए एक समान हो! पहली ही दृष्टि में वे आपकी श्रद्धा पर अधिकार कर लेते हैं। आपको ऐसा लगता है, मानो स्वर्ग से सद्यःअवतीर्ण कोई देव-दूत आपके सामने खड़ा हो! बात-बात में अहिंसा, मैत्री और शील का आदर्श बिखेरते हुए वे ऐसे दीखते हैं, मानो बौद्धकालीन संस्कृति अतीत के म्यूजियम से निकलकर वर्तमान तक सदेह चली आई हो!

देखते-देखते हिन्दी के बौद्ध साहित्य के भंडार को राहुल जी ने पालि छोड़कर-भारत की अन्य समस्त भाषाओं से आगे कर दिया। जिज्ञासु पूछते हैं, इस अजस्र शक्ति का रहस्य क्या है? उत्तर देना कठिन है। संकल्प की दृढ़ता और काम करने की अटूट शक्ति, इसके सिवा और क्या कहा जाए? राहुल जी खतरे को प्यार करते हैं और प्रतिज्ञा के बाद पैर पीछे नहीं हटाते। एक बार जो ठान लिया, फिर ठान लिया। किसी पथ पर पैर रखा तो सारी विपत्तियाँ एक साथ आकर सामना करें,

लेकिन वे रंच भर भी पीछे नहीं हटेंगे। प्रतिज्ञा कर लेने पर राहुल जी का पौरुष अपने पूरे चमत्कारों के साथ जग उठता है। उस समय उन्हें यह खयाल नहीं रहता कि देखने वाले उन्हें क्या कहेंगे अथवा स्वयं उनकी क्या दुर्दशा होगी। जरा कल्पना तो कीजिए, राहुल जी लंका से तिब्बत को चलते हैं। साथ में केवल एक सौ रुपये हैं। पासपोर्ट नहीं मिलता है। वे नेपाल में घुसते हैं। भारत में तिब्बत के विषय में भयंकर से भयंकर कहानियाँ प्रचलित हैं। हिमालय के पार उनका कोई परिचित या मित्र भी नहीं है। नेपाल-सरकार की चौकसी है कि कोई भारतीय शिवरात्रि के बाद नेपाल में रहने न पाए। राहुल जी एक महीने तक कोठरी में बन्द रहते हैं। फिर एक रात चुपके से निकल भागते हैं। छिपकर औघट घाट होते हुए, दुर्भेद्य अरण्य को चीरते हुए, दुर्दम शिखरों को रौंदते हुए वे अकेले हिमालय को पार करते हैं और तिब्बत पहुँचकर आनन्द जी को केवल यह लिखते हैं :

प्रिय आनन्द!

वन्दे!

कार्यं वा साधयेयम्,
शरीरं वा पातयेयम्।

तुम्हारा
रामोदारदास

जिस दिन मैंने दो पंक्तियोंवाले इस पत्र की कथा सुनी, मुझे रोमांच हो आया। हृदय में सहसा एक विश्वास जगा, राहुल जी के लिए दुनिया में कुछ भी असम्भव नहीं है। सचमुच ऐसे पराक्रमी पुरुष को ईश्वर की आवश्यकता नहीं हो सकती। और ध्यान रहे कि यह वह मार्ग था, जिस पर नेपाल के प्रधान सेनापति के मतानुसार अक्खड़-से-अक्खड़ नेपाली भी जाने की हिम्मत नहीं करता।

आज राहुल जी की जिस विद्या-बुद्धि का चारों ओर शोर है, उसका संग्रह बड़ी कठोर साधना के बाद हो सका है। उनकी अध्ययनशीलता अपरिमेय है। पुस्तकों के बीच जब वे पड़ जाते हैं, तब अपने-पराये का ध्यान उन्हें भूल जाता है। महीने आए और महीने गए, किन्तु राहुल जी प्राचीन ग्रन्थों के बीच पेट के बल लेटे हुए 'मुर्दों के बीच जीने' की कहावत चरितार्थ कर रहे हैं। नोट लेते-लेते कॉपियों का अम्बार लग गया है। पार्सल पर पार्सल आ रहे हैं, पर उन्हें तृप्ति नहीं होती। घर के बाहर क्या हो रहा है, इसका उन्हें ध्यान ही नहीं रहता। अगर दुर्भाग्यवश कभी ज्वर आ गया तो सिर्फ उनके भोजन में बाधा पड़ती है, अध्ययन का अबाध क्रम उसी निश्चिन्तता से कायम रहता है; उसमें कोई व्यवधान नहीं आता।

मेहनत का यह हाल है कि 'मज्झिमनिकाय' के तीन-तीन सूत्रों का अनुवाद वे रोज कर जाते थे। बुद्ध-चर्या का अनुवाद चल रहा है, तो फुलस्केप के 15 ताव रोज भर जाते हैं। प्रूफ देखना हुआ, तो आठ-आठ दिनों के आए हुए काम को एक ही रात में करके लौटा दिया। ऐसी रातें तो अक्सर आती हैं, जो कलम की खुरखुराहट में ही गुजर जाती हैं। उनके जीवन में समय का माप कार्य है, दिन-रात नहीं। उनके इस अनवरत दानवी अध्यवसाय को देखकर जायसवाल जी ने उनसे कहा था, 'राहुल जी, इसी कठोर परिश्रम ने शंकराचार्य को चढ़ती जवानी में ही मार डाला। जरा इस बात को ध्यान में रखा कीजिए कि आप-जैसे मनीषी का जीवन देश के लिए मूल्यवान सम्पत्ति है।' इस पर राहुल जी ने विनोद से कहा, 'डरने की कोई बात नहीं, मैं शंकर की आयु से अधिक जी चुका हूँ।'

मेहँदी का गुण लाली और अग्नि का गुण जैसे ताप है, उसी प्रकार राहुल जी के स्वभाव की सबसे प्रधान विशेषता उनकी बुद्धिप्रियता और विचार-स्वातन्त्र्य है। उनकी दृष्टि में तर्क से जो कुछ समझने योग्य है, वह ग्राह्य और जो कुछ इसके परे है, वह त्याज्य है। धर्म, राजनीति और साहित्य–सभी जगह वे गणित की-सी स्पष्टता चाहते हैं। जीवन में बुद्धि के सामने वे भावना को स्थान नहीं देते। बुद्धि जहाँ थक जाती है, वहाँ बैठ जाने में उन्हें भी सन्तोष है; क्योंकि उनका विश्वास है कि भावना जिस धूमिल, अथच, अस्पष्ट स्वप्न की ओर संकेत करती हैं, वह एक विशाल भ्रम के सिवा कुछ नहीं है। मनुष्यों की स्वतंत्र चिन्ता के वे बहुत बड़े हामी हैं। सूक्ष्म अनुभूतियों के लोभ में भावनामूलक गोतीत ज्ञान के माया-जाल में फँसकर मनुष्य का मस्तिष्क पराजय स्वीकार कर ले, यह उन्हें सह्य नहीं हो सकता। इसीलिए प्रमाण और अवतरण का मूल्य उनकी दृष्टि में नहीं के बराबर है। मानवीय बुद्धि की संतुष्टि के लिए प्रथम और अंतिम प्रमाण बुद्धि ही होनी चाहिए। और जब व्यवहार में वे इस निर्धारित बुद्धि का प्रयोग करने लगते हैं, तब एक मनोरंजक स्थिति पैदा हो जाती है और उनका असाधारण व्यक्तित्व औसत मनुष्यों से प्रत्यक्ष ही भिन्न जान पड़ने लगता है। परलोक की बातें करते हुए वे ठीक उसी भाव से बोलते हैं, जैसे दुनिया के विषय में बोलना चाहिए। बड़ी सहजता से कह जाते हैं कि देवताओं का उद्धार भी मनुष्य ही कर सकता है। वैदिक देवताओं की उन्होंने एक तालिका भी बना रखी है, जिसमें दिखलाया गया है कि पूषण, वृषाकपि, मन्यु, प्रभृति देवता कब से कब तक जीवित रहे। सम्भव है, उनकी ये बातें ऐसी हों, जिनमें गाम्भीर्य थोड़ा, बाकी सब-का-सब व्यंग्य हो! किन्तु, वे अपने विचार-स्वातंत्र्य का प्रयोग करने में वहाँ भी नहीं हिचकते, जहाँ उनकी आन्तरिक श्रद्धा का सवाल हो। जिस समय

राहुल जी के हृदय में 'बुद्ध, धर्म और संघ' की शरण जाने की इच्छा वेगवती हो उठी थी, उन दिनों वे तिब्बत में थे और जिस महाभिक्खु के प्रभाव से उनका अन्तर सिक्त हो चुका था, वे महास्थविर धर्मानन्द जी लंका में रहते हैं। कार्य की साधना के लिए तिब्बत में रहना जरूरी था और महास्थविर लंका से टल नहीं सकते थे। निदान राहुल जी ने अपनी धार्मिक भावना को मिट्टी पर उतारा और गुरु के सामने यह प्रस्ताव लिख भेजा कि 'तार के जरिये मुझे प्रव्रज्या की दीक्षा दे दी जाय।' तारे के जरिये प्रव्रज्या की दीक्षा तो नहीं मिली क्योंकि वैसा करने से दीक्षा-दान की मर्यादा का नाश होता; किंतु, इससे इस बात का पता चलता है कि बुद्धिवाद के सिलसिले में राहुल जी कितनी दूर तक जा सकते हैं।

धर्म और संस्कृति के आचारों के सम्बन्ध में वे बड़े ही निश्चिन्त और निर्द्वन्द्व दीखते हैं। बातें करते समय ऐसा भान भी नहीं होता कि जीवन में, किसी समय उन्हें धार्मिक संघर्ष का सामना करना पड़ा हो। अपने को पापी समझने पर आत्मदंश की जो पीड़ा, मनस्ताप की जो वेदना होती है, उससे वे सर्वथा अपरिचित दीखते हैं। वैष्णव रामोदारदास को मैंने नहीं देखा और मेरे पास इसका कोई प्रमाण नहीं है कि राहुल जी उस समय धर्म-भीरु थे या नहीं; किंतु, आज तो बौद्ध दर्शन का अनीश्वरवाद उनके जीवन का अंग हो गया है। इस मामले में वे इतने निश्चिन्त हैं कि इस बात की कल्पना भी नहीं की जा सकती कि यह नास्तिकता उनकी किसी सचेतन चेष्टा का परिणाम अथवा उनके जीवन की कोई उल्लेख्य घटना हो। ऐसा लगता है, मानो यह उनके साथ ही पैदा हुई हो!

और यह सच है कि ईश्वर की भावना का तिरस्कार उन्होंने स्वतंत्र चिन्ता के मार्ग को साफ रखने के लिए किया है।

बुद्धिवाद, संग्रह और त्याग के पहले, समीक्षा की आवश्यकता में विश्वास करता है। बुद्धिवादी किसी वस्तु को इसलिए नहीं दुत्कारता चूँकि सदियों से लोग उसे त्याज्य समझते आए हैं; त्योंही किसी भी विचार को वह इसलिए नहीं अपनाता चूँकि युग-युगांतर से मनुष्य उसे श्रेष्ठ कहता आया है। यही कारण है कि तर्कशील राहुल जी कई ऐसी बातों का अनादर कर जाते हैं, जिनके अनादर की सम्भावना नहीं रहती और कई ऐसे विचारों का समर्थन कर देते हैं, जिन्हें सुनने में भी हमें पाप का बोध होता है। व्यावहारिकता उनके विचारों की आधारशिला है। उनका विश्वास है कि जिस अनुपात में हम आदर्शों की मूर्ति गढ़कर उसे अन्धविश्वासपूर्वक पूजते हैं, उसी अनुपात में वास्तविकता का मूल्य न्यून और उसके अर्थ का वृत्त संकुचित हो जाता है। धार्मिक विषयों पर

बोलते हुए उनकी यह भावना अनायास ही बाहर आ जाती है कि मनुष्य ठीक उन्हीं तत्त्वों की पूजा कर रहा है, जो उसके अभ्युदय, भविष्य और उसकी आवश्यकताओं के बिलकुल विपरीत हैं।

परिश्रम में शंकर, उग्रता में दयानन्द और शान्तिप्रियता में तथागत के समान; लेकिन इस विशाल संग्रह का अंजाम क्या होगा? क्या प्राचीन ग्रन्थों के उद्धार मात्र से राहुल जी की शक्ति अपनी उपयोगिता को प्रमाणित कर सकेगी? इस चित्रांकण का प्रयोजन समीक्षा नहीं है; किन्तु देखने में आया है कि युग-परिवर्तन का कार्य केवल लेखनी से नहीं चलाया जा सकता। उसका प्रधान साधन वाणी और आचार है। लेखनी, वाणी और चरित्र के योग से राहुल जी इतिहास के पृष्ठ पर क्या प्रभाव छोड़ जाएँगे, इसकी प्रतीक्षा है।[1]

---

1. यह निबन्ध सन् 1938 या 39 ई. में, 'हंस' के रेखा-चरितांक में, अमिताभ के नाम से छपा था। –लेखक

राजर्षि टंडन जी

सरकार द्वारा दी गई उपाधियों की अपेक्षा जनता द्वारा दी गई उपाधियाँ अधिक उजागर और सटीक होती हैं। तिलक जी को जनता ने 'लोकमान्य' की उपाधि दी थी। भाई परमानन्द जी को गांधी जी 'देवतास्वरूप' लिखते थे। राजेन्द्र बाबू को उन्होंने 'देशरत्न' कहा था। चित्तरंजन दास, गांधी जी की दृष्टि में, 'देशबन्धु' थे। इसी प्रकार सन् 1950 ई. के बाद जनता ने बाबू पुरुषोत्तम दास जी टंडन को 'राजर्षि' की उपाधि से विभूषित किया था और यह पदवी उनके नाम के साथ बड़ी ही स्वाभाविकता के साथ चिपक गई थी। टंडन जी बाद को चलकर 'भारतरत्न' भी बनाये गए, किन्तु 'राजर्षि' उनका जितना सटीक विशेषण था, उतनी सटीकता 'भारतरत्न' को प्राप्त नहीं हो सकी।

जनता ने टंडन जी को 'ब्रह्मर्षि' नहीं कहा, इसका कारण मैं यह समझता हूँ कि वे ब्राह्मण-वंश के नहीं थे। अन्यथा वे ब्रह्मर्षि कहलाने के भी योग्य थे। वे राजनीति के आदमी जरूर थे, मगर राजनीति के लौकिक पक्ष से उनका सरोकार बहुत कम था। राजनीति को उन्होंने किसी ऊँचे ध्येय के साधन के रूप में ग्रहण किया था। उन्होंने बाल-बच्चे पैदा किए, मगर वे बाल-बच्चों के हुए नहीं। वे गृहस्थ के वेश में रहे, मगर हर आदमी उन्हें संन्यासी समझता था। स्वतंत्रता-प्राप्ति के कार्य में उन्होंने गांधी जी का भरपूर साथ दिया, लेकिन बचाने की सबसे कीमती चीज उन्हें भारत की संस्कृति ही दिखाई पड़ी। संस्कृति के मामले में वे कोई भी समझौता करने को तैयार नहीं थे। भारत में बसने वाले सभी धर्मानुयायियों को वे संस्कृति से भारतीय बनाना चाहते थे। मुसलमानों से उन्हें घृणा नहीं थी। वे चाहते थे कि मुसलमान, धर्म से, मुसलमान रहें और हिन्दू उनके साथ रोटी-बेटी का सम्बन्ध करें, किन्तु दोनों की संस्कृति एक यानी भारतीय होनी चाहिए।

टंडन जी चमड़े के जूते नहीं पहनते थे। उनके कपड़े अत्यन्त थोड़े और सस्ते दामों के होते थे। अपने शरीर पर उनका लगभग कुछ भी खर्च नहीं

था। उनकी आँखों में आत्मविश्वास के साथ दया, क्षमा और करुणा की ज्योति भरी होती थी। वे आत्मनिग्रह के पक्षपाती थे और लोगों को अपनी जरूरतें कम करने का उपदेश देते थे। लेकिन अपने अतिथियों पर वे संयम नहीं लादते थे। वे शाकाहारी थे और अपने अतिथियों को भी शाकाहार ही खिलाते थे, किन्तु अतिथियों के लिए भोजन वे सुस्वादु बनवाते थे। वे प्रेम की प्रतिमा थे। जब वे स्पीकर थे, उन्होंने एक दिन मुझसे कहा था, 'लखनऊ आओ, तो मेरे ही पास ठहरा करो। अभी मेरे पास गाड़ी है। तुम लोग उसका उपयोग करोगे।'

साहित्यिकों से मिलकर उन्हें अपार हर्ष होता था। हिन्दी के सभी प्रकार के कार्यकर्ताओं को वे अपने ही परिवार का सदस्य समझते थे। कट्टर संस्कृतिवादी होने के कारण इधर आकर वे मुसलमानों के विरोधी समझे जाते थे, किन्तु उनके इलाहाबाद के ऐसे अनेक मुस्लिम मित्र थे, जो लखनऊ जाने पर टंडन जी के ही पास ठहरते थे। किस्सा मशहूर है कि जब टंडन जी स्पीकर थे, विधान सभा के किसी मुस्लिम सदस्य ने व्याजान्तर से यह कह दिया कि स्पीकर में मेरा विश्वास नहीं है। टंडन जी तुरन्त यह कहकर कुर्सी से उठ गए कि 'अगर पाँच सदस्य सोच-समझकर यह कह दें कि उनका विश्वास स्पीकर में नहीं है, तो आज ही मैं स्पीकर के पद से इस्तीफा दे दूँगा।' सभा में घोर चिन्ता छा गई और सारी सभा ने एक स्वर से स्पीकर के प्रति अपना विश्वास प्रकट किया। तब कहीं जाकर टंडन जी वापस आकर कुर्सी पर बैठे।

जिस साल हजारी प्रसाद जी द्विवेदी को लखनऊ विश्वविद्यालय ने डॉक्टरेट दिया, उस साल दीक्षान्त-समारोह के अवसर पर होनेवाले कवि-सम्मेलन में भाग लेने को मैं भी गया था। मैं टंडन जी के पास नहीं ठहरकर कहीं अन्यत्र ठहरा था, किन्तु रात में मैं उन्हीं के साथ भोजन करने वाला था। कुछ ऐसा संयोग हुआ कि टंडन जी के घर पहुँचते-पहुँचते मुझे काफी देर हो गई। यह देखकर मैं शर्म से गड़ गया कि लोग मेरी प्रतीक्षा में बैठे हुए थे; किन्तु इससे भी बड़ी शर्म की बात एक और हो गई। टंडन जी का कमरा मित्रों से भरा हुआ था। मैं हजारी प्रसाद जी के पास जा बैठा और बातचीत में भाग लेने लगा। न जाने मैं चालू प्रसंग में बोल रहा था या मैंने कोई नया तराना छेड़ दिया था, मैंने कहा, "बाबू जी, मुसलमान तो संस्कृत का सही उच्चारण कर ही नहीं सकते। अभी मौलाना आजाद पटना आए थे और वाल्मीकि तथा कालिदास का हवाला देते हुए उन्होंने बड़ा ही विद्वत्तापूर्ण भाषण दिया, मगर वे बदस्तूर संस्कृत को 'संसकिरत' और ब्राह्मण को

'बिरहमन' कहते रहे। आज तक मुझे एक भी मुसलमान नहीं मिला, जो संस्कृत को संस्कृत और ब्राह्मण को ब्राह्मण कह सके।"

हस्बे-मामूल मैं अपनी बात जरा जोर से बोल गया था। मैं क्या जानता था कि गोष्ठी में एक मुसलमान सज्जन भी विद्यमान हैं! मेरी इस बेवकूफी को आगे बढ़ने से रोकने के लिए हजारी प्रसाद जी हड़बड़ाकर बोल उठे, "अरे, एक मुसलमान तो यहीं सामने बैठे हैं जो उपनिषदों के विद्वान हैं।"

यह बात सुनते ही मैं हतप्रभ हो गया, फिर भी अपनी लाज छिपाने की कोशिश करता हुआ मैंने कहा, "तो यही संस्कृत और ब्राह्मण का सही-सही उच्चारण कर दें।"

जो मुसलमान सज्जन पास बैठे थे, उन्होंने संस्कृत और ब्राह्मण शब्दों का ही सही उच्चारण नहीं किया, बल्कि संस्कृत श्लोकों की वृष्टि से मुझे तोप दिया। उनके संस्कृत-ज्ञान से मैं इतना अभिभूत हो उठा कि मैंने अपनी अभद्रता और मूर्खता के लिए उनसे क्षमा माँगी और कहा कि "अब मैं यह बात स्वीकार करता हूँ कि भारत में एक मुस्लिम विद्वान हैं, जो संस्कृत का सही उच्चारण कर सकते हैं।"

जवानी में टंडन जी ने प्रेरणा पं. मदनमोहन मालवीय से ग्रहण की थी, किन्तु पीछे जब वे गांधी जी के सम्पर्क में आए, वे उन्हीं के रंग में रँग गए। हिन्दू-मुस्लिम-एकता के जैसे हामी गांधी जी थे, वैसे ही हामी टंडन जी भी थे। सन् 1947 ई. में जब देश का बँटवारा होने लगा, तब गांधी जी और टंडन जी, दोनों ही इस बँटवारे के खिलाफ थे। गांधी जी निराशा से भरकर जब भी यह कहते कि मैं अकेला हूँ, बँटवारे को मैं कैसे रोक सकता हूँ? तब टंडन जी उनसे यह अवश्य कहते कि आप अकेले नहीं हैं, मैं आपके साथ हूँ। चलिए, हम दोनों बँटवारे के खिलाफ आवाज लगाएँ, जनता हमारी बात अवश्य सुनेगी; किन्तु गांधी जी और टंडन जी के बीच एक फर्क भी था। गांधी जी ने अपने सांस्कृतिक दृष्टिकोण को परिभाषित नहीं किया था। उनकी प्रार्थना में सभी धर्मों की प्रार्थनाएँ शामिल थीं और वे समझते थे कि मिली-जुली संस्कृति का इतना संकेत यथेष्ट है। किन्तु टंडन जी ने अपने सांस्कृतिक दृष्टिकोण की परिभाषा तैयार कर ली थी और उस पर किसी के भी साथ समझौता करने को वे तैयार नहीं थे। भारत में धर्मों के अलग-अलग अस्तित्व का आदर करते हुए भी टंडन जी सभी धर्मों के लोगों को एक संस्कृति के अधीन लाना चाहते थे। हिन्दी को लेकर गांधी जी और टंडन जी के बीच जो मतभेद हुआ, उसका कारण दोनों व्यक्तियों के सांस्कृतिक दृष्टिकोण का ही भेद था। गांधी जी समझते थे कि हिन्दी साहित्य सम्मेलन हिन्दी और उर्दू, दोनों लिपियों का प्रचार न करके एकता की सेवा में

उदासीनता दिखा रहा है। टंडन जी का समझना था कि केवल नागरी लिपि का प्रचार करके भी सम्मेलन गांधी जी के बोझ को हलका कर रहा है। मैंने इस विषय में टंडन जी से दो-एक बार बातचीत की थी। उनका कहना यह था कि उर्दू वाले अगर उर्दू के साथ नागरी लिपि चलाने को तैयार हो जाते, तो सम्भव है, सम्मेलन को भी उर्दू के प्रचार में हाथ बँटाना पड़ता। लेकिन उर्दू वालों ने गांधी जी की नीति को कभी अपनाया ही नहीं। इस स्थिति को साफ करने के लिए एक बार यह कार्यक्रम निश्चित हुआ था कि टंडन जी और मौलाना अब्दुल हक साहब, दोनों एक साथ गांधी जी से मिलेंगे। किन्तु टंडन जी तो वर्धा गए, लेकिन अब्दुल हक साहब उस समय वर्धा नहीं पहुँच सके। इस प्रकार, ऐसा निर्णय नहीं किया जा सका, जो हिन्दी वालों के साथ-साथ उर्दू वालों को भी मान्य हो।

तब भी गांधी जी का सम्मेलन से अलग होना टंडन जी के लिए गम्भीर शोक की बात थी। इस धक्के को तो वे किसी प्रकार सह गए, किन्तु जब देश का विभाजन हो गया, गांधी जी और टंडन जी के विचार परस्पर भिन्न हो गए। विभाजन के बाद भी गांधी जी का यह मत कायम था कि भारत और पाकिस्तान, दोनों देशों की एक ही संस्कृति है और वह मिली-जुली है। विभाजन के बाद भी गांधी जी टेर लगाते रहे कि भारत और पाकिस्तान दोनों ही देशों में हिन्दुस्तानी चलनी चाहिए और वह भाषा दोनों ही देशों में नागरी और फारसी, दोनों ही लिपियों में लिखी जानी चाहिए। किन्तु टंडन जी का मत कठोर बन गया था। जब वे कांग्रेस के सभापति चुने गए, अपने देशव्यापी दौरों में उन्होंने यह बात बार-बार कही कि इस देश की संस्कृति भारतीय संस्कृति है और जिन्हें यह संस्कृति पसन्द नहीं है, उनसे मेरा निवेदन है कि वे इस देश को छोड़कर चले जाएँ। टंडन जी जब बिहार के दौरे पर आए थे, उनके साथ घूमने का सुयोग मुझे भी मिला था। जो बात टंडन जी सर्वत्र कहते आ रहे थे, वही बात उन्होंने जमशेदपुर की मजदूर सभा में भी कही। जमशेदपुर की सभा में टंडन जी के भाषण पर तालियाँ नहीं बजीं। उल्टे वहाँ के मजदूर नेता मिस्टर जोन घबराए हुए मेरे पास आए और बोले, "दिनकर जी, टंडन जी यह कैसी बातें बोल रहे हैं? मेरी कठिनाई यह है कि मेरी यूनियन में केवल हिन्दू ही नहीं हैं, उसमें मुसलमानों और ईसाइयों की भी काफी संख्या है।"

सरकिट हाउस पहुँचकर मैंने जोन की घबराहट की बात टंडन जी से कह तो दी, मगर इसका उन पर कोई असर नहीं हुआ।

टंडन जी की अगवानी में खड़ा रहने का एक अवसर मुझे और मिला था। बिहार केसरी डॉक्टर श्रीकृष्ण सिंह को मुँगेर में एक अभिनन्दन ग्रन्थ भेंट किया

गया था। उस समय ग्रन्थ अर्पण करने की विधि टंडन जी ने ही पूरी की थी। जहाँ तक मुझे याद है, अपने मुँगेरवाले भाषण में भी टंडन जी ने वह बात कही थी, जिसे वे सर्वत्र कह रहे थे; अर्थात् 'जिन्हें इस देश की संस्कृति पसन्द नहीं है, मेरा निवेदन है कि वे इस देश को छोड़कर चले जाएँ'।

सन् 1950 ई. में एक अभिनन्दन ग्रन्थ पं. जवाहरलाल नेहरू को भी अर्पित किया गया था और ग्रन्थ अर्पण करने की विधि दिल्ली में भी टंडन जी को ही पूरी करनी पड़ी थी। लेकिन उस दिन का टंडन जी का भाषण कुछ और ढंग का था। उस दिन उन्होंने जवाहरलाल जी की खूबियों का बयान किया था। एक घटना का वर्णन करते हुए टंडन जी ने बताया था कि जवाहरलाल भीड़ में कूदने को बेताब थे। उनके अंगरक्षक ने उन्हें रोकना चाहा, मगर पंडित जी ने उसे पटक दिया और उसकी खूब कुटाई की। बाद को जब वे मंच पर आए, उन्होंने टंडन जी से कहा, 'देख ली आपने हमारी कुश्ती?'

टंडन जी कठिन और कृत्रिम हिन्दी के विरोधी थे। सुना है, जब संविधान का हिन्दी अनुवाद उनके हाथ पड़ा, उन्होंने जवाहरलाल जी को लिखा था अथवा उनसे मिलकर कहा था कि संविधान का यह हिन्दी रूपान्तर हिन्दी के किसी दुश्मन ने तैयार किया है। श्री बालकृष्ण राव जब इलाहाबाद के मेयर थे, उन्होंने निगम के कार्यालय में हिन्दी चलाने की कोशिश की। टंडन जी के कानों तक यह शिकायत पहुँची कि जो हिन्दी निगम में चलाई जा रही है, वह मुसलमानों की समझ में नहीं आती है। इस शिकायत से टंडन जी को तकलीफ पहुँची और उन्होंने राव साहब से कहा, "तुम्हें वैसी हिन्दी का प्रचलन करना चाहिए, जो आसानी से लोगों की समझ में आ जाए। कठिन बनाकर हिन्दी को बदनाम क्यों करते हो?"

लोक सभा के अध्यक्ष श्री अनन्तशयनम आयंगार ने प्रशासन-सम्बन्धी शब्दों के निर्माण के लिए एक काफी बड़ी समिति बनाई थी, जिसके अध्यक्ष टंडन जी थे। इस समिति की 98 बैठकें हुई थीं और हर बैठक में टंडन जी उपस्थित रहे थे। वे सभापति की कुर्सी पर बैठते थे और उनके अगल-बगल स्वर्गीय डॉक्टर रघुवीर तथा श्री बालकृष्ण बैठा करते थे। एक दिन इन दोनों विद्वानों के सुझाव से 'राशन' शब्द के लिए समभक्त या ऐसा ही कोई अनगढ़ शब्द प्रस्तावित किया गया और टंडन जी ने उसे स्वीकार कर लिया। मैंने आपत्ति उठाते हुए कहा, "बाबू जी, अगर ऐसे-ऐसे अनगढ़ और अपरिचित शब्दों से आप कोश बनाएँगे, तो जनता एक दिन उस कोश की होली जलाएगी। कम-से-कम आपके सभापतित्व में तो हिन्दी के साथ ऐसा अन्याय नहीं होना चाहिए।"

बात उन्हें अपील कर गई और उन्होंने राशन का एक हिन्दी रूप राशन ही रखने की बात मान ली।

टंडन जी सच्चे हृदय से यह समझते थे कि सभी प्रान्तों की जनता पूरे मन से हिन्दी के साथ है, कठिनाई केवल राजनीतिज्ञों के कारण हो रही है। संविधान परिषद् में जब राजभाषा पर विचार होने लगा, टंडन जी ने अपने भाषण में कहा, "संस्कृत की सहायता से हिन्दी सारी कठिनाइयों को पार कर लेगी और पाँच वर्ष में हम हाईकोर्ट का काम भी हिन्दी में चला सकेंगे।"

उन्होंने यह भी कहा कि अगर आप जनता का मत लें, तो आप देखेंगे कि केवल हिन्दी वाले ही नहीं, महाराष्ट्र के लोग भी अन्तरराष्ट्रीय आँकड़ों के विरुद्ध हैं। इस पर किसी सदस्य ने कहा, "अगर मत लिया गया, तो हिन्दी को जाना पड़ेगा।"

यह सुनकर टंडन जी को बड़ा ही दुःख पहुँचा और उन्होंने कहा, "अगर विभिन्न प्रान्त हिन्दी को अपनाने को तैयार नहीं हैं, तो मैं उनपर हिन्दी लादने की बात सोच भी नहीं सकता। तब मैं तुरन्त कहूँगा कि हिन्दी को राष्ट्रभाषा नहीं होना चाहिए। किसी भी प्रान्त पर हिन्दी लादी क्यों जाए? विभिन्न प्रान्त हिन्दी को कबूल करेंगे या नहीं, इसका निर्णय खुद प्रान्तों को करना है। लेकिन जनता की इच्छा का पता लगाने को कुछ-न-कुछ अवश्य करना चाहिए।... लेकिन अगर जनता की राय जानने का कोई उपाय नहीं है, तो आज जो लोग सत्तासीन हैं, उनसे मेरी प्रार्थना है कि वे अपनी आत्मा की महीन आवाज को सुनने की कोशिश करें और ऐसी किसी भी चीज को कबूल न करें, जिस चीज को जनता नहीं चाहती हो।"

सांस्कृतिक कारणों से गांधी जी का टंडन जी से मतभेद हुआ और सम्मेलन से वे अलग हो गए। सांस्कृतिक कारणों से ही जवाहरलाल जी टंडन जी के विरुद्ध हो गए और टंडन जी को कांग्रेस के अध्यक्ष-पद से अलग हो जाना पड़ा। और जिन करणों से टंडन जी का गांधी जी और जवाहरलाल जी से मतभेद हुआ, उन्हीं कारणों से मौलाना आजाद भी टंडन जी को नापसन्द करते थे।

एक बार लोक सभा में टंडन जी ने मौलाना के मंत्रालय की कड़ी आलोचना की। मौलाना संसद में भी भाषण बहुत कम देते थे, किन्तु टंडन जी के भाषण से वे उत्तेजित हो गए और टंडन जी को उत्तर देते हुए उन्होंने एक पूरा जोशीला भाषण दे डाला। इसी भाषण में मौलाना साहब ने 'पुर-फरेब-तखैयुल' शब्द का प्रयोग किया था, जिस पर स्वर्गीय पं. अलगूराय शास्त्री ने आपत्ति की थी और जिसे लेकर लोक-सभा में भारी बाबेला मच गया

था। स्वर्गीय मैथिलीशरण जी गुप्त ने अपने एक सुभाषित में इस घटना को अमर बना दिया है :

मौलाना थे मौन हो गए
कह कर केवल पुर-फरेब,
टंडन जी सोचें क्या होता,
यदि होता औरंगजेब।

मैथिलीशरण जी के सामने दुलार छितराने का मेरा एक तरीका यह था कि संसद के केन्द्रीय हॉल में मैं उन्हीं के माथे कॉफी पीता था, जिसमें दद्दा को चार आने से लेकर एक रुपये तक का खर्च बैठता था।

एक दिन ऐसा हुआ कि दद्दा कॉफी पिलाने से मुकरने लगे और मैं बोलकर उनसे अपनी चवन्नी माँगने लगा। इतने में किसी ओर से टंडन जी आ गए और मेरी बात उनके कान में पड़ गई। फिर क्या था? वे कहने लगे, "अरे तो क्या हुआ, चलो, आज कॉफी तुम्हें मैं पिलाता हूँ।"

मैंने निवेदन किया, "नहीं बाबू जी, मुझे तो दद्दा वाली कॉफी चाहिए और आज चूँकि उन पर सूमपन सवार है, इसलिए आज तो उनकी कॉफी में और भी मजा आएगा।"

टंडन जी को हँसी आ गई और मैथिलीशरण जी भी हँसकर मुझे कॉफी पिलाने को केन्द्रीय हॉल में ले गए।

टंडन जी जब राज्य सभा के सदस्य थे, सरकार ने एक बार उन्हें गवर्नरी का ऑफर भेजा। गवर्नरी के ऑफर में आश्चर्य की कोई बात नहीं थी। अचरज की बात यह थी कि टंडन जी दो-तीन दिनों तक उस प्रस्ताव पर विचार करते रहे। बात जब मेरे कान में पड़ी, मैं टंडन जी की सेवा में पहुँचा और उनसे मैंने निवेदन किया कि गवर्नरी स्वीकार कर लें। मैंने यह भी कहा कि "आखिर यहाँ भी आप कौन-सा काम कर पा रहे हैं?"

मेरी बात सुनकर टंडन जी हैरत में पड़ गए और बोले, "तुम भी यही कहते हो? माना कि यहाँ कोई ठोस काम नहीं कर पाता हूँ, मगर यह क्या कम है कि साल में एक बार हिन्दी पर भाषण देने का अवसर मिल जाता है?"

और उसी दिन ऑफर की नामंजूरी उन्होंने भेज दी।

अपनी जवानी के दिनों में टंडन जी क्रिकेट के नामी खिलाड़ी रहे थे। संसद-सदस्यों ने जब उनकी पचहत्तरवीं वर्षगाँठ मनाई, उस समय और चीजों के साथ क्रिकेट का एक बल्ला भी भेंट किया गया था। उस अवसर पर

जवाहरलाल जी ने बड़े प्रेम से टंडन जी के बारे में भाषण दिया था और कहा था कि एक समय मुझे यह सोचकर चलना पड़ता था कि टंडन जी को मेरे तौर-तरीके पसन्द आते हैं या नहीं। उस दिन पंडित जी ने टंडन जी की सहधर्मिणी को उनके पार्श्व में बिठाया था और उन्हें माला भी खुद ही अर्पित की थी।

जवाहरलाल जी ने जब यह धमकी दी कि वे प्रधानमंत्री के पद से अलग हो जाएँगे, तब इस बात को लेकर हम लोगों को काफी चिन्ता हुई थी। जहाँ तक मैं समझ सका था, इस धमकी से टंडन जी भी कुछ चिन्तित हुए थे। उस समय एक दिन उन्होंने मुझसे पूछा था, "क्या समझते हो? जवाहरलाल प्रधानमन्त्रित्व छोड़ देगा?" फिर खुद ही वे बोले, "आदमी थक गया है। डेढ़-दो महीने विश्राम कर ले, फिर ठीक हो जाएगा। आराम की उसे जरूरत है।"

राजभाषा-आयोग के प्रतिवेदन पर विचार करने के लिए संसत्सदस्यों की जो समिति बनी थी, उसके कामों से टंडन जी खुश नहीं थे। एक दिन उन्होंने मुझसे कहा था कि "पंत जी ने हिन्दी को आगे आने नहीं दिया, इससे मुझे दुःख हुआ है।"

मैंने दबी जबान से प्रतिरोध किया, "बाबू जी, हमारा तो यह खयाल है कि पन्त जी चेयरमैन नहीं होते, तो उतना काम भी नहीं हो पाता, जितना हो सका है।"

मैं जब राजभाषा-आयोग का सदस्य नियुक्त हुआ, मैं एक दिन टंडन जी से मिलने को उनके घर पर गया। टंडन जी ने कहा, "आँकड़ों के सवाल पर मैं हार गया हूँ। तुम लोगों का कर्तव्य है कि इस खोई हुई बाजी को वापस लाओ। मेरा मतलब है, आयोग के भीतर तुम्हें अन्तरराष्ट्रीय आँकड़ों का विरोध करना चाहिए।"

मैंने निवेदन किया, "बाबू जी, विरोध किसका करें? हिन्दी वालों को देना तो कुछ भी नहीं है, वे केवल लेने वाले हैं। ऐसी अवस्था में, मैं आपके सामने एक बात और आयोग में दूसरी बात नहीं करूँगा। हिन्दी के बारे में अहिन्दीभाषी लोग अपने बहुमत से जो निर्णय करें, वही निर्णय हिन्दी वालों का भी होना चाहिए। अन्तरराष्ट्रीय आँकड़ों के बारे में भी मैं यही करूँगा।"

आयोग के दो-एक तगड़े सदस्य इस उम्मीद में थे कि अन्तरराष्ट्रीय आँकड़ों पर हिन्दी वाले अड़ जाएँगे, अतएव उसी समय आयोग को विघ्न में डाल देना चाहिए। झगड़े की आशंका से ही यह सवाल टलता आ रहा था। आखिर बम्बई पहुँचकर इस सवाल पर विचार करना आवश्यक हो गया। किन्तु, जब यह सवाल सामने आया, आयोग के सभी हिन्दीभाषी सदस्यों ने वही किया, जिसका आभास

मैंने टंडन जी को दिया था, यानी हमने यह कहा कि इस मामले में आयोग के अहिन्दीभाषी सदस्य अपने बहुमत से जो फैसला करेंगे, वही फैसला हम लोगों का भी रहेगा। इससे झगड़ा खत्म हो गया और जो दो-एक सदस्य इस सवाल पर आयोग को भंग करना चाहते थे, वे निराश हो गए।

गांधी-टंडन-मतभेद पर टिप्पणी करते हुए एक बार काका साहब जी कालेलकर ने कहा था कि टंडन जी तपस्वी और पुण्यात्मा व्यक्ति हैं। लेकिन उनकी हालत धृतराष्ट्र जैसी है। धृतराष्ट्र स्वयं पूर्ण रूप से धर्मात्मा थे, किन्तु अपनी सन्तानों के कारण उनका अशुभ हुआ। यहाँ टंडन जी की सन्तान से तात्पर्य सम्मेलन के कर्ता-धर्ताओं से है। सम्मेलन के विरवे को टंडन जी ने अपने स्वेद से सींचकर बड़ा किया था। स्वभावतः ही सम्मेलन से उन्हें एक मोह हो गया था और इस मोह ने उन्हें कभी भी नहीं छोड़ा। पटना सम्मेलन में टंडन जी की अवज्ञा का जो दृश्य मैंने देखा, उससे विचलित होकर मैंने टंडन जी से कहा था कि "बाबू जी, ये लोग कभी भी आपकी बात नहीं मानेंगे। चलिए, हम दूसरा सम्मेलन स्थापित करने का उपाय सोचें।"

वे बोले, "तो क्या तुम लोग सचमुच ही इस सम्मेलन को छोड़ दोगे? इतनी पुरानी संस्था को छोड़कर अलग हो जाओगे?"

सम्मेलन का मोह टंडन जी को अन्त तक घेरे रहा। जब रोग से निरस्त होकर वे खाट पर पड़ गए, तब उन्होंने एक दिन जवाहरलाल जी को अपने पास बुलाया और कहा कि सम्मेलन के लिए संसद द्वारा एक कानून बनवा दो। यह मेरी आखिरी इच्छा है। और जवाहरलाल जी ने उनकी अन्तिम इच्छा को बड़ी तत्परता के साथ पूर्ण कर दिया।

टंडन जी आध्यात्मिक साधक थे। बाहर से संसार के कामों में लगे हुए, भीतर से वे विरक्त थे। वे श्री राधास्वामी सम्प्रदाय के अनुयायी थे और सन्त-साहित्य के वे बहुत बड़े मर्मज्ञ थे। हिन्दी साहित्य को वे संसार के ऊँचे-से-ऊँचे साहित्य के समकक्ष मानते थे। दुनिया के अनेक कवियों के नाम लेते हुए वे कबीरदास जी का नाम बड़े ही गर्व से लेते थे। और अक्सर अपने साहित्यिक व्याख्यानों में वे कबीरदास जी का निम्नलिखित पद बड़े उत्साह से उद्धृत करते थे :

करो जतन सखि, साईं मिलन की।
गुड़िया-गुड़बा सूप-सूपलिया
तजि दे बुधि लरिकैयाँ खेलन की।
कहै कबीर निर्भय होय हंसा
कुंजी बता दूँ तोहे ताला खुलन की।

जब टंडन जी अंतिम बार बीमार हुए, मैं उनके दर्शन करने को दो बार इलाहाबाद गया था। एक बार तो साँस रोक-रोककर उन्होंने थोड़ी बातचीत की, किन्तु दूसरी बार बात करने की शक्ति उनमें नहीं थी। उनके सिरहाने की ओर उनके गुरुओं के चित्र रखे हुए थे। टंडन जी उस अवस्था में भी उन चित्रों की ओर बड़े ही विश्वास के साथ देखते थे। गांधी जी की तरह टंडन जी भी सन्त-परम्परा के राजनीतिज्ञ थे।

स्वर्गीय मैथिलीशरण गुप्त

राष्ट्रकवि श्री मैथिलीशरण गुप्त जी के साथ मेरी पहली मुलाकात काशी में श्री रायकृष्णदास जी के घर पर हुई थी, जब राय साहब गंगा के तट पर रहते थे। मैथिलीशरण जी का बड़ा नाम था, शायद, कवियों में सबसे बड़ा नाम था। 'भारत-भारती', 'जयद्रथ-वध', 'किसान' और 'शकुन्तला' का रस मैं बचपन में ही ले चुका था। जब 'साकेत' और 'यशोधरा' का प्रकाशन हुआ, मैंने उन पुस्तकों को भी बड़े प्रेम से झूम-झूमकर पढ़ा था। दो कवि थे, जिनके समान बनने की इच्छा मुझे बचपन में आन्दोलित करती थी। एक थे पं. रामनरेश त्रिपाठी, जिनके 'पथिक' काव्य के अनुकरण पर मैंने 'वीर बाला' नामक खंड काव्य लिखा था और दूसरे थे श्री मैथिलीशरण जी गुप्त, जिनके 'जयद्रथ-वध' के अनुकरण पर मैंने 'मेघनाद-वध' नामक काव्य शुरू किया था। मेरी ये दोनों की दोनों कृतियाँ अधूरी रह गईं और उनकी पांडुलिपियों का अब कहीं पता नहीं है। आगे चलकर मैट्रिक पास करने के बाद मैंने 'प्रणभंग' नामक खंड काव्य लिखा, जो 'जयद्रथ-वध' को ही सामने रखकर लिखा गया था। यह काव्य प्रकाशित हुआ और उसकी प्रति मैंने मुश्किल से जुगा रखी है। बचपन के दिनों में जिस कवि पर इतनी श्रद्धा रही हो, उसके साथ पहली मुलाकात का सुख कितना अद्भुत रहा होगा, इसकी कल्पना कोई भी कवि कर सकता है।

मैथिलीशरण जी के साथ मेरी दूसरी मुलाकात भी काशी में ही हुई, जब उनकी हीरक-जयन्ती मनाई गई थी। जयन्ती-समारोह में श्रीप्रकाश जी ने जो भाषण किया, उससे पं. रामबालक शास्त्री बड़े ही उत्तेजित हो उठे और अपने भाषण में उन्होंने राजनीतिज्ञों की बड़ी मखौल उड़ाई। जहाँ तक मुझे याद है, श्रीप्रकाश जी ने यह कहा था कि श्री मैथिलीशरण जी और मैं एक ही जेल में कैद थे, मगर न जाने क्या हुआ कि एक दिन मैथिलीशरण जी अचानक रिहा कर दिये गए। पं. रामबालक शास्त्री इस बात से चिढ़ गए थे। जब मैथिलीशरण जी अभिनन्दन का जवाब देने को उठे, उन्होंने श्रीप्रकाश जी को लक्ष्य करके कहा, "अच्छा, अगर आप साहित्य की महिमा समझना चाहते हैं, तो चलिए, मैं अभी

आपके घर पर चाय पीकर आपको सम्मान देता हूँ।" फिर उन्होंने एक छोटी-सी कविता पढ़ी, जिसकी अन्तिम पंक्तियाँ थीं :

प्रेरक हों राम तो जयन्त से भी होड़ लूँ,
चाहता हूँ अपने को हिन्दी पर तोड़ दूँ।

उस बार मैथिलीशरण जी के साथ चिरगाँव से एक गवैया भी आया था। उत्सव के बाद राय साहब के घर पर उसने शास्त्रीय ढंग से 'साकेत' का एक पद गाया, जो बहुत ही अच्छा उतरा था :

दरसो, परसो, घन, बरसो।
घुमड़ उठो आषाढ़, उमड़ कर,
पावन सावन, बरसो।
भाद्र-भद्र, आश्विन के चित्रित
हस्ति-स्वाति-घन, बरसो।
आज भींगते ही घर पहुँचें,
जन-जन के तन, बरसो।

उसी यात्रा में एक और घटना घटी, जो मुझे याद है। हम सभी साहित्यिक, जिनमें श्रीमती महादेवी वर्मा भी शामिल थीं, एक गली होकर जा रहे थे कि अचानक हमारी पंक्ति में एक साँढ़ घुस आया। मैथिलीशरण जी के हाथ में छड़ी थी। उन्होंने तुरन्त साँढ़ को डाँटकर पंक्ति के बाहर कर दिया। यह मैथिलीशरण के त्राता रूप का उदाहरण था।

श्री रायकृष्णदास जी ने लिखा है कि 'चिरगाँव में अपनी जमीन की सिंचाई के लिए गुप्त जी ने बिजली का इंजन लगवाया था। एक दिन जब दो लड़के कुएँ के भीतर काम कर रहे थे और ऊपर इंजन चल रहा था, तब अचानक इंजन का पट्टा उतर गया। मोटर बहुत जोर से चलने लगी और कुएँ के ऊपर इंजन वाला समूचा चौखटा ऐसे जोरों से हिलने लगा कि अब गया, अब गया। मोटर का स्विच कुएँ के अन्दर था। गुप्त जी ने देखा तो भीतर काम करने वाले लड़कों का ध्यान करके अपनी जोखिम भूलकर वे कुएँ के अन्दर उतर गए और वहाँ से स्विच बन्द करके मोटर रोक दी।'

मैथिलीशरण जी के कई रूप थे। उनका एक रूप कवि और साहित्यिक का रूप था, जब वे काव्य-चर्चा करते थे और कालिदास के श्लोक उद्धृत करके अपनी बातों की पुष्टि करते थे। उनका एक रूप सामन्त का रूप था, जब वे दरबार में सरदार बनकर बैठते थे और दरबारियों की बातों का रस लेते थे। सभी दरबारी

उन्हें एक समान प्रिय नहीं थे। उनका निश्छल प्यार उस दरबारी को मिलता था, जो व्याजान्तर से यह कह सके कि दद्दा, आपको छोड़कर मेरा कोई और सहारा नहीं है। मैथिलीशरण जी सामन्तवादी प्रवृत्ति के थे और जो व्यक्ति उनकी शरण में चला जाता था, उससे प्यार भी करते थे और उसका विश्वास भी।

मैथिलीशरण जी की सरलता, मृदुवादिता, विनम्रता और वैष्णवी वृत्ति की बड़ाई सभी लोग करते थे और आज भी करते हैं। किन्तु, यह बात कम ही लोग जानते होंगे कि हिन्दी कवियों में मैथिलीशरण जी जितने मेधावी थे, उतना मेधावी शायद कोई और नहीं था। उनका दिमाग बड़ी तेजी से चलता था और बात भी उन्हें मौके की सूझ जाती थी। व्यंग्य करने में वे अत्यन्त पटु थे और अपने मन का गुबार वे अक्सर कोई कहानी कहकर निकालते थे। कहानियाँ उन्हें मालूम भी बहुत थीं। अगर मैथिलीशरण जी की शिक्षा अँगरेजी के माध्यम से हुई होती, तो सम्भवतः छायावाद हिन्दी में द्विवेदी-युग में ही पहुँच गया होता। यों भी छायावाद का प्रभाव उन्होंने इतिवृत्तात्मक होते हुए भी ग्रहण किया था, जिसका कुछ थोड़ा प्रमाण हम 'द्वापर' और 'झंकार' में देख सकते हैं।

मैथिलीशरण जी कालज्ञ पुरुष थे। वे जानते थे कि किसके साथ कैसा व्यवहार करना चाहिए। मौलाना आजाद से पहली बार मैथिलीशरण जी और मैं साथ ही मिले थे। उस दिन मौलाना को देने के लिए मैथिलीशरण जी अपने 'कर्बला' काव्य की कॉपी ले गए थे। मुझे मौलाना से मिलाते हुए उन्होंने कहा था, "मैं तो पुराने ढंग का कवि हूँ, मगर ये बिलकुल अप-टू-डेट हैं।"

मौलाना ने कहा, "मगर पुराना चावल ही रोगी का गिजा होता है।"

सन् 1951 ई. में महादेवी जी के साथ गंगाप्रसाद पांडेय, इलाचन्द्र जोशी और मैं–चिरगाँव होते हुए दक्षिण भारत गए थे। जिस दिन हम लोग चिरगाँव में थे, उसी दिन आचार्य विनोबा भावे भी चिरगाँव पधारे। मैथिलीशरण जी के नेतृत्व में सारा गाँव विनोबा भावे जी की अगवानी के लिए दूर तक गया। मैथिलीशरण जी और विनोबा जी के मिलने का दृश्य बड़ा ही भव्य था। उस दिन सन्ध्या के समय जो सभा हुई, उसमें मैथिलीशरण जी ने कोई सौ एकड़ जमीन विनोबा जी को दान में दी थी।

उन्हीं दिनों सियारामशरण जी ने गीता का समश्लोकी अनुवाद तैयार किया था। 'गीताई' के नाम से स्वयं विनोबा जी ने गीता का मराठी भाषा में समश्लोकी अनुवाद किया है, जो मूल के ही समान सारे महाराष्ट्र में लोकप्रिय है। उस दिन सियारामशरण जी ने अपना अनुवाद विनोबा जी को सुनाया और विनोबा जी साधिकार उसमें संशोधन सुझाए।

रात में मैथिलीशरण जी ने अपने 'जय भारत' काव्य के अनेक अंश हम लोगों को उत्साह के साथ सुनाए। उसी साहित्य-चर्चा में इलाचन्द्र जी ने कालिदास के बारे में कोई बात कह दी। दद्दा इलाचन्द्र जी पर नाराज हो गए और उन्होंने कालिदास ग्रंथावली मँगवाकर अपने पक्ष का श्लोक इलाचन्द्र जी को दिखला दिया।

उस बार चिरगाँव में एक घटना और घटी। विनोबा जी के साथ वहाँ बाबा राघवदास जी आए हुए थे। उन्होंने चाहा कि भूदान-आन्दोलन के समर्थन में साहित्यिकों और राजनीतिज्ञों का एक सम्मिलित वक्तव्य निकलना चाहिए। बाबा ने वक्तव्य तैयार कर दिया और दद्दा तथा सियारामशरण जी ने उस पर हस्ताक्षर कर दिये। फिर क्या था, उस पर महादेवी जी, गंगाप्रसाद जी, इलाचन्द्र जी और मैंने भी अपने हस्ताक्षर बना दिये। किन्तु इसके बाद इलाचन्द्र जी बहुत दुखी हो गए। उनकी आत्मा उन्हें कष्ट देने लगी। राजनीतिज्ञों के साथ साहित्यकार भी एक ही वक्तव्य पर हस्ताक्षर कर दें, इसमें वे साहित्यकार का अपमान समझने लगे। वे इतने दुखी हुए कि उन्होंने हम लोगों से कहा, "इस गलती के बाद तो हम लोगों को आत्महत्या कर लेनी चाहिए।"

हम लोग दुखी नहीं थे, न हमें यही लगता था कि यह हमसे इतना गर्हित पाप हो गया है, जिसका प्रायश्चित्त आत्महत्या है, किन्तु इलाचन्द्र जी की मनोदशा देखकर हम लोग काफी घबरा गए। निदान दद्दा को बाबा राघवदास से कहना पड़ा कि इलाचन्द्र जी के दस्तखत को आप काट देने की कृपा करें। जब इलाचन्द्र जी का दस्तखत काट दिया गया, उनके पछतावे का कारण जाता रहा।

पटना विश्वविद्यालय की रजत-जयन्ती के अवसर पर जो कवि-सम्मेलन हुआ था, उसमें मैथिलीशरण जी भी पधारे हुए थे। कवि-सम्मेलन में थोड़ा शोर होने लगा। यहाँ तक कि शोर उस समय भी होता रहा, जब सुभद्रा कुमारी चौहान काव्य-पाठ कर रही थीं। इससे मैथिलीशरण जी को गुस्सा आ गया और माइक पर जाकर उन्होंने गरजकर कहा, "आपने एक हजार वर्ष की गुलामी बर्दाश्त की है, क्या दो-एक कविताएँ भी आप बर्दाश्त नहीं कर सकते?" राष्ट्रकवि की फटकार सुनकर सभा शान्त हो गई।

दिल्ली में मैथिलीशरण जी का घर हम लोगों का 'गेलार्ड' होटल था, जहाँ बिल चुकाए बिना हम लोग रोज ही कॉफी या चाय पीते थे। मुलाकाती चाहे जिस समय भी आता, मैथिलीशरण जी उससे कुछ खाने को जरूर कहते। बासी पूड़ियाँ मैथिलीशरण जी को बहुत पसन्द थीं और उनका खयाल था कि बासी पूड़ियाँ हर आदमी को पसन्द आती हैं। पूड़ियों के सिवा खखरा, मठरी और घर के बने लड्डू

भी उनके यहाँ हमेशा तैयार रहते थे। मेहमानों को वे बड़े प्रेम से खिलाते थे और अक्सर ममता और आजिजी के साथ यह जरूर कहते कि “अरे, यह तो छोटा लड्डू है। तुम्हारी डायबिटीज का जिम्मा मैं लेता हूँ। यह एक लड्डू जरूर खा लो।”

मधुमेही को मीठी चीजें नहीं खानी चाहिए, मगर रोगी को जो चीज वर्जित होती है, उसके लिए उसे और भी ज्यादा लालच होता है। दद्दा को मालूम हो गया था कि खीर मुझे खूब पसन्द है। महीने में दो-एक बार वे फोन करके मुझे अवश्य कहते :

“अरे दिनकर, आज यहीं जूठन गिराओ।”

“क्या बात है दद्दा?”

“अरे, बात क्या है? तुम आओगे तो खीर हमें भी मिल जाएगी।”

मेरे लिए खीर बिना शक्कर की बनती थी। मगर मैं बिना शक्कर वाली खीर में थोड़ी-सी शक्कर वाली खीर अवश्य मिला लेता। इससे दद्दा का चेहरा आनन्द से खिल जाता था। दद्दा के अपने भोजन की मात्रा बहुत ही थोड़ी होती थी, मगर दूसरों की थालियाँ वे अन्त तक भरी रखना चाहते थे।

दद्दा कविताएँ स्लेट पर लिखा करते थे। जब स्लेट की दोनों पाटियाँ भर जातीं, कविता कागज पर नकल कर ली जाती थी। चिरगाँव वाले बँगले के एक छोटे-से आँगन में एक कोठरी है, जिसके सामने फूलों के पौधे लगे हुए हैं। दद्दा इसी एकान्त कुंज में बैठकर साहित्य रचते थे।

श्री मैथिलीशरण जी के तीन विवाह हुए थे। पहली पत्नी का देहान्त सन् 1903 ई. में और दूसरी का सन् 1912 ई. में हो गया। उन्होंने तीसरा विवाह सन् 1914 ई. में किया। जिया उनकी यही तीसरी पत्नी हैं।

मैथिलीशरण जी को सन्तान-शोक अनेक बार झेलना पड़ा किन्तु मित्रों के साथ वे इन शोकों की चर्चा नहीं करते थे। केवल एक बार आत्म-चरित सुनाते हुए उन्होंने कहा था, “अब इस बात का रोना क्या? समझो कि सब जाने के लिए ही हुए थे।” किन्तु, जब ‘द्वापर’ काव्य पूरा हुआ, मैथिलीशरण जी ने उसे अपनी सहधर्मिणि को समर्पित किया जो देवकी के समान सन्तानों का शोक जीवन भर सहती आई थीं। ‘द्वापर’ में समर्पण का पद उच्चकोटि की कविता का उदाहरण है :

कर्म-विपाक-कंस की मारी,
दीन देवकी-सी चिर काल,
लो अबोध अन्तःपुरि मेरी,
अमर यही माई का लाल।

मैथिलीशरण जी जब किडनी की बीमारी लेकर विलिंगडन अस्पताल में आ पड़े, हम लोग काफी घबरा गए थे। घबराने की बात ही थी। उन्हें अड़तालीस घंटों से पेशाब नहीं हुआ था। डॉक्टर से एकान्त में पूछने पर डॉक्टर ने मुझे बताया कि और थोड़ी देर पेशाब नहीं उतरा, तो मूर्च्छा शुरू हो जाएगी। मेरा खयाल है, बीमारी गुप्त जी को घसीटकर बेहोशी में ले जाना चाहती थी और गुप्त जी बेहोश होने से इनकार कर रहे थे। लेकिन उस अवस्था में भी वे स्वस्थ व्यक्ति की तरह बोलते थे, "अरे, अभी कहो तो मील भर दौड़कर दिखा दूँ।" फिर कहते, "ऐसी भी क्या चिन्ता है? मैं क्या किसी को पानी में छोड़कर जा रहा हूँ?" जब उनका पेशाब उतरा, डॉक्टर के मुख पर हँसी आ गई और हम लोगों की भी चिन्ता दूर हो गई।

उस समय मृत्यु के प्रति मैथिलीशरण जी की दृष्टि निर्भयता की थी, उपेक्षा की थी। मौलाना के मरने पर, पन्त जी के मरने पर, नवीन जी और फिरोज गांधी के मरने पर भी मैं मैथिलीशरण जी के साथ था। ऐसे अवसरों पर वे न तो ज्यादा शोक-विलाप करते थे, न अधिक विचलित होते थे। किन्तु, उनके भाई श्री सियारामशरण जी गुप्त जब दिल्ली में बीमार हुए, मैथिलीशरण जी उन्हें अस्पताल पहुँचाकर खुद चिरगाँव चले गए। मैं जब सियारामशरण जी को देखने को अस्पताल गया, सियारामशरण जी एक साँस से राम को और दूसरी साँस से दद्दा को पुकार रहे थे। 'हे राम! दद्दा!' इन दो नामों को वे निरन्तर जप रहे थे। आखिर दद्दा से मिलने को उनका निर्जीव शरीर ही चिरगाँव पहुँचा और दाह-कर्म के बाद मैथिलीशरण जी ने कहा, "नम्बर मेरा था, मगर चले गए सियाराम।"

दद्दा को खुद हृदय की बीमारी थी। मालूम होता है, जब सियाराम जी बीमार हुए, किसी ने दद्दा से कहा कि आप यहाँ से हट जाइए, वही अच्छा है, नहीं तो आपकी भी हालत ठीक नहीं रहेगी। दद्दा किसी की ऐसी ही सलाह मानकर चिरगाँव चले गए। लेकिन ऐसी राय देने वाले की छाती बड़ी कठोर रही होगी।

मैथिलीशरण जी का धीरज अथाह था। विशेषतः मृत्यु के बारे में वे काफी तटस्थ थे। उनकी आस्तिकता प्रगाढ़ थी। जब उनकी एक पुत्र-वधू (भतीजबहू) का देहान्त हुआ, उन्होंने निम्नलिखित पंक्तियों में अपनी आस्था व्यक्त की थी :

हुआ और भी हरे, एक यह
मुझे भरोसा तेरा,
जो करना है तुझे, उसी में
हित होना है मेरा।

मैथिलीशरण जी के प्रोस्टेट का भी ऑपरेशन हुआ था और उस ऑपरेशन से उन्हें काफी कष्ट हुआ था। मैं उन्हें देखने को बम्बई तो न जा सका, मगर जब बम्बई से वे झाँसी लौट आए, तब उन्हें देखने को मैं झाँसी गया था। वे जाँघिया और अधबहियाँ पहने हुए थे और लाठी लेकर चलते थे। मुझे देखते ही पिघलकर बोले, "तुम लोगों का साथ अभी बदा था, इसीलिए बच गया हूँ, नहीं तो कष्ट मृत्यु के समान ही हुआ।"

दद्दा जब ऑपरेशन कराकर अस्पताल में पड़े थे, तभी उनके अग्रज (नन्ना) का देहान्त हो गया और यह शोक-सूचना विचारपूर्वक उन्हें काफी बाद को दी गई। दद्दा हाहा-हीही में सारे दुःखों को भुलाए रहते थे, वरना उनके हृदय में नन्ना और सियारामशरण के विछोह का घाव अन्त तक हरा ही रहा। जिस रात दद्दा का शरीर छूटा, उसी दिन दोपहर को उन्होंने एक पद लिखा था, जो उनके जीवन की आखिरी रचना है। उस पद से मालूम होता है कि वे शरीर छोड़कर उन लोगों से मिलने को उत्सुक हो रहे थे, जिनसे उनका सनातन वियोग हो गया था :

प्राण, न पागल हो तुम यों,
पृथ्वी पर है वह प्रेम कहाँ?
मोहमयी छलना भर है,
भटको न अहो, तुम और यहाँ।
ऊपर को निरखो, अब तो
बस मिलता है चिर मेल वहाँ,
स्वर्ग वहीं, अपवर्ग वहीं,
सुख-सर्ग वहीं, निज वर्ग जहाँ।

राष्ट्रकवि के व्यक्तित्व में कहीं कोई इंजीनियर भी छिपा था। कल-पुर्जों के बारे में उनकी दिलचस्पी बहुत ज्यादा थी। छापे की मशीनें उन्होंने ऐसी भी जुटाई थीं, जिनका उनके यहाँ कभी कोई उपयोग नहीं हुआ। दिल्ली आने के बाद मोटरों के बारे में भी उनकी दिलचस्पी बहुत बढ़ गई थी। जब भी हम किसी टैक्सी पर सवार होते, दद्दा ड्राइवर से अवश्य पूछ बैठते, 'कौन मेक है? कब का मॉडल है? इंजन कभी तकलीफ तो नहीं देता?' इत्यादि।

सन् 1949 ई. में हिन्दी वालों ने ऑल इंडिया रेडियो के बहिष्कार का आन्दोलन चलाया था। कर्म-विपाक से मैं भी उस बहिष्कार आन्दोलन में पड़ गया और जब पन्त जी ने आकाशवाणी में सलाहकार का पद सँभाल लिया, तब भी मैं बहिष्कार पर डटा रहा; किन्तु एक दिन अचानक दद्दा ने एक

प्रेस-वक्तव्य दे दिया, 'रेडियो का हुक्का-पानी खुले।' फिर क्या था, सारा आन्दोलन ही चरमराकर टूट गया। हम लोग व्यक्ति थे, ददूदा हिन्दीभाषियों के पूरे समुदाय निकले।

श्री मैथिलीशरण जी हिन्दी और उर्दू को एक करने के पक्ष में नहीं थे। वे हिन्दी में, विशेषतः, हिन्दी काव्य में उर्दू शब्द लाने का विरोध करते थे। मेरी 'नर्तकी' नामक कविता का सम्पादन नवीन जी ने राष्ट्रकवि के साथ बैठकर किया था और हर जगह 'अगर' को काटकर 'यदि' तथा 'चीज' को काटकर 'वस्तु' बना दिया था। मेरा खयाल है, दिल्ली आने के पूर्व मैथिलीशरण जी भाषा के मामले में इतने कठोर नहीं थे। उनकी 'इस शरीर की सकल शिराएँ हों तेरी तंत्री के तार' वाली कविता में पहले 'प्रस्तुत हूँ, मैं हूँ तैयार' आता था। दिल्ली आने के बाद जब भी वे यह कविता पढ़ते थे, तब 'प्रस्तुत हूँ मैं सभी प्रकार' कर देते थे।

श्री बालस्वरूप राही को जब मैंने राष्ट्रकवि से मिलाया, वे बोल उठे, "अब यही गड़बड़ है। आपने अपना उपनाम 'राही' क्यों चुना, 'बटोही' क्यों नहीं?"

श्री मैथिलीशरण जी केवल वैष्णव ही नहीं, खाँटी हिन्दुत्व के कवि थे। अपनी हिन्दु भावना को अक्षुण्ण रखते हुए ही उन्होंने अपने राष्ट्रकवि-पद को सँभाल रखा था। वैदिक आर्य गोमांस खाते थे, यह विचार उन्हें मान्य नहीं था। खान-पान में उचित से अधिक उदारता उन्हें असह्य थी। जब महापंडित राहुल सांकृत्यायन ने अपने खान-पान सम्बन्धी अद्भुत विचार जनता के सामने रखने शुरू किये, श्री मैथिलीशरण जी क्रोध से जल उठे और उसी मनोदशा में उन्होंने एक पद लिख दिया, जो संकलित न होने पर भी अमर हो गया है :

गंगा गई, वोलगा का दुख-
दर्द तनिक हम महसूसें,
बुद्ध बाप जी मरे मांस खा,
हाड़ पूत राहुल चूसें।

ऐसे फिकरे गुप्त जी अनायास रच डालते थे। शुरू में संसद-सदस्यों को वेतन नहीं मिलता था। उन दिनों संसद जब सत्र में होती थी, तब प्रत्येक सदस्य को चालीस रुपये प्रतिदिन के हिसाब से भत्ता मिला करता था। उन दिनों मैथिलीशरण जी नार्थ एवेन्यू में रहते थे, जहाँ रक्तमुखी के काफी वृक्ष हैं।

एक दिन हजारी प्रसाद द्विवेदी ने कहा :

रक्तमुखी छाया तले
एम.पी. करें निवास।

श्री मैथिलीशरण जी तुरन्त बोल उठे :

चार मास की वृत्ति में
काटें बारह मास।

सन् 1963 ई. में संसद में जो भाषा-संशोधन विधेयक आया था, उसका विरोध मैथिलीशरण जी ने डटकर किया था। विरोध तो कुछ कांग्रेसियों ने भी किया था, किन्तु सेठ गोविन्ददास जी को छोड़कर और किसी का भी विरोध अन्त तक नहीं ठहरा। काँग्रेसियों की इस विवशता को ध्यान में रखते हुए राज्य सभा में उन्होंने एक कविता पढ़ी थी, जिसमें यह पंक्ति भी थी :

मैं मत देने में स्वतंत्र हूँ,
इतना ही संतोष मुझे।

प्रायः हर साल बजट-अधिवेशन के मौके पर वे अपना भाषण पद्य में देते थे। जिस साल डॉक्टर राधाकृष्णन् की पत्नी का देहान्त हुआ, उस साल मैथिलीशरण जी ने अपनी बजट अधिवेशन वाली कविता में पंडित जी के साथ राधाकृष्णन् जी को भी रंडुओं में गिन दिया था। हर साल की तरह उस साल भी दद्दा ने मुझसे कविता को देख लेने को कहा। मैंने विनम्रता से उन्हें यह समझाया कि डॉक्टर राधाकृष्णन का घाव अभी नया है। उन पर फब्ती अभी नहीं कसनी चाहिए। मेरी सलाह मानकर उन्होंने कविता में संशोधन कर दिया। पद्यमय भाषण करना उन्हें अच्छा लगता था। सन् 1960 ई. में जब राष्ट्रपति ने उन्हें अभिनन्दन ग्रन्थ भेंट किया, तब भी राष्ट्रकवि ने अभिनन्दन का उत्तर पद्य में ही दिया था।

सभाओं में जाना मैथिलीशरण जी पसन्द नहीं करते थे। लेकिन जब भी जाते, कविताएँ अवश्य सुनाया करते थे। आरम्भ में उनकी प्रिय कविता 'मेरी मिट्टी, मैं बलि जाऊँ' थी। लेकिन इधर हाल में उनका प्रेम सिमटकर दो कविताओं पर जम गया था। एक तो 'अब वे वासर बीत गए' और दूसरी 'इस शरीर की सकल शिराएँ हों तेरी तंत्री के तार'।

बुंदेलखंडी के कवि ईसुरी की कितनी ही फागें गुप्त जी को कंठ थीं। और वे उन्हें बड़ी ही मस्ती से सुनाया करते थे। याद उन्हें संस्कृत के श्लोक और ब्रजभाषा के भी छन्द थे। ब्रजभाषा के तीन कवित्त उन्हें बहुत ज्यादा पसन्द थे। ये तीनों कवित्त उन्होंने मुझे तीस-चालीस बार सुनाए होंगे। एक कवित्त तो पद्माकर का है, जिसमें 'तीन लोक ठाकुर सो ठुनकत ठाढ़ो है' पंक्ति आती है।

दूसरा कवित्त कवि पर्सराम का है जिसकी पहली पंक्ति है : 'पुहुमी सबीज करौ वारिद, तिहारी रीति'। तीसरा कवित्त किसी करन कवि का है जो इस प्रकार है :

बड़े-बड़े मोतिन की लसत नथूनी नाक,
बड़े-बड़े नैन पगे प्रेम के नसन सों।
रूप ऐसी बेलन में सुन्दर नवेली बाल
सखिन समूह मध्य सोहति जसन सों।
काँकरी चलाई तहाँ दुरि के 'करन' कान्ह
मुसुकि तिरीछी चितै ओट दे बसन सों।
नेक अनखानी सतरानी इतरानी भौंह
बदन कँपायो दाबि रसना दसन सों।

अनेक अद्भुत कविताओं का सौन्दर्य शारीरिक होता है यानी वह मनश्चक्षु से देखा जा सकता है। ऊपर के कवित्त की अंतिम दो पंक्तियों में जो चित्रमयता है, उसे गुप्त जी उदाहरणीय मानते थे।

मैथिलीशरण जी की गणना हिन्दी के भक्त कवियों में की जानी चाहिए। वे वैष्णव सम्प्रदाय में दीक्षित थे और वैष्णव धर्म का शक्ति भर आचरण भी करते थे। उनकी विनम्रता नकली नहीं, स्वाभाविक थी। किन्तु उनका स्वाभिमान जब दीप्त हो उठता था, तब उससे चिनगारियाँ भी छिटकती थीं।

स्वर्गीय पं. पद्मनारायण आचार्य ने लिखा है कि कवियों में मैथिलीशरण जी सबसे व्यवहार-कुशल और लोकचतुर थे; किन्तु इस लोक-चातुर्य ने उनके कवित्व और वैष्णव-वृत्ति को आघात नहीं पहुँचाया था।

पंडित माखनलाल चतुर्वेदी

'एक भारतीय आत्मा' की कविता पहले-पहल मैंने सन् 1920 ई. में साप्ताहिक 'प्रताप' में पढ़ी थी, जब मेरी उम्र कोई बारह साल की थी। वह कविता लोकमान्य तिलक के निधन पर रची गई थी :

वज्रपात मर मिटे हाय, हम,
रोने दो, संहार हुआ;
कसक कलेजे फाड़, दुखी,
यह बुरे समय पर वार हुआ।

वह कविता मेरी समझ में पूरी-की-पूरी आई थी या नहीं, नहीं कह सकता; किन्तु पसन्द मुझे वह इतनी आई थी कि पूरी-की-पूरी कविता मुझे कंठ हो गई थी और गाँव में मैं अक्सर उसे लोगों को सुनाया करता था। उस समय मुझे यह जानने की फिक्र नहीं थी कि 'एक भारतीय आत्मा' किस कवि का नाम है, न यह जानने का मेरे पास कोई सुयोग था। पीछे जब मैं साहित्य में आया, तब बहुत दिनों के बाद माखनलाल जी के बारे में थोड़ी जानकारी हासिल हुई। किन्तु उनकी तिलक जी की मृत्यु पर लिखी कविता बराबर मेरे मन में गूँजती रही और जब मैं अपने लिए पन्त, प्रसाद, महादेवी और निराला से भिन्न राह खोजने लगा, तब इस कविता ने अज्ञात रूप से मेरी बड़ी सहायता की। इसलिए मेरा विचार है कि साहित्य में मेरा अगर कोई गुरु हो सकता है, तो वे गुरु श्री माखनलाल जी हैं।

नया कवि जब साहित्य में आता है, तब समकालीन कवियों की रचनाएँ वह बड़े चाव से पढ़ता है; किन्तु मेरी नजर सबसे अधिक माखनलाल जी की कविताओं पर रहती थी, गरचे पत्रों में उनकी कविताएँ काफी लम्बे अन्तराल के बाद छपा करती थीं। तब भी मुझे सबसे अधिक आनन्द उन्हीं की कविताएँ पढ़कर होता था :

पगली! तेरा ठाठ! किया है रत्नाम्बर परिधान,
अपने काबू नहीं और यह सत्याचरण-विधान।
उन्मादक मीठे सपने ये, और अधिक मन ठहरें,
साक्षी न हों न्याय-मन्दिर में कालिन्दी की लहरें!

यह कविता 'मनोरमा' में छपी थी। और थोड़े दिनों बाद 'विशाल भारत' में पढ़ा कि जब पं. बनारसीदास जी चतुर्वेदी ने माखनलाल जी को यह सुझाया कि यदि किसी व्यक्ति के सामने साहित्य और राजनीति के क्षेत्र समान रूप से खुले हों, तो मेरी समझ में यह नहीं आता कि वह साहित्य को छोड़कर राजनीति की ओर क्यों जाता है, तब माखनलाल जी ने उन्हें चार पंक्तियाँ जवाब में लिखकर भेजी थीं :

सखे, बता दे, कैसे गाऊँ, अमृत मौत का दाम न हो,
जगे एशिया, हिले विश्व, पर राजनीति का नाम न हो?
व्यथित बाँसुरी से कहता हूँ हीतल हूक मचा दे तू,
अरी गरीबिन, रण-डंका बन कस कर चोट लगा दे तू।

आदमी जो कुछ बनता है, अनेक घटनाओं के कारण बनता है, अनेक प्रभावों के कारण बनता है। मेरा खयाल है, मेरे भीतर राजनीति-प्रियता की कहीं जो एक चिनगारी आन गिरी थी, उसे माखनलाल जी की कविताओं ने तेज कर दिया । माखनलाल जी की कविताएँ केवल कविताएँ नहीं थीं। कविताएँ होती हुई भी वे कविताओं से कुछ बड़ी चीज थीं। वे व्यक्ति की नहीं, समग्र राष्ट्र की भावनाए ँ थीं, एक युग की नहीं, भारत के पूरे इतिहास की आवाज थीं। माखनलाल जी केवल अपना ही हृदय नहीं हिलोरते थे, कविताओं के द्वारा वे सारे देश के हृदय को हिलोर देते थे। जनजीवन में कविता कितना बड़ा आलोड़न मचा सकती है, इसके जितने बड़े प्रमाण माखनलाल जी की कविताओं ने दिये, उतने बड़े प्रमाण इतिहास में कभी-कभी ही देखने को मिले होंगे। मगर जिन लोगों ने कविता का वह जादू नहीं देखा, उनकी दृष्टि में मेरा कथन बकवास ही माना जाएगा। उस समय कविता की शक्ति जिन्दगी से चोट लेने और जिन्दगी पर चोट देने में परखी जाती थी। किन्तु, अब भारत में भी यह मान्यता पहुँच गई है कि कवि का धर्म तटस्थता है, कर्म से तटस्थता, विचार से तटस्थता, जीवन से तटस्थता और सम्भव हो तो अर्थ से भी तटस्थता। चूँकि जिन्दगी कविता से असर लेने को तैयार नहीं है, इसलिए कवि उसकी उपेक्षा करेगा,

अपनी सारी भक्ति अपने शब्दों को अर्पित करेगा। सौ साल से यूरोप के अनेक श्रेष्ठ कवि इसी साधना में रहे हैं और उस साधना के पथ पर उन्होंने बलिदान भी किया है—पाठकों के साथ अपने सम्बन्ध का बलिदान, कलम से कमाई करने के लोभ का बलिदान, लोकप्रियता और कीर्ति का बलिदान; सुख, शान्ति और कभी-कभी संज्ञा का बलिदान। मगर हम लोग जो माखनलाल जी की परम्परा में बढ़े हैं, यह मानते हैं कि कविता केवल शुद्ध कविता ही नहीं होती, बहुत-सी मिश्रित कविताएँ भी शुद्ध कविताओं से श्रेष्ठ होती हैं। और जो कविताएँ केवल अभिव्यक्ति की पूर्णता के लिए लिखी जाती हैं, समाज पर प्रभाव उन कविताओं का भी पड़ता है और जो कवि अपने बारे में यह सोचता है कि वह काल-मुक्त है, समय के प्रभाव से वह भी मुक्त नहीं है।

फिर किसी वक्त पत्रों में इस बात की चर्चा आई कि माखनलाल जी को जेल में एक बार बेंत की सजा मिली थी या मिलने वाली थी। मित्रों ने उन्हें शायद यह राय दी थी कि आप किसी तरह ननु-नच करके इस सजा से बच जाइए, नहीं तो आपका कोमल शरीर इस दंड को सँभाल नहीं सकेगा। इस पर माखनलाल जी ने निम्नलिखित पंक्तियाँ लिखीं, जो आग की शलाका के समान आज भी चमक रही हैं :

मत व्यर्थ पुकारे शूल-शूल,
कह फूल-फूल, सह फूल-फूल।
हरि को हीतल में बन्द किए,
केहरि से कह नख हूल-हूल।
कागों का सुन कर्तव्य-राग,
कोकिल-काकलि को भूल-भूल।
सुरपुर तज दे, आराध्य कहे,
तो चल रौरव के कूल-कूल।

किन्तु माखनलाल जी की प्रतिभा का सबसे अद्भुत चमत्कार सन् 1929 ई. में दिखाई पड़ा, जब बोरष्टल जेल में भगतसिंह और यतीन्द्रनाथ दास के साथ अनेक क्रान्तिकारी नवयुवक अनशन कर रहे थे। इन युवकों के उपवास के समाचार से सारा देश व्याकुल हो रहा था। उपवास करते किसी को चालीस दिन, किसी को पैंतालीस दिन और किसी को पचास दिन हो गए थे। लोग रोज ही अखबारों की प्रतीक्षा अत्यन्त उत्कंठा से करते थे और रोज ही जो समाचार आते थे, उनसे सरकार की निष्ठुरता और युवकों की मर्दानगी और प्रत्यक्ष होती

जाती थी। हालत यह थी कि हर देशभक्त भारतवासी के हृदय में इन क्रान्तिकारियों के लिए प्रेम उमड़ रहा था, जो प्रेम अपने सगे-सम्बन्धी के लिए होता है। सभी देशवासी व्याकुल थे, सभी देशवासी बेहाल थे। हवा में क्रोध और करुणा इस प्रकार एकाकार हो रहे थे, मानो बछड़े बाघों से जूझ रहे हों और गाएँ कठघरों में बन्द रँभा रही हों! ऐसे में अचानक माखनलाल जी की 'मरण-त्योहार' नामक कविता पत्रों में छपी, जिसमें कवि ने कहा था कि नाश ने भारत को चुनौती भेजी है। उस चुनौती का पूरा जवाब न तो चरखा वाले दे पाए, न आनन्द भवनों के सम्राट, न उस चुनौती का जवाब पांडिचेरी दे सकी। देश की भट्ठियों से जब जवाब नहीं चला, यह काम करने को जहाँ-तहाँ से चिनगारियाँ आगे बढ़ चलीं :

नाश ने सागर-तरंगें चीरकर,
गगन से भी कठिन स्वर गम्भीर कर,
सन्धि का सन्देश भेजा है यहाँ,
पूछकर किसके कलेजा है यहाँ।

राजपथ की गालियाँ हमने सहीं,
प्रार्थनाएँ पुस्तकें रच कर कहीं।
श्रेष्ठ है, वह विपिन है अपना अहा।
वध गजेन्द्रों का नहीं होता जहाँ।
है रिपोर्टों में कलेजा छप रहा,
देश के आनन्द-भवनों ने कहा।

रात में सहसा सफेदी बह उठी,
मोम की दीपें सुलगती कह उठीं।
नाश जी, नक्षत्र यदि लाचार हैं,
श्री सुधाकर भी उतरते द्वार हैं,
तो जलेंगी तेल कर निज कामना,
आइए, मिट करेंगी सामना।

ये कुछ बानगी के पद हैं, जिन्हें मैंने स्मृति से लिखा है। पूरी कविता घटनाओं की लपेट में लिखी गई थी और वह इस मान्यता का खंडन करती थी कि पत्रकारिता कवित्व के धरातल तक नहीं पहुँच सकती। शासन के अत्याचार,

युवकों की वीरता और देश की विवशता और बेचैनी से भरी हुई उस कविता ने सारे हिन्दीभाषी भारत का हृदय हिला दिया। मोमबत्ती के बूँद-बूँद करके गलने के क्रम में देश को युवकों के शनैः-शनैः मिटने का रूपक दिखाई पड़ा और जिसने जहाँ भी वह कविता पढ़ी, वहीं उसकी छाती खौल उठी, उसका हृदय विदीर्ण हो गया, उसकी आँखों से आँसू निकल पड़े। उस कविता का अन्तिम पद अत्यन्त मर्मवेधी था और उसे पढ़कर आँसुओं को रोक रखना सचमुच असम्भव बात थी :

जम्बुकेश, चलो, जहाँ संहार है,
वन्य पशुओं का लगा बाजार है।
आज सारी रात कूकेंगे वहीं,
मोम-दीपों का मरण-त्योहार है।

लगभग ऐसी ही प्रसिद्धि माखनलाल जी की 'कैदी और कोकिल' नामक कविता की भी हुई थी। अँगरेजी सल्तनत के खिलाफ भारतवासियों के हृदय में जो आक्रोश भरा था, मानो वही आक्रोश माखनलाल जी की इन पंक्तियों में फूट पड़ा था :

हूँ मोट खींचता लगा पेट पर जूआँ,
खाली करता हूँ ब्रिटिश राज का कूआँ।

कवि, देशभक्त और वक्ता—इन तीनों रूपों में माखनलाल जी का देश में जो सम्मान रहा है, वह सम्मान बिरले साहित्यकार को नसीब होता है। देश भक्ति के आवेग ने माखनलाल जी को मथा और अपनी कविताओं के जरिये उन्होंने सारे देश के हृदय को मथ डाला। अभिनव काव्य-सिद्धान्त की कसौटी पर घिसकर किसी को भी यह कहने की गलती नहीं करनी चाहिए कि माखनलाल जी की कविताएँ इसलिए हीन हैं, क्योंकि वे देश भक्ति का प्रचार करती हैं। 'वन्दे मातरम' कहकर जो क्रान्तिकारी वीर फाँसी पर झूल गए, उन्होंने क्या केवल एक मंत्र का प्रचार किया था? अथवा यतीन्द्रनाथ दास की मृत्यु पर जो लोग रो उठे, वे क्या देशभक्ति का प्रचार करने को रोए थे? उगती सभ्यता के कवि भावनाशील और बुझती सभ्यता के कवि बुद्धिपीड़ित होते हैं। कविता के भीतर बुद्धिपीड़ा का जो तूफान उठा है, वह उस सभ्यता से उठा है, जिसका क्षयकाल समीप है। यूरोप शिखर से उतरने वाला है, इसलिए भावना वहाँ बुद्धि से हार रही है और कवि अपने भीतर के आलोचक से दबता जा रहा

है; किन्तु भारत तो हजार साल के पतन के बाद उत्थान की ओर बढ़ने वाला है। आध्यात्मिक क्लान्ति की नकल यहाँ चाहे जितनी की जाए, किन्तु वह चीज यहाँ जड़ नहीं पकड़ेगी क्योंकि आग धुएँ से नहीं जनमती, धुआँ ही आग से पैदा होता है।

जिन लोगों ने माखनलाल जी का भाषण नहीं सुना, वे हमारे कहने से यह नहीं समझ पाएँगे कि हिन्दी के वक्तृता की कैसी अद्भुत शक्ति है अथवा पुराने जमाने में नबी और पैगम्बर किस आवेश में बोलते रहे होंगे। पटना के स्वर्गीय डॉक्टर सच्चिदानन्द सिन्हा हिन्दी की शक्ति से अपरिचित थे और इसी कारण वे हिन्दी की मखौल उड़ाया करते थे। किन्तु सन् 1935 ई. में जब पंडित माखनलाल जी चतुर्वेदी पटना पधारे, उनका व्याख्यान एक दिन सिन्हा साहब ने भी सुना और भाषण सुनकर वे बिलकुल चकित रह गए। फिर उन्होंने माखनलाल जी के सम्मान में बहुत बड़ी पार्टी दी और बार-बार व्याख्यान सुनने को वे सभाओं में सम्मिलित होते रहे। इसी प्रकार, जब माखनलाल जी का भाषण मुजफ्फरपुर में हुआ, तब तत्कालीन काउंसिल ऑव स्टेट के माननीय सदस्य स्वर्गीय श्रीनारायण जी मेहता ने भरी सभा में यह कहते हुए माखनलाल जी के पाँव पकड़ लिये कि 'महाराज, ऐसा भाषण मैंने आज तक नहीं सुना था।'

यह हिन्दी का भयानक दुर्भाग्य रहा कि माखनलाल जी संसद-सदस्य के रूप में दिल्ली नहीं लाए जा सके। अगर वे कुछ वर्ष भी दिल्ली रहे होते तो निश्चय ही उनके मुख से प्रवाहित होनेवाली हिन्दी को देखकर हिन्दी-विरोधियों के भाव में बहुत बड़ा परिवर्तन आ गया होता। किन्तु क्रान्ति का स्वभाव है कि वह जिनके कन्धों पर चढ़कर विजय के द्वार तक पहुँचती है, अक्सर वह उन्हें अपना आहार भी बना डालती है; जब वह सत्ता के आसन पर बैठने लगती है, तब वह उन्हें पीछे भी ढकेल देती है, जिन्होंने उसे सत्तासीन करने के लिए जीवन भर काम किया है। किन्तु माखनलाल जी ने इस उपेक्षा और अन्याय को जिस शालीनता के साथ मौन रहकर सहा है, उससे उनकी देशभक्ति और भी पुष्ट दिखाई देती है, उनकी ऊँचाई कुछ और बड़ी मालूम होती है।

जब तक स्वतंत्रता का संग्राम चलता रहा, माखनलाल जी उसकी अगली पंक्ति में खड़े होकर जूझते रहे—शरीर से जूझते रहे, मन से जूझते रहे, भावना से जूझते रहे। जब वह संग्राम समाप्त हुआ, बलिदान की परम्परा पर आप-से-आप एक रोक लग गई। किन्तु यह रोक माखनलाल जी के बलिदान पर नहीं लगी। देशभक्ति का वरण माखनलाल जी ने सत्ता नहीं, आराध्य के द्वार तक पहुँचने के

लिए किया था। इसीलिए, सत्ता के छल से साधक को निराशा नहीं हुई, विफलताबोध का दंश उसे नहीं लगा। बलिदान खुद में एक आनन्द है, फकीरी अपने-आप में एक नशा है :

मैं बलि का गान सुनाती हूँ,
प्रभु के पथ का बनकर फकीर,
माँ पर हँस-हँस बलि होने में
खिंच हरी रहे मेरी लकीर।

देश अथवा मानवता का इतिहास सत्ता के लाडलों से नहीं बनता, वह उन लोगों से रोशनी पाता है, जो 'प्रभु के पथ के फकीर' हैं, जिनके बलिदान की लकीर हमेशा हरी रहती है।

निराला जी

पंडित सूर्यकान्त त्रिपाठी निराला से मेरी पहली मुलाकात सन् 1939 ई. में मुजफ्फरपुर में हुई थी, जब वे सुहृद-संघ के साहित्य-समारोह में भाग लेने को मुजफ्फरपुर पधारे थे। वे मुजफ्फरपुर के डाक बंगले में ठहरे हुए थे। जब मैं उनके दर्शन के लिए डाक बंगले गया, वे सभा के लिए तैयार होकर फिटन में बैठ चुके थे। उस समय वे साँचीदार धोती और लम्बा कुरता पहने हुए थे और उनके बाल करीने से सजे हुए थे। उस दिन निराला जी का चेहरा उनके उस फोटो से मिलता था, जो 'अनामिका' में छपा है। ज्योंही मैंने अपना परिचय दिया, निराला जी ने मेरी बाँह पकड़कर मुझे फिटन में बिठा लिया। फिर बड़ी ही अनौपचारिकता के साथ उन्होंने कहा, "आपके बारे में मैं वही बात कहूँगा जो बात श्रीमती सरोजिनी नायडू ने मेरे बारे में कही थी। जब मिसेज नायडू ने मेरी कविताएँ सुनीं, उन्होंने कहा था, 'गो आन डूइंग द वर्क, यू आर डूइंग, फार इट इज वेरी इम्पॉर्टेंट'। (जो काम आप कर रहे हैं, उसे करते जाइए क्योंकि वह बहुत ही महत्त्वपूर्ण है)।"

उस दिन सुहृद-संघ की सभा में बोलते हुए निराला जी ने कहा था, "बिहार के साहित्यिक यह ध्यान रखें कि उनके दोनों ओर के साहित्यकार बड़े प्रबल हैं।"

दोनों ओर से तात्पर्य मैंने उत्तर प्रदेश और बंगाल से लिया था और अपने धन्यवाद-भाषण में निवेदन किया था कि जहाँ तक बंगाल का सवाल है, उसकी चिन्ता सभी हिन्दी-प्रान्तों की चिन्ता मानी जानी चाहिए। लेकिन उत्तर प्रदेश और बिहार के बीच स्पर्धा का भाव मुझे अच्छा नहीं लगता क्योंकि इन दोनों प्रान्तों के साहित्यकार एक ही भाषा के साहित्यकार हैं।

मुजफ्फरपुर में सभी साहित्यकार डाक बंगले में निराला जी को घेरकर बैठते थे। इस महफिल में दो-एक बार मैं भी शामिल हुआ था। इस महफिल में निराला जी ने कहा था, "मैं विशेषज्ञ को मानता हूँ। अँगरेजी की कोई चीज मेरे सामने आई, तो उस पर राय मैं रामविलास की जानना चाहूँगा और विषय अगर संस्कृत का हुआ, तो उसे मैं जानकीवल्लभ की ओर बढ़ा दूँगा।"

उन दिनों निराला जी की विक्षिप्तता आरम्भ ही हुई थी। ज्यादातर वे सामान्य ही रहते थे। मगर मुजफ्फरपुर में ही मुझे यह आभास मिल गया था कि कवि कभी-कभी सामान्य नहीं रहते हैं। उदाहरणार्थ, मुजफ्फरपुर में ही निराला जी ने मुझसे कहा था, "युद्ध आरम्भ हो गया है। सरकार मुझे भी पकड़ना चाहती थी, मगर अब वह मुझे पकड़ेगी कैसे? मैं तो कम्यूनिस्ट हो गया हूँ!" इसी सिलसिले में उन्होंने एक बात और कही, जो लिखने लायक नहीं है।

मुजफ्फरपुर में जो कवि-सम्मेलन हुआ, उसमें निराला जी ने कई कविताएँ सुनाई थीं, लेकिन उनका सबसे बड़ा उत्साह मैंने 'कुकुरमुत्ता' सुनाते समय देखा था। उस समय निराला जी की 'कुकुरमुत्ता' कविता चर्चा का विषय बनी हुई थी। यह प्रगतिवाद का जमाना था और प्रगतिवादी आलोचक 'कुकुरमुत्ता' में अपने आन्दोलन का उदाहरण देख रहे थे। कुछ लोगों का यह भी खयाल था कि गांधी जी जिस हिन्दुस्तानी की बात करते हैं, उसका नमूना 'कुकुरमुत्ता' में देखा जा सकता है।

इधर मेरे एक कवि मित्र ने मुझे सुझाया है कि 'कुकुरमुत्ता' में पन्त-निराला-संघर्ष की झाँकी है, जैसे पन्त-निराला-संघर्ष की एक झाँकी 'लोकायतन' में भी देखी जा सकती है। 'गुलाब' पन्त जी हैं और 'कुकुरमुत्ता' स्वयं निराला जी। 'गुलाब' विदेश से मँगाकर यहाँ लगाया गया है, मगर 'कुकुरमुत्ता' आपसे-आप उपजता है, वह किसी के लगाए नहीं लगता। 'कुकुरमुत्ता' से यह संकेत भी मिलता है कि उस समय निराला जी उर्दू की रवानगी अपनी भाषा में लाना चाहते थे। सुना है, उन दिनों फिराक गोरखपुरी और जोश मलीहाबादी के साथ निराला जी की संगति अक्सर होती थी। पं. नन्ददुलारे बाजपेयी ने लिखा है कि 'कुकुरमुत्ता' को शोधते-सँवारते समय निराला जी ने अपने उर्दूदां मित्रों से भी राय-मशविरा किया था। जिन दिनों मुजफ्फरपुर में निराला जी से मेरी मुलाकात हुई, उन्हीं दिनों निराला जी की मुलाकात जोश मलीहाबादी के साथ किसी रेडियो स्टेशन पर हुई थी। निराला जी ने बातों-बातों में जोश का जिक्र किया था और हमें बताया था कि जोश साहब को निराला जी की 'बादल छाये' कविता बहुत पसन्द आई थी।

निराला जी के साथ मेरी दूसरी मुलाकात साहित्यकार-संसद के मकान में हुई थी। उस समय निराला जी ने गेरुआ पहनना आरम्भ कर दिया था। महादेवी जी ने बताया कि एक दिन अचानक निराला जी के भीतर यह भाव जगा कि अब मुझे गेरुआ धारण कर लेना चाहिए। फिर क्या था? निराला जी ने अपने कपड़े खुद ही गैरिक रंग में रँग लिये। कवि को इतना भी धीरज नहीं रहा कि वे गीले

वस्त्रों को सूखने दें। उन्होंने उन्हें कच्ची हालत में ही पहन लिया और तब वे बोले, "बस, अब ठीक है। घर की भी क्या आवश्यकता? किसी पेड़ के नीचे अब मैं जिन्दगी गुजार सकता हूँ।"

जब मुझे साहित्यकार-संसद की ओर से 'कुरुक्षेत्र' के लिए पुरस्कार मिला, मेरे अभिनन्दन के लिए साहित्यिकों की एक सभा सन्ध्या समय गंगा की रेती पर आयोजित की गई थी। उस सभा में प्रयाग के प्रायः सभी साहित्यिक सम्मिलित हुए थे, मगर निराला जी उसमें नहीं आए। वे दिन में ही आकर मुझे आशीर्वाद दे गए थे। श्रीयुत रायकृष्णदास जी तथा अन्य साहित्यिकों के साथ मैं भोजन कर रहा था, तभी निराला जी एक महिला के साथ आए। उस दिन वे केवल अँगरेजी में बोल रहे थे। रायकृष्णदास जी से उस महिला का परिचय कराते हुए उन्होंने कहा था, "दिस इज श्री रायकृष्णदास, ए नोबुलमैन फ्राम बेनारस"। (ये बनारस के रईस श्री रायकृष्णदास हैं)।

उस दिन बोलकर उन्होंने मुझसे कुछ भी नहीं कहा था। मैंने जब उन्हें प्रणाम किया, उन्होंने मेरी पीठ ठोंकी और जरा-सा मुस्कुराकर वे चले गए।

निराला जी के साथ मेरी तीसरी मुलाकात सन् 1947 ई. में काशी में हुई, जब नन्ददुलारे जी और डॉ. रामविलास शर्मा के प्रयत्न से निराला जी की स्वर्ण-जयन्ती मनाई गई थी। उस दिन निराला जी ने हल्के गुलाबी रंग के रेशम का बहुत लम्बा कुर्ता पहन रखा था और सिर पर वे साफा भी उसी कपड़े का बाँधे हुए थे। शायद उन्होंने जानबूझकर स्वामी विवेकानन्द का अनुकरण किया था क्योंकि उन्हें देखकर स्वामी जी का फोटो मुझे याद आ गया था। गरीबी का दृश्य यह था कि रेशम से लैस कवि तम्बाकू मलते हुए पैदल चल रहे थे और कुछ थोड़े-से लड़के उनकी गजलें गाते हुए उनके पीछे-पीछे आ रहे थे। जुलूस बिलकुल छोटा और प्रभावहीन था। उससे केवल यह व्यंजित होता था कि निराला जी बिलकुल भोलानाथ हैं और प्रशंसक उन्हें जो भी नाच चाहें, नचा सकते हैं।

जयन्ती समारोह का उद्घाटन आचार्य नरेन्द्रदेव ने किया था एवं निराला जी की स्तुति में उस दिन अनेक साहित्यिकों ने खुले कंठ से भाषण किए थे। मेरी इच्छा थी कि बिहार की ओर से आचार्य शिवपूजन सहाय जी बोलें, जो सभा में मौजूद थे, किन्तु नन्ददुलारे जी तथा रामविलास जी की इच्छा हुई कि बिहार की ओर से मुझे ही बोलना चाहिए। मंच काफी बड़ा था, किन्तु उस पर कवि अकेले बैठे हुए तम्बाकू मल रहे थे। भाषण का माइक मंच से नीचे रखा था। मैंने अपने भाषण में जब यह कहा कि "रिश्ते में निराला जी प्रगतिवाद और प्रयोगवाद, दोनों

आन्दोलनों के पिता माने जाएँगे," तब निराला जी मंच पर से बोल उठे, "तुम जो कह रहे हो, वह बात लोग लिखते क्यों नहीं हैं?" मैंने मुड़कर निवेदन किया कि "लोग लिखेंगे कैसे नहीं? अभी तो आप पर लिखाई शुरू हुई है। कालक्रम में हर बात लिखी जाएगी।" जवाब तो मैंने दिया, लेकिन मन-ही-मन निराला जी पर मुझे भक्ति हो आई। जिस निश्छलता से उन्होंने यह सवाल किया था, उस निश्छलता के साथ कोई बच्चा ही बोल सकता है।

अभिनन्दन-पत्र के अर्पण के साथ निराला जी के हाथ में बाँस की एक खोली भी दी गई, और सार्वजनिक रूप से कहा गया कि इस खोली के भीतर दस हजार रुपये हैं। सभा ने बड़े ही उत्साह से तालियाँ बजाईं। कवि आनन्द से खिल उठे। उन्होंने सारी राशि नवजादिकलाल के परिवार, रामकृष्ण मिशन, सिस्टर निवेदिता के स्मारक आदि कामों के लिए वितरित कर दी। सभा ने और भी तालियाँ बजाईं, और भी हर्ष-निनाद किया। पीछे मेरे कानों में यह भनक पड़ी कि बाँस की खोली बिलकुल खाली थी। आयोजक रुपये देना अवश्य चाहते थे, मगर रुपये वे जुटा नहीं सके थे। निदान उन्होंने खाली लिफाफा चढ़ाकर कवि का सम्मान किया। सोचता हूँ, जब निराला जी को इस बात का पता चला होगा, तब उन्होंने क्या सोचा होगा? कहीं उनकी विक्षिप्तता के पीछे ऐसी घटनाओं का भी हाथ तो नहीं था?

अभिनन्दन का उत्तर निराला जी ने काफी शालीनता से दिया, किन्तु तुरन्त उनकी विक्षिप्तता की नाड़ी जग गई और वे महारानी विक्टोरिया, एडवर्ड और रवीन्द्रनाथ ठाकुर के नाम लेने लगे। उस समय नन्ददुलारे जी, डॉ. रामविलास शर्मा और पंडित वाचस्पति पाठक ने उन्हें सँभाला और कविता की माँग करके उनकी धारा को उन्होंने मोड़ दिया। निराला जी ने एक-दो छोटी-छोटी कविताएँ अन्यमनस्क भाव से सुनाईं और यह कहकर अपना भाषण समाप्त कर दिया कि "अब आप अपने घरों को प्रत्यावर्तित हों और किताबों के जरिये कवि-मानस को समझने का प्रयास करें।"

उस रात निराला जी के अभिनन्दन में जो कवि-सम्मेलन हुआ, वह लगभग सारी रात चलता रहा और निराला जी सारी रात स्वस्थचित्त बैठे रहे। उन्होंने कई बार कविताएँ सुनाईं और हर बार अद्‌भुत समाँ बाँध दिया। उस सम्मेलन में सुमन जी और जानकी वल्लभ जी ने निराला जी पर अपनी-अपनी कविता सुनाई थी। दोनों कविताएँ अत्यन्त उच्च कोटि की थीं। दिन में निराला जी मेरे भाषण से बहुत प्रसन्न हुए थे। रात में जानकी वल्लभ जी की कविता से वे बाग-बाग हो उठे। फिर उन्होंने कहा, "आज बिहार ने मुझे काफी पेमेंट किया है।"

निराला जी सभा में रह-रहकर तम्बाकू मलते ही रहते थे और अक्सर थोड़ा-सा प्रसाद मुझे भी देते थे। वे जब तम्बाकू को ताली से ठोकते, तो उसकी झाँस पास बैठे आदमी को लगती और उसका मुँह बिचक जाता। ऐसे अवसरों पर निराला जी हँसते हुए कह उठते, "हाँ, इतनी झाँस तो निराला के पास बैठने से अवश्य लगेगी।"

इसके बाद निराला जी के साथ मेरी मुलाकात कई साल तक नहीं हुई। हाँ, कान में यह बात पड़ती रही कि वे पागल हो गए हैं और बिना प्रसंग के भी महारानी विक्टोरिया, अष्टम एडवर्ड, रवीन्द्रनाथ ठाकुर, विजयालक्ष्मी पंडित और महादेवी जी के नाम लेते रहते हैं। एक बार यह भी सुना कि अब वे हिन्दी में अपना नाम नहीं लिखते, अँगरेजी में लिखते हैं। फिर यह सुना कि निराला जी ने अपना नाम सैयद हसन रख लिया है। यह सुना कि एक बार एक प्रकाशक उन्हें रॉयल्टी के पैसे देने गया, तो रसीद बनाने से निराला जी ने यह कहकर इनकार कर दिया कि रसीद मेरी ओर से प्रधानमंत्री लिखेगा।

उन दिनों निराला जी कभी-कभी अपने को रवीन्द्रनाथ का पुत्र भी बताते थे। उन्होंने चाहा था कि हिन्दी में उनका सम्मान उसी तरह हो, जिस तरह बंगला में रवीन्द्रनाथ का सम्मान हुआ था; किन्तु किसी विश्वविद्यालय को यह भी नहीं सूझा कि वह डॉक्टरेट देकर निराला जी का सम्मान करे। इस व्यथा की अभिव्यक्ति इस रूप में हुई कि निराला जी ने अपने को ही विश्वविद्यालय मान लिया और वे अपनी पसन्द के युवकों को डॉक्टरेट देने लगे।

जब कलकत्ता में निराला जी का अभिनन्दन हुआ, निराला जी अपने कई मित्रों और प्रशंसकों से घिरे कलकत्ता पहुँचे। हावड़ा में उनके स्वागत के लिए साहित्य-प्रेमियों की एक बड़ी भीड़ स्टेशन पर आई थी। अपनी विक्षिप्तता की अवस्था में भी निराला जी पं. वाचस्पति पाठक की बात नहीं टालते थे। वाचस्पति जी ने निराला जी से कह रखा था कि आप मुझसे पूछे बिना कोई काम नहीं कीजिएगा। सो निराला जी, अबोध बच्चे के समान, प्लेटफॉर्म पर उतरकर वाचस्पति जी के बगल में खड़े हो गए। वाचस्पति जी ने निराला जी से कहा, "देखिए, निराला जी, यह सारी भीड़ आपको ही देखने को स्टेशन तक दौड़ी आई है। लगता है, पूरा कलकत्ता ही यहाँ उमड़ पड़ा है।"

निराला जी को केवल एक ही जिज्ञासा हुई। उन्होंने पूछा, "क्या टैगोर खानदान के भी लोग इस भीड़ में हैं?"

वाचस्पति जी ने कहा, "हाँ, टैगोर खानदान के लोग भी इस भीड़ में हैं।" यह सुनकर निराला जी को बड़ा सन्तोष हुआ।

निराला जी से मेरी आखिरी मुलाकात उस समय हुई, जब साहित्यकार-संसद से भागकर वे कमलाशंकर सिंह के घर पर रहने लगे थे। उस बार की प्रयाग-यात्रा के समय मैं भाई बच्चन जी के साथ ठहरा था। जब मैंने निराला जी से मिलने की इच्छा प्रकट की, श्रीमती बच्चन ने कहा, "थोड़ी देर ही वहाँ रहिएगा। उनका मिजाज इन दिनों कहने में नहीं है। अभी उस दिन यहाँ आए, तो हमारे ड्राइंग रूम में पन्त जी के सामने ही दंड पेलने लगे।"

निराला जी के दर्शनों के लिए उस दिन मैं भाई गंगाप्रसाद जी पांडे और श्री कामेश्वर शर्मा कमल के साथ गया था। कमलाशंकर जी के मकान के बरामदे में निराला जी फकीराना ठाठ से बैठे हुए थे। उनका बिस्तर जमीन पर था। सिरहाने दो-तीन पुस्तकें रखी हुई थीं और निराला जी गेरुआ रंग की लुंगी और अधबहियाँ पहने हुए थे। दाढ़ी उन्होंने बढ़ा रखी थी, किन्तु वह प्याजी से ज्यादा नहीं फैली थी। शरीर देखने से भान होता था, मानो शरीर की चिन्ता कवि को नहीं है। गंगा प्रसाद जी पांडे तो निराला जी से रोज ही मिलते रहे होंगे, निराला जी ने आते ही मुझे और कामेश्वर—दोनों को पहचान लिया। उन्हें तब तक यही मालूम था कि मैं सब-रजिस्ट्रारी करके अपनी रोजी कमा रहा हूँ। मैंने थोड़े में अपने जीवन में होनेवाले परिवर्तनों का हाल उन्हें सुनाया और निवेदन किया कि मैं इन दिनों राज्य सभा का सदस्य हूँ; किन्तु बातें केवल औपचारिक थीं। उनकी दिलचस्पी मेरे पेशे में नहीं, शरीर में थी और मेरा शरीर देखकर वे निराश हो गए।

पहले भी किसी मुलाकात में मैंने निराला जी को कहते सुना था कि जो शरीर से पहलवान नहीं है, वह कविता की ओर क्यों बढ़ता है? इस बार भी वे उठकर खड़े हो गए और मुझे भी उन्होंने खड़ा होने को कहा। मैंने आज्ञा का पालन किया। फिर वे अपनी छाती से मेरी छाती नापने लगे।

मैंने कहा, "अब सीना क्या नापते हैं निराला जी, मैं तो मधुमेही होकर गल गया हूँ। अब मैं पहलवान थोड़े ही हूँ।"

वे बोले, "हाँ, तुम अब ईरानी नहीं रहे, हिन्दुस्तानी हो गए।"

जब निराला जी जवान थे, तब दंगल का चलन समाज में ज्यादा था और समझा यह जाता था कि ईरानी दाँव-पेंच जानने वाला पहलवान हमेशा दंगल मार ले जाता है। संक्षेप में, ईरानी पहलवान हिन्दुस्तानी पहलवान से श्रेष्ठ समझे जाते थे। इसीलिए मेरे शारीरिक ह्रास पर उन्होंने यह टिप्पणी की कि तुम अब ईरानी नहीं रहे, हिन्दुस्तानी हो गए।

थोड़ी देर के बाद निराला जी भूली-भूली बातें करने लगे। एक बार ऐसा लगा, मानो वे महारानी विक्टोरिया से बात कर रहे हों! फिर उन्होंने शायद विजया जी

की काल्पनिक झाँकी देखी और वे बोले, "आपकी और जवाहरलाल की जोड़ी खूब अच्छी है, मगर उतनी अच्छी नहीं जितनी अच्छी निराला और महादेवी की जोड़ी है। अच्छा, नमस्कार! 'अणिमा' में आपको मैंने पे किया है।"

इतने में मैंने देखा कि निराला जी के सिरहाने की ओर ईंट के छोटे-छोटे टुकड़े पड़े हुए हैं। मैंने उन टुकड़ों की ओर उँगली उठाकर पूछा, "यह क्या कौतुक है निराला जी?"

मेरा प्रश्न सुनकर निराला जी बेहोशी से होश में आ गए। फिर उन्होंने जेब में हाथ डाला और ईंट के कुछ टुकड़े जेब से भी निकाल दिये। फिर एक ढेले को हाथ में लेकर बोले, "तुम्हें कुछ भी मालूम नहीं है। यहाँ इलाहाबाद के कुत्ते मुझे फाड़ डालना चाहते हैं। उन्हीं को डराने के लिए ढेले रखता हूँ। उन्हें मारता नहीं, सिर्फ डराकर छोड़ देता हूँ।"

उस दिन निराला जी ने जो बातें कीं, उन पर मेरी राय यह बनी कि निराला जी के चेतन और अवचेतन के बीच की दीवार टूट गई है। स्वप्न में बोलते-बोलते वे जाग्रत अवस्था में चले आते हैं और जाग्रत में बोलते-बोलते वे स्वप्न में लौट जाते हैं। उनकी हर बात का कोई-न-कोई अर्थ होता था। वे प्रतीक में बोलते थे, अन्योक्ति में अभिव्यक्ति करते थे। 'मैं रवीन्द्रनाथ का पुत्र हूँ', यह कहकर वे कोई बात कहना चाहते थे और 'इलाहाबाद के कुत्ते मुझे फाड़ खाएँगे', इस वाक्य का भी कोई अर्थ रहा होगा।

आचार्य रघुवीर

आधुनिक हिन्दी में अनेक विद्वान और साहित्यकार बड़ी ही उच्च कोटि के हुए हैं, फिर भी यह सम्भावना है कि उनके समान अथवा उनसे बड़े विद्वान और साहित्यकार आगे भी उत्पन्न होंगे। केवल तीन व्यक्ति हैं, जिनके जोड़ आगे जनमेंगे या नहीं, यह विषय संदिग्ध है। हिन्दी की इन तीन दुर्लभ विभूतियों में मैं पहला स्थान पंडित रामचन्द्र शुक्ल को देता हूँ, दूसरा महापंडित राहुल सांकृत्यायन को और अवस्थाक्रम की विवशता से तीसरे स्थान के अधिकारी आचार्य रघुवीर ठहरते हैं।

राहुल जी ने तिब्बत जाकर बहुत-से ऐसे ग्रंथों का पता लगाया, भारत में जिनके केवल नाम ही सुने जाते थे। इनमें से अनेक ग्रंथों की पांडुलिपियाँ खच्चरों पर लादकर वे भारत ले आए और पटना म्यूजियम को उन्होंने मालामाल कर दिया। विख्यात भारत-विद्या-विशारद शेरवास्की ने स्वर्गीय डॉक्टर काशीप्रसाद जी जायसवाल को पत्र लिखा था कि राहुल जी ने विद्या के क्षेत्र में क्रान्ति उपस्थित कर दी है। उन्होंने जिन ग्रंथों का पता लगाया है, उनकी अन्तरराष्ट्रीय प्रदर्शनी की जानी चाहिए।

राहुल जी की खोज मध्य एशिया में, विशेषतः, तिब्बत में चली थी। किन्तु आचार्य रघुवीर उन सभी देशों में गए, जहाँ पहले भारतीय संस्कृति पहुँची थी। उनका विशिष्ट कार्यक्षेत्र बर्मा, थाइलैंड, इंडोनेशिया, बाली, लाओ, वियतनाम, चीन, जापान और मंगोलिया था। यही नहीं, एक बार यूरोपीय यात्रा के क्रम में उन्होंने जिप्सी भाषा का भी अध्ययन किया और वे इस निष्कर्ष पर पहुँचे कि जिप्सियों की मूल शाखा भारत से ही बाहर गई थी। उन्होंने साइबेरिया जाकर वहाँ भी भारतीय प्रभाव की खोज की और सभी स्लाव भाषाओं को संस्कृत शब्दों से ओतप्रोत पाया। बृहत्तर भारत के चित्र को स्पष्ट करनेवाली सामग्रियाँ उन्होंने सरस्वती विहार में इतनी एकत्र कर दी थीं कि डॉक्टर वासुदेवशरण जी अग्रवाल को कहना पड़ा कि 'बृहत्तर भारत की जितनी सामग्रियाँ सरस्वती विहार की छतों

के नीचे एकत्र हैं, उतनी संसार में और किसी एक स्थान पर नहीं मिलेंगी।' उन्होंने अस्त्रा खान (वोल्गा) से पद्म-पुराण, बाइकाल के निकट से सुभाषित रत्ननिधि और मंगोलिया से विक्रमादित्य और राजा भोज की कहानियों की पुस्तकें प्राप्त की थीं।

जब डॉक्टर रघुवीर ने शतपिटक की योजना बनाई, सारे संसार के भारत-विद्या-विशारद चकित रह गए। तीन पिटकों में समस्त बौद्ध साहित्य का सार संकलित समझा जाता है। डॉक्टर रघुवीर चाहते थे कि सौ पिटकों में वह समस्त भारतीय साहित्य प्रकाशित कर दिया जाए, जो मूल या अनुवाद के रूप में प्राचीन काल में विदेशों में पहुँचा था; अर्थात् जैसे पालि ग्रन्थों के संग्रह त्रिपिटक कहलाते हैं, वैसे ही नेपाल, गान्धार (अफगानिस्तान), शूलिक, खोतन (मध्य एशिया), तुरुष्क (तुर्किस्तान), पारस (ईरान), ताजक (अरब), भोट (तिब्बत), चीन, मोंगोल (मंगोलिया), मंजु (मंचूरिया), उदयवर्ष (जापान), सिंहल (लंकादेश), सुवर्णभू (बर्मा), श्याम (थाईदेश), कम्बुज (कम्बोडिया), वियतनाम, चंपा, द्विपांतर (जावा, बाली, सुमात्रा) आदि में अनुवाद या मूल के रूप में जो भारतीय साहित्य उपलब्ध है, उसे 'शतपिटक' नामक विशाल संग्रह के रूप में प्रकाशित किया जाए। यह कार्य इतना विशाल है कि उसे एक नहीं, अनेक संस्थाएँ बहुत वर्षों तक काम करके पूरा कर सकती हैं। आचार्य रघुवीर ने उसे केवल अपने बल पर आरम्भ कर दिया और उसके कई ग्रन्थ उन्होंने अपने जीवनकाल में ही प्रकाशित भी कर दिये थे। उन्हें अपनी शक्ति पर अटूट विश्वास था। वे किसी भी कार्य को असम्भव नहीं मानते थे। वे अकेले एक संस्था नहीं, लगभग एक राष्ट्र थे। कोई आश्चर्य नहीं कि जब वे स्वर्गीय हुए, तब संसार के कोने-कोने से शोक-संवेदनाएँ बरस पड़ीं। संसार भर के भारत-विद्या-विशारदों ने किसी भी भारतीय विद्वान की मृत्यु पर उतना शोक नहीं मनाया था, जितना शोक उन्होंने आचार्य रघुवीर के मरने पर व्यक्त किया। विद्या के क्षेत्र में आचार्य रघुवीर का शरीरपात बहुत बड़ी घटना के रूप में दर्ज है।

विद्या के क्षेत्र में डॉक्टर रघुवीर के काम तीन तरह के थे। जब वे लाहौर में संस्कृत के प्राध्यापक थे, उन्होंने वैदिक साहित्य का सम्पादन किया था। उन्होंने महाभारत के भी कुछ पर्वों का सम्पादन किया था। संस्कृत के पारंगत विद्वान तभी से डॉक्टर रघुवीर का लोहा मानने लगे थे। लाहौर में ही डॉक्टर रघुवीर ने भारत-विद्या का अन्तरराष्ट्रीय संस्थान कायम किया था। पंजाब के विभाजन के बाद उन्हें जब विश्वास हो गया कि लाहौर में संस्कृत का भविष्य नहीं है, तब अपने संस्थान और विशाल पुस्तकालय के साथ लाहौर छोड़कर वे

नागपुर चले गए और वहाँ भारतीय संस्कृति का अन्तरराष्ट्रीय संस्थान स्थापित किया, जिसका नाम 'सरस्वती विहार' है और जो अब दिल्ली में स्थित है। 'सरस्वती विहार' के मंच से ही डॉक्टर रघुवीर ने 'शतपिटक' की योजना चलाई और प्राचीनकाल में विदेशों में गई हुई भारतीय विद्या और संस्कृति के उद्धार का कार्य आरम्भ किया।

डॉक्टर रघुवीर का तीसरा कार्य नये शब्दों का निर्माण था। वे भविष्यद्रष्टा विद्वान थे। सन् 1933 ई. में ही उन्होंने यह आभास पा लिया था कि स्वाधीन होते ही भारत अपनी भाषाओं की ओर मुड़ेगा और उसे विभिन्न विज्ञानों के क्षेत्र में भारतीय शब्दों की आवश्यकता पड़ेगी। नये शब्दों के निर्माण का कार्य उन्होंने तभी आरम्भ कर दिया था। यही कारण था कि भारत के स्वाधीन होते-होते डॉक्टर रघुवीर कई लाख शब्दों का निर्माण कर चुके थे और लोग उन्हें 'अभिनव पाणिनि' के रूप में देखने लगे थे। हिन्दी और हिन्दी के जरिये समस्त भारतीय भाषाओं को समृद्ध करने के लिए डॉक्टर रघुवीर बीस लाख शब्द बनाना चाहते थे।

पटना की एक सभा में भाषण देते हुए उन्होंने कहा था, 'हे यमदेव! तुमसे मेरी एक ही प्रार्थना है। इस पृथ्वी से मुझे तब तक न बुलाना, जब तक अँगरेजी के बीस लाख शब्दों के हिन्दी पर्याय पूर्ण न कर लूँ।'

लेकिन काल ने उनकी प्रार्थना नहीं सुनी। वे जब स्वर्गीय हुए, उस समय तक केवल पाँच लाख शब्द वे बना सके थे। किन्तु तब तक शब्द-निर्माण की पक्की नींव उन्होंने डाल दी थी और वह रास्ता उन्होंने निकाल दिया था, जिस पर आज उनके समर्थक और विरोधी–दोनों ही प्रकार के लोग चल रहे हैं।

जो कोश अब 'रघुवीर-कोश' के नाम से विख्यात है, उसका प्रथम प्रकाशन सन् 1943 ई. में हुआ था और उस समय वह कोश हिन्दी, बंगला, तमिल और कन्नड़–इन चार लिपियों में छपा था। डॉक्टर रघुवीर इतिहास के मँजे हुए पुरुष थे। सन् 1945 ई. में उन्होंने हिन्दू विश्वविद्यालय, वाराणसी में विभिन्न विज्ञानों की हिन्दी वैज्ञानिक पारिभाषिक शब्दावली का द्विसाप्ताहिक पाठ्यक्रम चलाया था। उस समय जिन विद्वानों ने डॉक्टर रघुवीर के भाषण सुने, उन्होंने शब्दशास्त्र के क्षेत्र में उनका लोहा मान लिया।

डॉक्टर रघुवीर ने मंगोल भाषा में लिखी राजा भोज की तेरह कहानियों का उद्धार किया तथा उनका एक संस्करण तिब्बती में भी खोज निकाला। उन्होंने मंगोल भाषा का एक व्याकरण और एक संस्कृत-मंगोल-कोश भी प्रकाशित किया था। सन् 1931 ई. में डॉक्टर रघुवीर ने डच भाषा में भारतीय सत्याग्रह

पर एक किताब लिखी थी। सन् 1951 ई. में जब वे इंडोनेशिया के राष्ट्रपति डॉक्टर सुकर्ण से मिले, तब सुकर्ण ने कहा, "मैं आपको बीस वर्षों से जानता हूँ। बांडुङ में आपकी पुस्तक पढ़ी थी। उससे हमको उत्साह तथा शक्ति मिली थी।

28 अप्रैल, सन् 1946 ई. को डॉक्टर रघुवीर ने पूने की एक विद्वत्सभा में भाषण दिया, जिसके अध्यक्ष श्री एम.आर. जयकर थे। भाषण का विषय था : 'को वेदान् उद्धरिष्यति' और डॉक्टर रघुवीर हिन्दी में बोले थे। जिन लोगों ने भी वह भाषण सुना, वे आज तक पछताते हैं कि उस भाषण का हमने टेप रिकॉर्ड क्यों नहीं रखा।

कामकोटि के स्वामी शंकराचार्य जी महाराज ने एक बार मदुरा में विद्वत्सभा बुलाई थी, जिसमें डॉक्टर रघुवीर कई दिन बोले थे। उनके भाषण अँगरेजी में होते थे अथवा हिन्दी में; किन्तु सभी भाषणों में तमिलभाषी श्रोताओं की भीड़ रहती थी और लोग पूरी शान्ति एवं श्रद्धा के साथ उनके भाषणों को सुनते थे।

जब डॉक्टर रघुवीर चीन गए, वहाँ भी उन्होंने प्राचीन बौद्ध ग्रन्थों का पता लगाया। जब वे चीन के प्रधानमंत्री चू-एन-लाइ से मिले, प्रधानमंत्री ने कहा, "पुरातन काल में श्वेन-चाङ् सूत्रों के संग्रह के लिए भारत गए थे। अब आप भारत से यहाँ आए हैं। आप भारतीय श्वेन-चाङ् हैं।"

डॉक्टर साहब हिन्दी आन्दोलन के बड़े भारी प्रतीक बन गए थे। जब वे मद्रास गए, संवाददाताओं ने पूछा, "क्या आप हिन्दी के प्रचार के लिए आए हैं?"

डॉक्टर रघुवीर ने जरा तमककर कहा, "नहीं, मैं यहाँ तमिल को उसका स्थान दिलाने में आपके साथ खड़ा हूँ। अगर तमिलनाडु में तमिल नहीं चली, तो देश में हिन्दी नहीं चल सकेगी। पहले आप तमिल की बात कीजिए।"

वैसे डॉक्टर रघुवीर सहनशील मनुष्य थे। किन्तु अनर्गल बातें बोलनेवाले को वे ललकारे बिना नहीं रहते थे। सन् 1941 ई. में पंडित सुन्दरलाल लाहौर गए थे। वहाँ एक सभा में सुन्दरलाल जी ने यह बात बार-बार कही कि 'मुस्लिम लीग की बढ़ती का कारण हिन्दुओं की साम्प्रदायिक नीति है।' उस सभा में डॉक्टर रघुवीर भी मौजूद थे। उन्होंने सुन्दरलाल से कई सवाल पूछ दिये, जिनका जवाब सुन्दरलाल जी ठीक से नहीं दे सके। निदान, लड़कों ने तालियाँ पीट दीं और सुन्दरलाल जी ने लाहौर में अपने भाषण का तौर-तरीका बदल दिया।

सन् 1943 ई. में ही डॉक्टर रघुवीर ने लाहौर में ही हिन्दू-रक्षक-संघ नाम से स्वयंसेवकों का एक दल तैयार किया था। सन् 1946-1947 के उपद्रवों के समय इस दल के सदस्यों ने दंगों का मुकाबला बड़े ही साहस के साथ किया था।

डॉक्टर रघुवीर प्रायः हर साल विदेश जाते थे और जब भी लौटकर आते, मुझसे यही कहते, "मैं तो भारतवर्ष से निकलकर भारतवर्ष ही पहुँच जाता हूँ और भारत से लौटकर फिर भारत ही आ जाता हूँ। दिनकर जी, यह सारा भू-भाग एक समय भारतवर्ष था।"

मौलाना आजाद और जवाहरलाल, भारत सरकार के ये दोनों कर्णधार इस बात से दुखी थे कि राष्ट्रभाषा हिन्दी क्यों हो गई, हिन्दुस्तानी क्यों नहीं हुई। परिणामतः शब्द-निर्माण के मामले में डॉक्टर रघुवीर की नीति उन्हें पसन्द नहीं थी। फिर भी वे यह तो देख ही रहे थे कि सारा देश डॉक्टर रघुवीर के पीछे भागा जा रहा था। निदान, एक बार हम लोगों ने कांग्रेस के संसदीय दल की एक बैठक आयोजित की और उसमें डॉक्टर रघुवीर का भाषण करवाया। डॉक्टर साहब उस दिन अँगरेजी में बोले क्योंकि बातें वे उन्हें भी समझाना चाहते थे, जो हिन्दी नहीं समझ सकते थे। उस दिन डॉक्टर रघुवीर की सरस्वती उनकी जिह्वा पर साकार हो उठी। उनके भाषण का प्रभाव इतना गम्भीर हुआ कि हर सभासद निरुत्तर रह गया। किन्तु अन्त में जब जवाहरलाल जी बोलने को उठे तब ऐसा जरूर भासित हुआ कि डॉक्टर रघुवीर का भाषण उन्हें पूरी तरह से पसन्द नहीं आया है। उन्होंने कहा, "ठीक है। जहाँ तक डॉक्टर रघुवीर के खयालात फायदेमंद हैं, हम उनका स्वागत करते हैं। मगर उनके विचारों से अगर मुश्किल पैदा होती है, तो हम उनका विरोध करेंगे।"

डॉक्टर रघुवीर हिन्दी और संस्कृत के उतने बड़े प्रेमी थे, किन्तु कविताएँ वे अँगरेजी में लिखते थे। कविताएँ वे अक्सर विदेश-भ्रमण के दौरान लिखते थे और जब वे देश पहुँच जाते, तब इन कविताओं को 'सरस्वती विहार' नामक पत्र में छाप भी देते थे। मेरा खयाल है, डॉक्टर रघुवीर की सभी अँगरेजी कविताएँ संकलित की जाएँ, तो एक अच्छी-खासी जिल्द बन जाएगी।

डॉक्टर रघुवीर सम्प्रदायवादी नहीं थे। भारत को वे भारत बनाना चाहते थे और सच्चे मन से यह समझते थे कि जब तक भारत के हिन्दू भारत की महिमा को पूर्ण रूप से नहीं समझते, भारत की अन्य जातियाँ इस महिमा को स्वीकार नहीं करेंगी। वे चाहते थे कि भारत के अल्पसंख्यक सम्प्रदाय हमेशा अपने ही धर्म का आचरण करें, किन्तु सांस्कृतिक दृष्टिकोण उनका भी वैसे उदार होना चाहिए, जैसे इंडोनेशिया के मुसलमानों का है।

लोगों को यह जानकर आश्चर्य होगा कि भारत-पाक-मैत्री के लिए जितनी चिन्ता डॉक्टर रघुवीर को थी, उतनी चिन्ता किसी भी अन्य नेता को नहीं थी। जिस साल डॉक्टर रघुवीर ने कांग्रेस से सम्बन्ध-विच्छेद किया (सन् 1961), उसी

साल वे मार्शल ऐयूब से मिलने को पाकिस्तान गए हुए थे। वहाँ से लौटकर डॉक्टर साहब ने मुझसे कहा, "भारत और पाकिस्तान की सेनाएँ एक हो जाएँ, इसके लिए राष्ट्रपति ऐयूब पूरे मन से तैयार हैं।" उन्होंने मुझसे यह भी कहा कि "अगर भारत को कोई शंका हो, तो पहला सेनापति भारत ही नियुक्त करे। ऐयूब चाहते हैं कि भारत और पाकिस्तान का कोई संघ बन जाए और दोनों देश मिलकर इस महादेश की रक्षा करें।"

उन दिनों डॉक्टर रघुवीर पाकिस्तान के लिए सुभावनाओं से भरे हुए थे और चाहते थे कि इस मौके पर दोनों देशों को करीब लाने की हर कोशिश की जानी चाहिए।

"मगर दिनकर जी, यह काम सरकारी अफसर नहीं कर सकेंगे। सरकार से पूरा अधिकार दिलवाकर मुझे भेजिए। मैं इस असम्भव को सम्भव बना सकता हूँ।"

मेरे बारे में उन दिनों अफवाह थी कि मैं पंडित जी से जो कुछ भी कहना चाहूँ, कह सकता हूँ। इसीलिए डॉक्टर साहब ने मुझसे सारी बातें कही थीं। मैंने उनसे निवेदन किया था कि 'ये सारी बातें खुद आपको ही पंडित जी से कहनी चाहिए, फिर उनकी सहमति से आप दल के अन्य नेताओं से बात कीजिए।' किन्तु डॉक्टर साहब ने मेरी सलाह नहीं मानी। उन्होंने प्रेस-सम्मेलन में वक्तव्य दे दिया और पंडित जी उनके इस कृत्य से नाराज हो गए। फिर तो बातें इस तेजी के साथ बढ़ीं कि डॉक्टर साहब ने कांग्रेस को ही छोड़ दिया।

डॉक्टर रघुवीर केवल ज्ञान-साधक विद्वान ही नहीं, बड़े भारी देशभक्त थे। देश की आन्तरिक एकता की रक्षा के लिए वे कुछ भी करने को तैयार थे। इसी प्रकार देश को बाहरी आक्रमण से बचाने के लिए वे सर्वस्व होमने को मामूली काम समझते थे। यह मनोरंजक विषय है कि चीनी आक्रमण के बाद जो नेता और संसद-सदस्य जवाहरलाल जी पर जोर से टूटे, उनमें से अनेक वे थे, जिन्होंने साल-दर-साल अपने बजट-भाषणों में रक्षा-बजट में कटौतियों की माँग की थी। केवल डॉक्टर रघुवीर थे, जो हर साल राज्य सभा में जोर से कहते थे कि भारत का रक्षा-बजट न्यून है, सेना और सामरिक तैयारी पर हमें और भी खर्च करना चाहिए।

सन् 1955 ई. में डॉक्टर रघुवीर दूसरी या तीसरी बार मध्य एशिया और चीन की ओर गए थे। वहाँ से लौटने पर मुझे वे चिन्तित दिखाई दिये। वे खुलकर अपनी बात नहीं कहना चाहते थे। मगर बहुत खोदने पर उन्होंने आभास दिया, ''हिन्दी चीनी भाई-भाई' का नारा कब तक टिकेगा, इसका कुछ ठीक नहीं है।' जहाँ तक मुझे याद है, चीन के प्रति शंका की बात मैंने पहले-पहल डॉक्टर रघुवीर

के ही मुख से सुनी थी। जवाहरलाल जी के भीतर यह शंका एक वर्ष पूर्व यानी 1954 में ही उत्पन्न हो गई थी, जब वे चीन गए थे। मगर पंडित जी ने इस शंका की भनक किसी को भी लगने नहीं दी थी। पंडित जी कोई और खेल खेलना चाहते थे, मगर चीन के नेता उनसे ज्यादा चालाक निकले, अथवा यह कि चालाकी भी उसी की चलती है, जिसकी बाँहों में शक्ति है।

डॉक्टर रघुवीर ने प्रधानमंत्री से मिलकर अपनी बातें कही थीं; किन्तु पंडित जी ने उन बातों पर कोई ध्यान नहीं दिया। चीन और पाकिस्तान–दोनों देशों के प्रसंग में डॉक्टर रघुवीर की बात नहीं मानी गई। लगता है, राजनीति के विधाताओं के दरबार में विद्वान और साहित्यिक का वही स्थान होता है, जो परिवार में बच्चों का। घर में आग लग गई हो, लोग बाल्टी और घड़े लेकर दौड़ रहे हों, उस समय अगर बच्चा कोई जायज सुझाव भी दे, तो उसकी बात सुनने की फुरसत किसी को भी नहीं होगी। वही हाल डॉक्टर रघुवीर का भी हुआ। बातें तो दोनों बार उन्होंने सही सोची थीं, मगर वे बातें इसलिए सुनी नहीं गईं कि डॉक्टर रघुवीर का राजनीतिक संगठन पर कोई जोर नहीं था।

लेकिन पंडित जी की चुप्पी देखकर डॉक्टर रघुवीर चुप रहने वाले नहीं थे। उन्होंने एक लेख लिखकर चीन से होनेवाले खतरे पर खुलकर रोशनी डाली और लिखा कि :

'चीन के नेताओं ने हमलावारी का रास्ता चुना है, भय दिखाकर धौंस जमाने की राह पकड़ी है। भारत से दुगुने क्षेत्रफल पर तो वे गुलामी लाद चुके हैं। यह काम चीन के दोस्तों का है कि वे उसे नेक सलाह दें और उस पर लगाम लगाएँ। जब तक भारत की राय की कद्र थी, भारत राय देता रहा, मगर अब तो आक्रमण का लक्ष्य भारत ही होनेवाला है। हम लोगों का कर्तव्य है कि चीन को होश में लाने के लिए उन सभी उपायों का अवलम्बन करें, जिनकी महिमा चीन भी समझ सकता है।'

यदि भारत सन् 1955 ई. में चेत गया होता, तो निश्चय ही उसकी वह बेइज्जती नहीं हुई होती, जो सन् 1962 ई. में नेफा में हुई। मगर साहित्यिकों और विद्वानों की चेतावनियों पर कौन ध्यान देता है?

मैं डॉक्टर साहब से अक्सर निवेदन करता था, "डॉक्टर, आप जितने शब्दों का निर्माण कर रहे हैं, वे क्या चल पाएँगे?"

वे कहते, "आई एम एन अल्टरनेटिव एंड नो सब्सटीच्यूट। मैं यह नहीं कहता कि मेरे सभी शब्द तुम जरूर ले लो। तुम्हारा काम दूसरे शब्दों से चलता है, तो उन्हें जरूर चलाओ। मैं तो वहाँ हूँ, जहाँ तुम्हें शब्द नहीं मिलते हैं।"

डॉक्टर जब स्वर्गीय हुए, उससे कई महीने पूर्व मैं उनके साथ सरस्वती विहार गया था। वहाँ जितनी सामग्रियाँ मैंने देखीं और कार्य का जो उच्च स्तर और व्यापक विस्तार देखा, उससे मैं अभिभूत हो उठा। विस्मय-विस्फारित नयनों से उन्हें देखते हुए मैंने कहा, “डॉक्टर साहब, ईश्वर न करे, अगर आपको कुछ हो गया तो इस अत्यन्त महत्त्वपूर्ण संस्था का क्या होगा?”

डॉक्टर रघुवीर बोले, “चिन्ता मत कीजिए। आपका बेटा लोकेश सब सँभाल लेगा।”

काका साहब कालेलकर

1

एक दिन श्री वियोगी हरि जी से बात करते-करते काका साहब की याद आ गई। मैंने पूछा, "हरि जी, आजकल काका साहब कहाँ हैं?"

हरि जी ने कहा, "काका साहब मुझसे कहते थे कि आजकल मैं मृत्यु से होड़ ले रहा हूँ। मृत्यु जब मुझे भारत में खोजती है, तब तक मैं अफ्रीका पहुँच जाता हूँ और मृत्यु जब मेरी टोह में अफ्रीका पहुँचती है, तब तक मैं अफ्रीका से निकलकर गायना और सुरीनाम पहुँच जाता हूँ और मृत्यु जब मुझे खोजते हुए सुरीनाम पहुँचती है, तब तक मैं जापान पहुँच जाता हूँ।"

भगवान करे कि मृत्यु को काका साहब हमेशा इसी प्रकार चकमा देते रहें।

काका साहब भारत में रहने पर भी एक स्थान पर बहुत कम रह पाते हैं। उनके भीतर भावों और विचारों का समुद्र भरा है। वे जहाँ भी होते हैं, उनके मुख से भावों और विचारों का निर्झर फूटता रहता है। वे सच्चे अर्थों में इस युग के ऋषि हैं। उनका जन्म देने के लिए हुआ है और जीवन-भर वे मनुष्य को प्रेम और ज्ञान देते ही आए हैं। अब जब बुढ़ापे ने उन्हें आ घेरा है, तब दान की उनकी आकुलता कुछ और बढ़ गई है और वे सारे देश में, नहीं-नहीं, सारे संसार में घूमकर अपने-आपको पूरी तरह लुटा देना चाहते हैं। मैं निश्चित रूप से कह सकता हूँ कि बुढ़ापा उन्हें कोई भी बाधा नहीं पहुँचा सका है। इस उम्र में भी वे उतना काम कर लेते हैं, जितना उनसे आधी उम्र का नौजवान शायद ही कर सके।

जो व्यक्ति युग-पुरुष होता है, उसके शामियाने के खम्भे अनेक होते हैं। गांधी जी के राजनीतिक शामियाने में भी असंख्य खम्भे थे और इनमें से प्रायः प्रत्येक को गांधी जी ने अपने हाथों से सूता और सँवारा था; किन्तु शिक्षा, साहित्य और आध्यात्मिक प्रयोग के मामले में वे अपने चार सलाहकारों का सबसे अधिक आदर करते थे। वे थे : श्री काका साहब कालेलकर, श्री घनश्याम मश्रूवाला, श्री महादेव भाई देसाई और दादा श्री धर्माधिकारी।

गांधी-युग में काका साहब ने भाषा और शिक्षा के क्षेत्र में बड़ा भारी काम किया। गांधी जी के अधीन वे शिक्षाशास्त्री का काम करते थे और गांधी जी की भाषानीति की व्याख्या का अत्यन्त गुरु भार उनके कन्धों पर था। इस सम्बन्ध में उन्होंने जितने लेख लिखे और भाषण दिये, उनका संग्रह कर दिया जाए, तो वह कई जिल्दों का विशाल ग्रन्थ बन जाएगा।

भाषा का काम वे अब भी पूरे प्रेम से करते हैं; किन्तु अब उनका ध्यान एक अधिक ऊँचे ध्येय पर केन्द्रित हो गया है। यह ध्येय है धर्म-धर्म के बीच, भाषा-भाषा के बीच, वाद-वाद के बीच और देश-देश के बीच समन्वय की स्थापना का काम। यह भी गांधी-युग की ही शिक्षा का सार है। संसार साम्यवाद और प्रजातंत्र के बीच बँट गया है। एक धर्म दूसरे धर्म से आज भी अलग रहना चाहता है और भारत के भीतर भी प्रान्तों, भाषाओं और मतवादों को लेकर खटपट चल रही है। अतएव काका साहब का सारा जोर एकता और समन्वय के काम पर है। इस काम का अवसर अगर प्राप्त हो जाए, तो काका साहब दूर-दूर तक की भी यात्रा का कष्ट बड़े आनन्द से स्वीकार करते हैं। गांधी-युग में उनका स्थान एक तेजस्वी कार्यकर्ता का स्थान था। अब वे ऋषि के पद पर पहुँच गए हैं। वे वक्ता नहीं हैं, किन्तु उनके भाषण में जो प्रेरणा और ताजगी होती है, सच्चाई का जो तेज और आत्मदान का जो उत्साह होता है, उसके कारण उनका भाषण सुनना गंगा-स्नान के समान पुण्यकारक हो जाता है। हमारा सौभाग्य है कि हम उनके समकालीन हैं।

हिन्दी प्रान्तों से बाहर के लोग काका साहब को हिन्दी के धुरन्धर सेवक के रूप में जानते हैं अथवा उन्हें भी शंका की दृष्टि से देखते हैं। किन्तु हिन्दीभाषी जनता के नेता काका साहब को विवादास्पद व्यक्ति समझते हैं। काका साहब ने खुद लिखा है : 'भारत के लोग मुझे हिन्दी के उपासक के तौर पर ही जानते हैं और क्योंकि कई वर्षों तक दो लिपियों वाली हिन्दुस्तानी का प्रचार करके मैंने हिन्दी वालों को कुछ नाराज भी किया है, इसलिए लोग अब यह जानना चाहते हैं कि हिन्दी के भावी स्वरूप के बारे में आज मेरे क्या विचार हैं :

जाहिदे-तंगे-नज़र ने मुझे काफिर समझा,
और काफिर समझता है मुसलमां हूँ मैं।'

2

हम हिन्दी वालों में और दोष भले ही न हों, किन्तु एक दोष बहुत स्पष्ट है, जो सारे देश के ध्यान में आ गया है। हम हिन्दी के पक्ष में जिस लगन से जोशीले वक्तव्य और व्याख्यान देते हैं, उसी लगन के साथ हिन्दी-सेवा का ठोस कार्य नहीं

करते। हमारी भाषा में अब दबंग व्यक्तित्व का एक भी मासिक पत्र नहीं निकलता और हमारे पास दो ही दैनिक पत्र हैं, जिनकी ग्राहक-संख्या लाख से ऊपर पहुँची है। शर्म की बात है कि यह संख्या लाख से ही ऊपर पहुँची है, वह दो या पाँच लाख तक नहीं पहुँच पाई है।

हिन्दी में कितने लोग हैं, जो यह जानते हैं कि दिल्ली के राजघाट से काका साहब के सम्पादकत्व में 'मंगल प्रभात' नामक एक हिन्दी पाक्षिक निकलता है, जिसकी पंक्ति-पंक्ति समन्वय की भावना को अर्पित होती है? और यह भी कितने लोगों को मालूम है कि भारतीय भाषाओं में 'मंगल प्रभात' के समान कोई दूसरा पत्र नहीं है? 'मंगल प्रभात' भारतीय भाषाओं के बीच हिन्दी के ललाट पर हर पखवारे एक नया तिलक लगा रहा है, मगर हिन्दीभाषी जनता उस पत्र की ओर आँख उठाकर देखती भी नहीं।

हमारे लिए यह कोई नया प्रमाद नहीं है। हिन्दी 'हरिजन' की उपेक्षा से आजिज होकर काका साहब ने सन् 1939 ई. में लिखा था : 'यहाँ तक कि गांधी जी जैसे राष्ट्रभाषाभिमानी को भी अपना संदेश 'यंग इंडिया' और 'हरिजन' जैसे अखबारों द्वारा ही सुनाना पड़ रहा है। हिन्दीभाषी यदि उनके हिन्दी नवजीवन और हरिजन सेवक की कद्र करते, तो देश की हालत बहुत कुछ सुधर जाती। अँगरेजी को पदभ्रष्ट करने के लिए देश में जो अत्यल्प लेकिन सुदृढ़ प्रयत्न हो रहा है, उसमें हिन्दीभाषियों का हिस्सा सबसे अधिक होना चाहिए था।'

3

मैं इस बात पर अक्सर सोचता हूँ कि गांधी जी ने उतने तेजस्वी व्यक्तियों का चयन कैसे कर लिया और ये सभी तेजस्वी लोग उनके पीछे कैसे हो लिये? स्पष्ट ही, ये सभी लोग देशभक्त थे और गांधी जी को देखते ही उन्हें विश्वास हो गया होगा कि यह आदमी देश का परित्राण अवश्य करेगा।

एक दिन ऐसी ही जिज्ञासा से भरकर मैंने काका साहब से पूछा, "आप गांधी जी की संगति में कैसे आए थे?"

काका साहब कहने लगे, "तिलक जी बाहर से सार्वजनिक राजनीति में थे, लेकिन भीतर से हिंसक क्रान्ति की तैयारी कर रहे थे। उनके नायब श्री देशपांडे थे। बम्बई से उन्होंने जब 'राष्ट्रदूत' अखबार निकाला, मैं उसी में लग गया। मेरा विषय था : 'अफ्रीका और गांधी'। एक गांधी जैन धर्म का प्रतिनिधित्व करने को शिकागो की धर्म-संसद में गए हुए थे। मेरा खयाल था, यही गांधी अफ्रीका में चमत्कार दिखा रहे हैं। गांधी नाम के साथ मेरा आदि परिचय यही था।

'सन् 1914 ई. में गांधी जी ने अफ्रीका में अपना आश्रम भंग कर दिया और अपने छात्रों को शान्तिनिकेतन भेज दिया तथा खुद युद्ध में सहायता पहुँचाने को इंग्लैंड चले गए। शान्तिनिकेतन में गांधी जी के छात्र एंड्रूज की निगरानी में रहते थे।

'सन् 1915 ई. में गांधी जी स्वदेश लौटे और अपने छात्रों को देखने के लिए शान्तिनिकेतन पधारे। वहीं गांधी जी के साथ मेरी पहली मुलाकात हुई।

'रवीन्द्र और गांधी–दोनों में मुझे एक ही सत्य दिखाई पड़ा। एक में था कला का सुरुचिपूर्ण विलास; दूसरे में थी वैराग्य-भावना और अहिंसा।

'मैं अपने को रवीन्द्र को अर्पित कर चुका था। मैं उनके आश्रम का मैनेजर नियुक्त होने जा रहा था। तभी गांधी जी से मेरी भेंट हो गई। मैंने दस दिनों तक गांधी जी के साथ बहस की।

'मेरा कहना था : 'हिंसा में कोई बुराई नहीं है। और हो भी तो हिंसा से स्वराज्य मिले, तो मैं नरक जाने को तैयार हूँ, लेकिन हिंसा जरूर करूँगा।– गांधी जी ने कहा : 'देश में बहुमत तुम्हीं लोगों का है। मगर मेरी अहिंसा को समझना चाहते हो, तो मेरे आश्रम में आकर रहो। अहिंसा से स्वराज्य हो जाएगा।

'मैंने रवीन्द्रनाथ से कहा : मैं आपका भक्त और शिष्य हूँ। मगर गांधी जी स्वराज्य लाना चाहते हैं। इसलिए अब मैं उन्हीं के साथ रहूँगा।

'और आश्रम पहुँचकर गांधी जी से मैंने कहा : मैं आपके पास आया हूँ, लेकिन टैगोर को हृदय में लिये आया हूँ। टैगोर भारतवर्ष हैं। आप भी भारतवर्ष हैं। मैं दोनों भारतों की सेवा करूँगा।' "

काका साहब का सारा जीवन ही इस बात का प्रमाण है कि जो प्रतिज्ञा उन्होंने गांधी जी के सामने की थी, उसे उन्होंने पूरा-पूरा निभा दिया है। काका साहब ने सचमुच ही रवीन्द्रनाथ को हृदय में रखकर गांधी जी की सेवा की है। साहित्य, धर्म और संस्कृति को हृदय में रखकर समाज और राजनीति की सेवा की है। वे शबनम और दूब का ध्यान करते हुए रेगिस्तान में चले हैं। गांधी और रवीन्द्र को एक खरल में घोंटने से जो वस्तु उत्पन्न होती है, वही काका साहब के व्यक्तित्व की विशेषता है।

4

गांधी जी का कला-विषयक सिद्धान्त अत्यन्त कठोर था। वे मानते थे कि चरखे में जहाँ तक बारीक सूत निकालने का सवाल है, वहाँ तक कला है, बाकी सब बला है। काका साहब की कला-विषयक मान्यता इतनी कठोर नहीं है क्योंकि

उनके हृदय में रवीन्द्रनाथ का निवास है। रवीन्द्रनाथ मानते थे कि मनुष्य जब तक उपयोगिता के घेरे में है, तब तक वह कला की सृष्टि नहीं कर सकता। कला तब उत्पन्न होती है, जब आदमी उपयोगिता के घेरे को लाँघ जाता है।

संत और कलाकार, दोनों से व्याप्त होने के कारण काका साहब मनुष्य की कमजोरियों को सहानुभूति से देखते हैं। विशेषतः साहित्यिकों के प्रति वे बहुत ही उदार हैं। उनकी इस उदारता का एक बार मैंने ऐसा अच्छा उपयोग किया कि वह घटना मेरे जीवन की बहुत बड़ी उपलब्धि बन गई है।

बात यह थी कि गांधी जी को मैंने देखा तो अनेक बार था, एक बार एक सभा में उन्हें कविता भी सुनाई थी, किन्तु उन्हें जी भरकर देर तक देखने की ललक लगी ही हुई थी। इसलिए सन् 1939 ई. में जब वृंदावन (बेतिया, बिहार) में गांधी-सेवा-संघ का समारोह हुआ, वहाँ मैं भी पहुँचा। गांधी-सेवा-संघ के सदस्य केवल खाँटी गांधीवादी ही हुआ करते थे। उदाहरण के लिए, वृंदावन वाले समारोह में राजेन्द्र बाबू, सरदार पटेल और अब्दुल गफ्फार खाँ तो आए थे, लेकिन जवाहरलाल, मौलाना आजाद और जयप्रकाश नारायण नहीं आए थे। गांधी-सेवा-संघ गांधीवादियों की अपनी संस्था थी और उसमें वे ही लोग आगे दिखाई देते थे, जिन्हें गांधी जी के रचनात्मक कार्यक्रम में अटल विश्वास था।

गांधी-सेवा-संघ की सभा में लोगों के बैठने का प्रबंध भी कठोरता से किया जाता था। बाँस और रस्सी के सहारे सभा तीन घेरों में बाँट दी जाती थी। सबसे बीच के घेरे में वे नर-नारी बैठते थे, जो बराबर सूत्र-यज्ञ में भाग ले सकते थे। दूसरे घेरे में कांग्रेस के ऐसे नेता बैठते थे, जो चरखा नहीं चलाते थे। जो केवल दर्शक होते, वे तीसरे घेरे में बैठते थे।

तीसरे घेरे में प्रवेश आसानी से हो जाता था और मैं अधिकारी भी उसी घेरे का था। लेकिन मेरे मन में यह लोभ जग गया कि मैं सूत्र-यज्ञ वाले घेरे में बैठूँ और वह भी उस मंच से सटकर जिस पर गांधी जी, सरदार पटेल और अब्दुल गफ्फार खाँ बैठने वाले थे। राजेन्द्र बाबू से मेरी अच्छी जान-पहचान थी। जी में आया कि उनसे पूछकर मैं पहले घेरे में बैठ जाऊँ; किन्तु यह सोचकर उनसे बात करने की हिम्मत नहीं पड़ी कि कहीं उनके भीतर नीति-अनीति की दुविधा उत्पन्न हो गई, तो सारा गुड़ गोबर हो जाएगा। निदान मैंने अपनी कमजोरी का हाल काका साहब से कहा। काका साहब मेरे अरमान पर द्रवित हो उठे। उन्होंने पूछा, “गांधी जी के रचनात्मक कार्यक्रम में विश्वास है?”

मैंने निवेदन किया, “विश्वास तो पक्का है।”

काका साहब बोले, “तो फिर एक तकली लेकर मेरे साथ चले आइए।”

मैंने दौड़कर प्रदर्शनी की दुकान से एक तकली और कुछ प्यूनी खरीदी और काका साहब के साथ पहले घेरे में घुस गया और ठीक मंच से सटकर बैठ गया।

तकली चलाना मैंने सन् 1920-21 में सीखा था और घर पर जब-तब तकली चलाया भी करता था। इसलिए सूत्र-यज्ञ में कर्मठता और लगन से भाग लेने में मुझे कोई कठिनाई नहीं हुई।

उस दिन गांधी जी को अत्यन्त समीप से मैंने कोई दो-ढाई घंटे तक आँख भरकर देखा। मैं भाव में भरकर जितना ही उन्हें देखता था, उतना ही मुझे यह प्रतीत होता था कि गांधी जी ठीक उसी मिट्टी के बनाए हुए नहीं हैं, जिस मिट्टी से हम लोगों का निर्माण हुआ है। आदमी तो वे भी थे, मगर उतने आदमियों के झुंड में भी वे सबसे अलग दीखते थे। वे सबसे ऊपर, सबसे विलक्षण, सबसे भिन्न थे। मैं उनकी इस अलौकिकता से अभिभूत हो उठा।

बहुत बाद को साम्प्रदायिक दंगों के समय जब गांधी जी पटना आए, तब भी मैं दूर से उन्हें टहलते हुए देखा करता था और तब भी मुझे यही भान होता था कि इस आदमी को धरती से और आसपास की दुनिया से कोई सम्बन्ध नहीं है। वह निराकार का प्रतीक है। अनेक आत्माओं के बीच वह अकेली आत्मा है। वह शरीर धरने पर भी अशरीरी और राजनीतिक आन्दोलन का सूत्रधारा होने पर भी सबसे अलिप्त है।

मैं काका साहब के प्रति अपनी अनन्त कृतज्ञता अंकित करता हूँ कि गांधी जी को समीप से देखने का अवसर देकर उन्होंने मुझे एक अद्भुत अनुभूति से होकर गुजरने का मौका दिया।

5

काका साहब से मैं इतनी बार मिल चुका था कि इस बात का मुझे अन्देशा भी नहीं था कि वे मुझे कभी नहीं भी पहचानेंगे; किन्तु यह अनहोनी बात एक बार हो ही गई। जिस साल बिहार प्रादेशिक हिन्दी साहित्य सम्मेलन का अधिवेशन बौंसी (भागलपुर) में हुआ, मैं 'कुरुक्षेत्र' की पांडुलिपि लिये सम्मेलन में इस आशा से गया था कि काका साहब को यह कविता मैं सुना दूँगा। शायद इस आशय की सूचना मैंने उन्हें पत्र में भी दे दी थी; किन्तु भागलपुर में जब वे और मैं सत्येन्द्र जी के घर में ठहरे, उन्होंने मुझे पहचाना ही नहीं। तब भी रात में मैं कविता खोलकर उनके सामने बैठ गया और उनसे मैंने कहा, "मेरा नाम दिनकर है और अपनी नवीन रचना मैं आपको सुनाना चाहता हूँ।"

नाम सुनते ही काका साहब आनन्द से उछल पड़े और कहने लगे, "यह देखिए, शाम से साथ हैं, मगर मैं आपको पहचान ही नहीं सका। और वहाँ वर्धा में सरोजिनी (सरोजिन नानावटी) से कह रहा था, 'चलो, इस बार अच्छा सुयोग है। तुम्हें कवि दिनकर से कविता सुनवाऊँगा।'"

फिर काका साहब ने अपने भुलक्कड़ स्वभाव की एक कहानी कही, जो यहाँ जोड़ देने के योग्य है।

जब काका साहब की भतीजी का ब्याह हुआ, कन्यादान का कर्म काका साहब ने ही किया था। विवाह के कुछ दिनों बाद काका साहब के नये भतीजदामाद काका साहब से मिलने को वर्धा पहुँचे; किन्तु काका साहब ने उन्हें पहचाना ही नहीं, न दामाद साहब ने अपना परिचय देने की उदारता दिखाई। वे काका साहब के घर से लौट गए और उन्होंने काका साहब के बड़े भाई साहब को एक अप्रसन्नता-सूचक पत्र लिखा। यह पत्र काका साहब के भाई ने काका साहब को भेज दिया और साथ में कुछ ऐसी बातें भी लिख भेजीं, जो उलाहने की मुद्रा में लिखी जा सकती थीं।

अब काका साहब क्या करते? उन्होंने आदमी भेजकर दामाद को बुलवाया, कई दिनों तक पुत्रवत् स्नेह से उन्हें अपने पास रखा और जाने के समय उनकी अच्छी बिदाई की।

जब दामाद साहब जाने लगे, काका साहब ने हँसते-हँसते कहा, "बेटा, तुम्हें नहीं पहचान सका, उसका दंड मैंने भर दिया। चाहो तो मेरे कान भी मल दो। लेकिन यह वादा नहीं करूँगा कि आगे तुम्हें जरूर पहचान लूँगा।"

पंडित बालकृष्ण शर्मा 'नवीन'

उन दिनों हम श्रीनगर (काश्मीर) के नीडो होटल में ठहरे हुए थे—मैं अलग कमरे में और नवीन जी अलग कमरे में। एक दिन क्या देखता हूँ कि नवीन जी के कमरे में तीस-चालीस दियासलाइयों का एक पैकेट रखा हुआ है। मैंने पूछा, "इतनी दियासलाइयाँ किस वास्ते मँगवाई हैं?"

नवीन जी बोले, "चिरंजीव! देख रहा हूँ कि दो-तीन दियासलाइयाँ आप रोज खो देते हैं। तो लीजिए, हम जितने दिन यहाँ और टिकनेवाले हैं, उतने दिनों का प्रबंध हो गया।"

मैं अपनी गलती याद करके जरा म्लान हुआ; किन्तु नवीन जी का वात्सल्य देखकर आँखें छलछला आईं।

दिल्ली विश्वविद्यालय में एक साल भाषण-प्रतियोगिता थी। उसके निर्णायकों में मैं और नवीन जी भी थे। इस प्रतियोगिता का कार्यक्रम रेडियो से प्रसारित किया जा रहा था और उसके परिणाम की घोषणा स्वयं नवीन जी को करनी थी।

परन्तु, परिणाम घोषित करने को, जबरन उन्होंने मुझे भेज दिया। जब मैं मंच से उतरा, मैंने नवीन जी से पूछा, "आखिर आपको हो क्या गया? परिणाम आपने स्वयं क्यों नहीं सुनाया?"

वे बोले, "अचानक मुझे यह दिखाई पड़ा कि परिणाम घोषित करने के साथ छोटा-मोटा सुयश बँधा है। तो यह सुयश मैं अब अपने अनुजों को देना चाहता हूँ। मैं उठने-उठने को हो रहा था कि अकस्मात् आत्मा की डाँट सुनाई पड़ी और मैंने तुम्हें, बरबस, मंच पर भेज दिया।"

वैसे बात बिलकुल छोटी है, किन्तु इस छोटे-से सूराख से भी नवीन जी का हृदय साफ दिखाई देता है।

एक साल साहित्य अकादमी के वार्षिक पुरस्कार के लिए नवीन जी की 'उर्मिला' का नाम कई जगहों से भेजा गया। किसी तरह नवीन जी को यह बात

मालूम हो गई। फौरन उन्होंने अकादमी को विनम्रतापूर्वक यह सूचना दे दी कि उनकी पुस्तक पर विचार न किया जाए और पत्र भेजकर उसकी कापी लिये हुए आप मेरे घर पधारे। मैंने चकित और दुखित होकर कहा, "आपने यह क्या किया? और पत्र लिखना ही था, तो मुझसे पहले क्यों नहीं पूछा?"

वे मेरी पीठ थपथपाते हुए बोले, "चिरंजीव, तुम्हारी इच्छा मैं जानता था; किन्तु सच यह है कि सुयश और पुरस्कार अब मेरे अनुजों को मिलना चाहिए।"

मैं मधुमेह से पीड़ित रहता हूँ और कोशिश करता हूँ कि जहाँ तक चल सके, खान-पान में कुछ संयम बरता करूँ। मगर मेरी संयमशीलता पर जैसा कठोर पहरा नवीन जी रखते हैं, वैसा मैं खुद भी नहीं रख पाता। उधर दद्दा (श्री मैथिलीशरण जी) का यह हाल है कि उनके घर यदि खुलकर न खाइए, तो वे सन्मन से दुखी हो जाते हैं। दद्दा को मेरी एक कमजोरी से बड़ा प्यार है। खीर, वैसे, मधुमेही को नहीं खानी चाहिए, किन्तु खीर की कटोरी सामने आ जाए, तो मैं धर्म-संकट में पड़ जाता हूँ। दद्दा के घर, अक्सर, होता यह है कि खीर की कटोरी तो मेरे सामने होती है, किन्तु मैं उसमें चम्मच तब तक नहीं डाल पाता, जब तक दद्दा और नवीन जी के बीच छोटी-मोटी बहस न हो जाए। एक बार तो यह बहस कटुता तक पहुँच गई और मुझे थोड़ा दुःख भी हुआ। किन्तु होता क्या? मेरी रसनालोलुपता और दद्दा की बुजुर्गी जब एक ओर हो गई, तब नवीन जी हार गए और यह कहकर उन्होंने मुझे खाने की छूट दे दी कि "तो ले, मरे खाकर। आप तो यही चाहते हैं।"

एक बार जब मैं कंस्टीट्यूशन हाउस में रहता था, नवीन जी घूमते-घामते मेरे घर आ पहुँचे। ठीक उसी समय, बिहार के प्रसिद्ध गायनाचार्य पंडित रामचतुर मल्लिक भी मुझसे मिलने को आए हुए थे। रामचतुर जी दरभंगा जिले के रहने वाले हैं, जो जिला विद्यापति के गीतों का गढ़ समझा जाता है, इसलिए मैंने उनसे कहा, "रामचतुर जी, यह बड़ा ही दुर्लभ सुयोग है कि आप नवीन जी के सामने बैठे हुए हैं। तबला और तानपुरा तो यहाँ है नहीं। तो कंठस्थ ही हो जाए विद्यापति का एक पद। जरा नवीन जी भी सुन लें कि कविशेखर की कविताएँ हम किस तरह गाते हैं।"

रामचतुर जी ने आलाप करके एक पद आरम्भ कर दिया। उधर कविता का गायन शुरू हुआ, इधर नवीन जी की आँखों से आँसुओं की धारा फूट चली। और बिला मुबालगा, जब तक गीत चलता रहा, नवीन जी रोते रहे।

गीत सुनकर जब नवीन जी चले गए, रामचतुर जी ने मुझसे कहा, "संगीत सुनकर इस तरह रोते तो मैंने किसी को नहीं देखा था।"

मैंने उन्हें समझाया कि इस भ्रम में मत रहिएगा कि उनके आँसू आपके स्वरों के आघात से निकले हैं, यद्यपि केवल स्वर भी उन्हें रुलाने को यथेष्ट होते हैं। उनके भावावेश का असल कारण विद्यापति की भाषा थी, विद्यापति का कवित्व और कविशेखर का नाम था। साहित्यिक विदग्धता से युक्त कोई भी वाक्य-खंड सुनते ही नवीन जी की आँखें सजल हो जाती हैं और सजी हुई वाक्यावली अथवा कोई अच्छी कविता तो वे रोए बिना सुन ही नहीं सकते। नवीन जी के अश्रु करुण रस के ही अधीन नहीं हैं। कविता चाहे किसी रस की हो, कवित्व का अभिनन्दन वे हमेशा आँसुओं से करते हैं। कितने आश्चर्य की बात है कि उस दिन रामचतुर जी ने 'आकुल चिकुर बेढ़ल मुख सोभ' वाला पद गाया था, जिसमें वर्णन परुषायित का है।

माखनलाल जी और भगवती बाबू को छोड़कर छायावाद के प्रायः सभी अग्रणी कवि संस्कृतनिष्ठ भाषा के प्रेमी थे; किन्तु नवीन जी में जब-तब कुछ अरबी-फारसी के शब्द भी दिखाई दे जाते थे। जैसे-जैसे समय व्यतीत होता गया, निराला जी की कुछ कविताओं में अरबी-फारसी के शब्द बढ़ते गए; किन्तु नवीन जी की भाषा में से ऐसे शब्द लुप्त होने लगे। और संविधान-परिषद् के समय के हिन्दी-हिन्दुस्तानी-विवाद का प्रभाव तो ऐसा गम्भीर हुआ कि नवीन जी चुन-चुनकर अरबी-फारसी के शब्दों का बहिष्कार करने लगे। एक दिन बड़े प्यार से उन्होंने मुझे समझाया था, "मित्र, कविता हमारे अन्तःपुर की भाषा है। इसमें तो अरबी-फारसी के शब्द मत रखो।"

एक घटना और याद आती है। श्रीनगर में मैं दो-चार व्यक्तियों के सामने 'रश्मिरथी' का एक अंश सुना रहा था। उसमें कर्ण शल्य से कहता है :

समझोगे नहीं, शल्य! इसको, यह करतब नादानों का है,
यह खेल जीत से बड़े किसी मकसद के दीवानों का है।

सुनते ही, नवीन जी के मुख से बेसाख्ता निकल पड़ा, "नो, नो, कर्ण कांट स्पीक इन दैट लैंग्वेज (नहीं, नहीं, कर्ण उस प्रकार की भाषा नहीं बोल सकता)।"

द्वापर का चरितनायक अरबी-फारसी शब्दों का प्रयोग करे, इसे वे किसी भी तरह स्वीकार नहीं कर सकते। नवीन जी को चोट कहाँ पर लगी थी, यह सोचकर उनकी ओर मैं गद्गद भाव से देखने लगा।

एक किस्सा और है। सन् 1954 या 53 ई. में मैंने 'नर्तकी' नाम की एक कविता लिखी, जो 'नील कुसुम' में संगृहीत है। उसमें अरबी-फारसी के भी कुछ शब्द हैं। वह कविता जब मैंने नवीन जी को सुनाई, उन्होंने कागज मुझसे ले लिया

और मैथिलीशरण जी के साथ बैठकर उन्होंने भाषा की दृष्टि से पूरी कविता का संशोधन कर डाला। स्पष्ट ही, यह संशोधन 'अगर' को 'यदि' तथा 'चीज' को 'वस्तु' बनाने के लिए था। जब कविता उन्होंने मुझे लौटाई, मैंने विनयपूर्वक निवेदन किया, "संग्रह में तो इस कविता का मूल रूप ही जाएगा, किन्तु यह संशोधित प्रति भी मैं जुगाकर रखूँगा।"

गाँवों में एक कहावत चलती है, 'सींग पकड़कर मरकहा बनाना'। दिल्ली के उन नेताओं ने भी नवीन जी को मरकहा बना दिया, जो अरबी-फारसी शब्दों का जरूरत से ज्यादा पक्षपात कर रहे थे। स्वेच्छया तो नवीन जी अरबी-फारसी शब्दों का यत्किंचित प्रयोग करते ही थे, किन्तु जब उन्होंने देखा कि संविधान के निर्णयों के बाद भी दिल्ली में हिन्दी-विरोधी षड्यंत्र बल के साथ कायम है, तब उनका ब्रह्म क्रुद्ध हो उठा। कहते हैं, संविधान-परिषद् के समय पार्टी की एक सभा में उन्होंने प्रधानमंत्री को यह कहकर निस्तब्ध कर दिया था कि 'ब्राह्मण होकर आप यह कहते हैं कि उर्दू आप पर लादी नहीं गई, वह आपकी मातृभाषा है? उर्दू आपके भी पूर्वजों पर लादी ही गई थी।'

किन्तु किस्सा इतना ही नहीं है। हिन्दी के इस अत्यन्त कठोर प्रहरी के हृदय में हिन्दुस्तान के लिए जो प्यार है, वह उसके हिन्दी-प्रेम से भी ऊँचा और महान है। राजभाषा-आयोग में जब एक विरोधी ने यह झगड़ा खड़ा किया कि हिन्दी के आने से हिन्दुस्तान की एकता का नाश होगा, तब नवीन जी वनराज की भाँति गरज उठे, 'यदि हिन्दी हमारी राष्ट्रीय एकता में बाधक हुई, तो मैं उसे पाँच फैदम नीचे गाड़ दूँगा।'

हाय, वह वनराज आज कितना वाणीविहीन और विवश है! परमात्मा की इच्छा!

[3 दिसम्बर, 1959 ई.]

पंडित सुमित्रानन्दन पन्त

हिन्दी में छायावाद का आन्दोलन जब पूरे उभार पर था, उस समय हिन्दीवालों के सबसे प्रिय कवि पन्त जी थे क्योंकि जो लक्षण द्विवेदीयुगीन काव्य से छायावादी काव्य को अलग करनेवाले थे, उनका सबसे अधिक विकास उन्हीं की कविताओं से दिखाई देता था। विरासत उन्हें 'भारत-भारती' और 'जयद्रथ-वध' की भाषा की मिली थी, किन्तु छायावाद की भाषा का आदर्श रूप 'पल्लव' की कविताओं में प्रकट हुआ। 'भारत-भारती' और 'पल्लव' की भाषाओं में जो भेद है, उसकी सृष्टि, मेरा खयाल है, सबसे अधिक पन्त जी की चेतना की प्रयोगशाला में हुई थी।

जीनियस का लक्षण है कि साहित्य की जितनी सेवा वह अपनी लेखनी से करता है, उतनी ही अथवा उससे भी अधिक सेवा वह उन सैकड़ों परिचित-अपरिचित लेखनियों से करवा लेता है, जो उसके प्रभाव में काम करती हैं। साहित्य में प्रत्येक महाग्रह बहुत शीघ्र अपने चारों ओर उपग्रहों का एक पूरा वृत्त तैयार कर लेता है और युग का प्रकाश इन सभी ग्रहों का सम्मिलित प्रकाश होता है। छायावाद-काल में हिन्दी में जो नीले प्रकाश का प्लावन उठा, उसका अत्यन्त प्रमुख भाग पन्त जी की कविताओं से विकिरित हुआ था।

अपने समय के अनेक नवयुवकों के समान मैं भी पन्त जी की कविता देखकर सिंहाता था और मेरी भी इच्छा होती थी कि कोई ऐसी कविता लिखूँ, जो 'पल्लव' की कविताओं में मिश्रित कर दी जाए, तो कोई बिलगा न सके। जहाँ तक मेरा खयाल है, ऐसी एक कविता लिखकर सन् 1930 के आस-पास मैंने पन्त जी को भेजी भी थी। वह उन्हें मिली या नहीं, यह मुझे ज्ञात नहीं हो सका क्योंकि पन्त जी का कोई उत्तर मुझे नहीं मिला था; किन्तु वह कविता 'कवि' शीर्षक से 'रेणुका' में निकली और उसके प्रत्येक संस्करण में मौजूद रही है।

पीछे, जब मैं आत्मरूप के कुछ अधिक समीप पहुँचा, तब यह प्रयास मैंने छोड़ दिया और मेरा ध्यान तब तक ऐसी भाषा तैयार करने में लग गया, जो पन्त और

मैथिलीशरण में से, दोनों से दूर और दोनों के कुछ पास हो। किन्तु मेरा बराबर यह विचार रहा है कि खड़ी बोली के परुष रूप को गलाकर मोम बनाने में जितनी सफलता पन्त जी को मिली, उतनी और किसी को नहीं। यह पन्त जी का ऐतिहासिक कार्य है, जिसकी महत्ता आगे की शताब्दियाँ भी स्वीकार करेंगी।

जब कविता की भाषा ब्रजभाषा थी, हिन्दी में थोड़ी-बहुत कविता असंख्य लोग लिख लेते थे; किन्तु खड़ी बोली में लिखनेवालों की संख्या अधिक नहीं थी। और छायावाद के उद्भव के पूर्व तक प्रायः इस स्थिति में कोई विशेष परिवर्तन भी नहीं हुआ। परिवर्तन तब आया, जब माखनलाल, प्रसाद, पन्त और निराला की कविताएँ छपने लगीं। लेकिन इसमें कोई संदेह नहीं कि अनुकर्ता सबसे अधिक पन्त जी ने ही उत्पन्न किए। छायावाद-युग में, और नहीं तो पच्चीस-तीस कवि तो ऐसे जरूर थे, जो पन्त जी की भाषा और शैली के चारों ओर चक्कर काटते थे।

पन्त-काव्य से मेरा परिचय प्रगाढ़ से थोड़ा ही कम होगा; किन्तु मनुष्य पन्त को मैं कितना जानता हूँ, मन से इसका कोई निश्चित उत्तर नहीं मिलता। मेरी श्रद्धा उनपर अशेष है और वे भी थोड़ा-बहुत मुझे पसन्द करते हैं, किन्तु कभी ऐसा अवसर ही नहीं आया कि हम दोनों बरस-दो बरस अथवा मास-दो मास साथ रहकर एक-दूसरे को समझ सकें। मेरा खयाल है, असंख्य मित्रों और प्रशंसकों के साथ पन्त जी का ऐसा ही सम्बन्ध है। अपवाद मैं केवल नरेन्द्र और बच्चन को मानता हूँ, जिन्हें पन्त जी से कुछ अधिक सामीप्य लाभ करने का सुयोग मिला है।

फिर भी, ऐसा नहीं है कि पन्त जी को मैं जानता ही नहीं होऊँ। यह भी भाग्य का व्यंग्य है कि जिस कवि पर आसक्त मैं 1925 ई. के करीब हुआ था, उससे मेरी पहली मुलाकात सन् 1948 ई. में हुई, जब मैं इलाहाबाद भी शायद पहली ही बार गया था।

मैं जब पन्त जी से मिला, हम दोनों मेज के आर-पार अकेले बैठे थे। प्रणाम करके बैठते ही मेरी दृष्टि उनकी आकृति में खो गई और कई मिनट तक हममें से कोई कुछ बोल नहीं सका।

अन्त में, मौन-भंग करते हुए पन्त जी ही बोले, "अब क्या देखते हैं?"

मुझे सहसा कोई जवाब नहीं सूझा, फिर भी मुँह से निकल गया, "अभी भी बहुत कुछ है, जो दर्शनीय है।"

परम्परा से सुनता आया हूँ कि भारतेंदु दर्शन मात्र से ही विशिष्ट मनुष्य मान लिये जाते थे। मैंने जिन साहित्यकारों को देखा है, उनमें से पन्त, निराला

और नवीन–ये तीन ही हैं जो दर्शन मात्र से प्रभावित करते हैं। नवीन जी जब रुग्ण नहीं हुए थे, तब चुप रहने पर भी उनके व्यक्तित्व से आक्रामक किरणें फूटा करती थीं। रुग्ण होने के पूर्व निराला जी के व्यक्तित्व का ठाठ पैगंबराना था और उनके लम्बे-लम्बे हाथ और लम्बी-लम्बी उंगलियाँ उनके दार्शनिक होने की सूचना देती थीं। किन्तु पन्त जी को देखते ही सहसा यह भान होता है, मानो आप परियों के देश से उतरे हुए किसी देवर्षि के सामने खड़े हों! छोटा-हलका शरीर, चेहरे पर सौम्य शान्ति जो सचमुच ही देवताओं की शान्ति है और सिर पर घने, लहराते बाल जो सुन्दर से सुन्दर रमणी को और भी सुन्दर बना सकते हैं, पन्त जी के दर्शन से उत्पन्न होनेवाला प्रभाव नारी-दर्शन से उत्पन्न प्रभावों से मिलता-जुलता है। और यह शृंगार उन्होंने नारी-जाति के प्रति सम्मान दिखाने को ही धारण भी किया है।

घने लहरे रेशम के बाल
धरा है सिर पर मैंने देवि!
तुम्हारा यह स्वर्गिक शृंगार।

केवल बाल ही नहीं, पन्त जी का कोट, पन्त जी का पतलून, यहाँ तक कि उनका कुरता भी ऐसे काट का होता है, जिससे नारी-जाति के प्रति उनके असीम आदर की सूचना मिलती है, जिससे यह जाहिर होता है कि यह पुरुष नारीत्व पर आसक्त नहीं, स्वयं नारी बन जाने को बेचैन है। कविता को कविता कहिए या काव्य, धर्म से वह नारी ही होती है। यह नारीत्व पन्त जी के मात्र काव्य में ही नहीं, उनके व्यक्तित्व और स्वभाव में भी समाविष्ट है। हां, नारियों की एक विशेषता जरूर है, जिससे वे वंचित हैं अर्थात् वे अत्यन्त मितभाषी मनुष्य हैं। किन्तु यह तो है ही कि वे जब भी बोलते हैं, उनकी वाणी अत्यन्त मधुर और भंगिमा नारी की भंगिमा होती है।

महादेवी जी कहती हैं कि उन दिनों प्रयाग की कवि गोष्ठियों में कवयित्रियाँ एक ओर और कवि दूसरी ओर बैठा करते थे। तब एक बार ऐसा हुआ कि पन्त जी को कवियों की पंक्ति में बैठा देखकर महादेवी जी ने अपनी किसी सहेली से पूछ लिया, "वह कौन लड़की है, जो लड़कों में बैठ गई है?"

आज भी यह लड़की लड़कों में ही बैठती है क्योंकि यही विधि-विधान है। और वयशील होने पर भी वह ब्रह्मा नहीं, ब्रह्माणी का ही स्वरूप है। यह तुलना पन्त जी पर बहुत सटीक बैठती है क्योंकि सरस्वती की जवानी कविता और उसका बुढ़ापा दर्शन होता है।

प्रेमचन्द जी ने कहीं लिखा है कि नर जब नारी के गुण सीखता है, तब वह देवता बन जाता है, किन्तु नारी जब नर के गुण सीखती है, तब वह राक्षसी हो जाती है। दो-एक स्थानों पर इस उक्ति का मैंने खंडन किया है; किन्तु पन्त जी को देखते हुए यही कहना पड़ता है कि प्रेमचन्द जी ने खूब कहा।

गांधी जी ने भी धीरे-धीरे नारीत्व की साधना पूरी कर ली थी। उनकी पोती ने अपनी किताब के लिए जो, 'बापू, मेरी माँ', यह नाम चुना, वह बहुत ही सार्थक चुनाव है। किन्तु पन्त जी के लिए नारीत्व की साधना नई नहीं, वह बचपन से ही उनके साथ है। और देवत्व की किरणें भी आरम्भ से ही उनके भीतर झलक मारती रही हैं। सरलता देवत्व है; अभंग बचपन मनुष्य नहीं, देवता का गुण है। पन्त जी का व्यक्तित्व मानव के शैशव का व्यक्तित्व है :

मुझे न अपना ज्ञान,
कभी रे, रहा न जग का ध्यान।
सिहरते मेरे स्वर के साथ,
विश्व-पुलकावलि से तरु-पात।
गान ही में रे, मेरे प्राण,
निखिल प्राणों में मेरे गान।

जीवन के किसी भी क्षेत्र की साधना, कहीं न कहीं, भीषण बलिदान लेती है। लेकिन जो जितना अधिक देता है, वह उतना ही अधिक प्राप्त भी करता है।

जो काटौं वो डहडही, सींचौं तो कुम्हलाय,
या गुनवन्ती बेल को, कुछ गुन कहा न जाय।

मानवता के प्रमाण के अधिकारी वे होते हैं, जिन्होंने साधना की बड़ी से बड़ी कीमतें चुकाने में आना-कानी नहीं की हो। पन्त ने अपनी गृहस्थी नहीं बसाई, माखनलाल और निराला की गृहस्थी भगवान ने छीन ली और महादेवी ने अपनी गृहस्थी का कृष्णार्पण कर दिया। और ये चारों कवि, इस युगवाले अध्याय में, महान् ज्योतिष्पिंडों की भाँति चमकते रहेंगे।

[5 मार्च, 1960 ई.]

श्रीमती महादेवी वर्मा

कवि के रूप में महादेवी जी लगभग चालीसों वर्षों से शून्य मन्दिर में कर्पूर की शिखा के समान जलती रही हैं। शून्य से यहाँ तात्पर्य गार्हस्थ्य के अभाव से है और शिखा का अर्थ विरहानुभूति है। कविता में उनका जो रूप प्रकट हुआ है, वह तपस्विनी का रूप है, किन्तु शिक्षा के क्षेत्र में वे कर्मठता की मूर्ति रही हैं। अतएव कहा जा सकता है कि प्रवृत्ति उनके बाहरी जीवन में है, भीतर से वे निवृत्ति में लीन हैं। यह स्थिति लगभग ज्ञान की स्थिति है। यद्यपि महादेवी जी कभी आध्यात्मिक साधना के चक्कर में पड़ी हैं या नहीं, इसमें मुझे संदेह है।

मगर यह युग तो ज्ञानी की स्थिति को समझना नहीं चाहता। वह हर एक जगह यही जानना चाहता है कि इस मनुष्य को समझने का सही नुस्खा किसके पास है—मार्क्स के या फ्रायड के? कुछ यह बात भी है कि मामला अगर मर्द का हो, तो पूछताछ कुछ आसानी से की जा सकती है, मगर सम्भ्रान्त महिला के इतिहास के पन्ने कोई भी व्यक्ति उलटना नहीं चाहता।

शायद यही कारण है कि लम्बे अरसे तक महादेवी जी के सम्पर्क में रहने के बाद भी मेरी कभी यह हिम्मत नहीं हुई कि उनके बारे में कुछ जानने की कोशिश करूँ। उनसे मेरी पहली मुलाकात सन् 1935 ई. में कलकत्ते में हुई थी, जब हम लोग जापानी कवि नोगूची के सम्मान में होनेवाले कवि-सम्मेलन में भाग लेने को वहाँ गए थे। जैसे ही उन्हें मैंने देखा, मुझे लगा, मैं कवयित्री नहीं, करुणामयी, युवा संन्यासिनी के समक्ष खड़ा हूँ और तब से लेकर आज तक मेरी दृष्टि में महादेवी जी का भावाकुल संन्यासिनी-रूप ही प्रधान रहा है। मिलते ही वे सात्त्विक उल्लास से भर जाती हैं। जब तक साथ रहता हूँ, बराबर हँसती रहती हैं और जैसे ही विदा होने लगता हूँ, उनकी आँखों से मोती झरने लगते हैं। भला ऐसे कोमल, निश्छल, निरीह जीव से कैसे पूछूँ कि आपका पिछला इतिहास कैसा रहा है?

लेकिन, एक दिन, आप-से-आप खुद उन्हीं के मुख से मुझे वे सारी बातें मालूम हो गईं, जिनका प्रामाणिक विवरण जानने की कभी-कभी मुझमें उत्कंठा

जगती थी। सन् 1962 ई. के जून महीने में मैं इलाहाबाद गया था और महादेवी जी के ही पास टिका था। बातों-बातों में एक दिन वे आत्मकथन की मुद्रा में आ गईं और अपने आरम्भिक दिनों के बारे में उन्होंने बहुत-सी बातें बिना पूछे ही बतला दीं, जिन्हें मैंने दिल्ली या पटना पहुँचकर नोट कर लिया था। मेरी डायरी का वह पन्ना इस प्रकार है।

29 जून को मैं महादेवी जी के घर ठहरा हुआ था। अचानक देवी जी आत्मचरित्र सुनाने की मुद्रा में आ गईं। उन्होंने कहा :

"मेरे पिता बाबू गोविन्द प्रसाद थे, जो पहले इन्दौर में पढ़ाते थे, पीछे भागलपुर चले गए। मेरे दादा बाबू बाँकेबिहारी जमींदाराना ठाठ के आदमी थे। हमारा परिवार आर्यसमाजी था, लेकिन कन्यावध के रिवाज से वह अभी बरी नहीं हुआ था। मैं जब जनमी, तब मेरी माँ 15 साल की थीं। जब उन्हें बताया गया कि सन्तान बेटी है, तब वे अपना दुःख भूलकर मुझे टटोलने लगीं कि बेटी जीवित है या मार डाली गई।

लेकिन दादा को मेरा बड़ा खयाल था। हमारा परिवार यद्यपि आर्यसमाजी हो गया था, किन्तु कुलदेवी हमारी दुर्गा ही मानी जाती थीं। दादा ने दुर्गा की आराधना इस उद्देश्य से की थी कि उन्हें एक पोती का मुँह देखना नसीब हो। जब मैं जनमी, उनकी यह इच्छा पूर्ण हो गई। वे मुझे बहुत अधिक प्यार करते थे।

मेरा ब्याह सात वर्ष की उम्र में हुआ था। पति भी लगभग इतनी ही उम्र के थे। विवाह में बरात और सरात के बीच झगड़ा हो गया। मेरे दादा बड़े अक्खड़ मिजाज के थे। उन्होंने जोश में आकर कह दिया—लो, हम बेटी की विदाई नहीं करेंगे। जोश लड़कावालों को भी आ गया और उन्होंने भी कह दिया—अगर आप बेटी को विदा न करेंगे, तो लीजिए, हम भी पतोहू को विदा नहीं करवाएँगे—नहीं, कभी भी नहीं। इसी झगड़े के कारण सम्बन्ध टूट गया। पीछे दादा ने पाँचवीं कक्षा से ही मुझे पढ़ने को इलाहाबाद भेज दिया।

छात्रजीवन में गार्हस्थ्य की ओर मेरा थोड़ा भी झुकाव नहीं हुआ। मैं बौद्ध भिक्षुणी होने का सपना देखने लगी। लंका के कोई स्थविर थे, जिन्हें मैंने लिखा था कि आप मुझे दीक्षा देने की कृपा करें। उन्होंने उत्तर दिया कि मैं नैनीताल आऊँगा, तब तुमसे बात करूँगा। वे नैनीताल आए और मैं उनसे मिलने भी गई। लेकिन मेरे पहुँचते ही उन्होंने अपनी आँखों पर ताड़ के पंखे से आड़ कर लिया। जब मैं वहाँ से चली, मैंने स्थविर जी के शिष्य से पूछा कि महाराज ने आँखों पर परदा क्यों कर लिया? शिष्य ने बताया—स्थविर नारियों को देखने

से परहेज करते हैं। यह बात मुझे अच्छी न लगी, अतएव मैंने निश्चय किया कि ऐसे दुर्बल को गुरु बनाने से कोई लाभ नहीं है।

इसके बाद मैं गांधी जी से मिली। उन्होंने कहा—लड़कियों को पढ़ाने का काम तुम्हें खुद करना चाहिए। इसलिए, एम.ए. करते ही मैंने महिला विद्यापीठ का काम शुरू कर दिया।

मेरे पति डॉक्टरी पढ़ते थे। उन्होंने कई बार चाहा कि हम लोग साथ रहें। लेकिन यह बात मेरे मन में थी ही नहीं। मैंने उनसे कहा कि गृहस्थ-जीवन की ओर मेरी थोड़ी भी प्रवृत्ति नहीं है, अतएव मैं आपके साथ कभी भी नहीं रह सकूँगी। मैंने कई बार उन्हें यह भी समझाया कि वे अपना दूसरा विवाह कर लें। लेकिन दूसरा विवाह उन्होंने नहीं किया। वे गोरखपुर में रहते हैं।"

महादेवी जी के छात्र-जीवन की कुछ थोड़ी जानकारी मुझे एक दिन श्रीमती सावित्री जी से मिली थी। सावित्री जी लखनऊ के विख्यात सर्जन डॉक्टर जानकी प्रसाद की विधवा पत्नी हैं और स्कूल में वे महादेवी जी के साथ पढ़ती थीं। उन्होंने बताया कि 'महादेवी जी जब पाँचवीं या छठी कक्षा में नाम लिखाने को आई थीं, तब वे पैंट, कमीज और टाई में थीं। पिता शायद पुत्र-भाव के कारण बेटियों को बेटों की तरह रखना चाहते थे; किन्तु शीघ्र ही वे सादगी पर उतर आईं यानी होश सँभालते ही उन्हें रंगों से विरक्ति हो गई। वे सादी पोशाक में रहने लगीं।'

सावित्री जी ने यह भी कहा कि 'स्कूल और छात्रावास में महादेवी जी किसी से भी ज्यादा नहीं बोलती थीं। वे गुमसुम बैठी अपनी पुस्तकों में लगी रहती थीं। स्वर्गीय पं. श्रीधर जी की पुत्री श्रीमती ललिता पाठक से उनका विशेष मेलजोल था और उनके साथ महादेवी जी का पत्राचार भी चलता था।

'छात्रावास में महादेवी जी अपने कमरे में कृष्ण जी की मूर्ति रखा करती थीं। उनकी प्रवृत्ति आरम्भ से ही धार्मिक थी। स्कूल में उनका जीवन बाल भगतिन का जीवन था।'

सावित्री जी ने मुझसे यह भी कहा कि 'महादेवी जी की माँ फारसी जानती थीं और सूफी कविताएँ उन्हें बहुत-सी याद थीं।'

मैंने सावित्री जी से भी महादेवी जी के बारे में खोदकर ज्यादा कुछ नहीं पूछा, किन्तु विवाह के बारे में बात चलने पर सावित्री जी ने कहा कि 'विवाहित जीवन के प्रति विरक्ति होने के कारण महादेवी ने अपने पति डॉक्टर स्वरूपनारायण को कभी भी अपने जीवन में आने नहीं दिया। डॉक्टर साहब जब मिलने को होस्टल आते, महादेवी जी तब भी उनसे नहीं मिलती थीं। वे कभी-कभी अपनी सहपाठिनों

से यह भी कह देती थीं, इनसे मुझे मुक्ति ही दिलवाओ। छात्रावास में महादेवी जी का बड़ा सम्मान था।'

अपने स्कूल में वे अत्यन्त मेधाविनी समझी जाती थीं। एक बार कोई शिक्षक किसी श्लोक का ठीक-ठीक अर्थ नहीं लगा सका। निदान वह श्लोक महादेवी जी ने मँगवाया और उसका अर्थ लिखकर शिक्षक को भेज दिया। स्कूल के उत्सवों में गाए जाने को वे गीत भी लिखा करती थीं। सावित्री जी ने यह भी बताया कि एक बार उनके स्कूल में कवि-सम्मेलन हुआ था, जिसके अध्यक्ष श्री मैथिलीशरण गुप्त थे। उस सम्मेलन में महादेवी जी छात्रा के रूप में सम्मिलित हुई थीं, किन्तु कविता उनकी किसी अन्य बालिका ने पढ़ी थी।

यह महादेवी जी के जीवन की संक्षिप्त भूमिका है। ध्यान देने की बात यह है कि जो बात इस भूमिका में नहीं है, वह उनके जीवन से भी विलुप्त है। मेधा उनकी आरम्भ से ही प्रखर थी और जो लोग महादेवी के काव्य में मेधा की विद्यमानता से प्रभावित नहीं होते, वे उनकी मेधा को गद्य में देखते हैं और मेधा जिन्हें उनके गद्य में नहीं मिलती, उन्हें महादेवी जी का भाषण सुनना चाहिए।

सभा-मंच से कविता पढ़ने का काम शायद कभी भी उन्हें रुचिकर नहीं रहा है। ऊपर एक प्रमाण आया ही है कि जब महादेवी जी कवि-सम्मेलन में पहले-पहले सम्मिलित हुईं, उनकी कविता किसी और लड़की ने पढ़ी थी। लेकिन मुझे याद आता है कि सन् 1935 ई. में जब हम लोग कलकत्ते से शान्तिनिकेतन गए थे, तब वहाँ भी एक साहित्यिक गोष्ठी में हम लोगों ने कविताएँ पढ़ी थीं। उस दिन महादेवी जी ने अपनी 'बीन भी हूँ मैं तुम्हारी रागिनी भी हूँ' नामक कविता पढ़ी थी। काव्य-पाठ उन्होंने नोगूची वाले कवि-सम्मेलन में भी किया था। नोगूची महादेवी जी को इतने पसन्द आए थे कि वे उनकी कविताओं के हिन्दी अनुवाद कई मास तक छपवाती रही थीं।

गुरुदेव श्री रवीन्द्रनाथ ठाकुर के भी दर्शन हम लोगों ने एकसाथ ही किए थे। उस छोटे-से मिलन में सबसे अधिक बातचीत पं. बनारसीदास चतुर्वेदी ने की थी। मुझे याद है कि हम लोग रवि बाबू से विदा लेकर लौट रहे थे, महादेवी जी ने कहा था, 'अह, गुरुदेव से बुलवाना ठीक नहीं हुआ। उन्हें तो चुपचाप देखना चाहिए था।'

महादेवी जी हिन्दी के उन थोड़े-से साहित्यकारों में से हैं, जो प्रचलित वाद-विवाद में रस नहीं लेते, न मिलते ही नये या पुराने लेखकों पर फतवे देने लगते हैं। लेखकों के बारे में उनके वैयक्तिक मतों का पता लगाना एक तरह से असम्भव कार्य है। जब 'कुरुक्षेत्र' पहले-पहल प्रकाशित हुआ था, उन्होंने मुझे बड़ा ही प्यारा पत्र लिखा था। मगर उसके बाद मेरी किसी किताब पर उन्होंने अपनी

राय जाहिर की है या नहीं, मुझे याद नहीं है। पुस्तक के बारे में विवाद अगर तेज हो जाए, तो महादेवी जी और भी अधिक मौन हो जाएँगी, ऐसी मेरी धारणा है।

महादेवी जी में जो एक प्रकार की उदासीनता, गुम रहने का आग्रह, विवाद से बचने की प्रवृत्ति और सबको प्रसन्न रखने की चिन्ता है, वह है तो सब-का-सब गुण ही, मगर वह इतना प्रमुख क्यों है? उनकी हँसी इतनी निश्छल और संक्रामक होती है कि हम महादेवी जी को अपना अत्यन्त निकटस्थ मान लेते हैं। किन्तु यह निकटता इतनी सघन कभी नहीं होती कि आप व्यक्ति या ग्रन्थ विशेष के विषय में उनका मतामत जान सकें। उनके व्यक्तित्व के दो पक्ष हैं : एक वह, जो हमारे सामने पड़ता है और जहाँ वे हँसती और किलकारती रहती हैं और दूसरा वह, जो बहुत आन्तरिक है, जहाँ उनका हृदय अशोकवासिनी सीता के समान कैद है। मैंने इस दरवाजे पर दस्तक तो दी है, मगर उसे खुलते नहीं देखा है।

किन्तु महादेवी जी में जहाँ जो कुछ है, सब अपनी सहज-स्वाभाविक स्थिति में है और वह तर्क के नियमों से सिद्ध है। जरा कल्पना कीजिए कि जब महादेवी जी ने अपनी माँ से यह सुना होगा कि जिस परिवार में उनका जन्म हुआ है, उसमें कन्या-वध का रिवाज था और वे संयोग से ही प्रसूति-गृह से बच निकलीं, तब उनके बाल-मन पर क्या प्रभाव पड़ा होगा? फिर जब सात साल की उम्र में उनका विवाह हुआ और मंडप के पास ही उसकी मिट्टी पलीद हो गई, तब विवाह उन्हें कितना सारहीन कृत्य दिखाई पड़ा होगा? कोई आश्चर्य नहीं कि विवाहित जीवन के प्रति छुटपन में ही उन्हें विरक्ति हो गई और तभी से वे भिक्षुणी अथवा आश्रमवासिनी होने का सपना देखने लगीं।

आश्रमवास की इच्छा उनमें बहुत प्रखर रही है। प्रयाग में गंगा-तट पर साहित्यकार-संसद की स्थापना उसी इच्छा का परिणाम थी। यह योजना जब काम में लाई जाने पर भी चल न सकी, तब महादेवी ने ताकुला में आश्रम बनाने की कोशिश की। लेकिन वह कोशिश भी बेकार गई। मेरा खयाल है, महिला विद्यापीठ भी महादेवी जी की कल्पना के अनुसार नहीं ढल सका। चिन्तन, मनन और निदिध्यासन के बाद सत्य की उपलब्धि तो किसी-किसी को हो जाती है, मगर आदमी जब सत्य का संगठन करने लगता है, उसे सताने को अनेक रास्तों से राजनीति प्रवेश कर जाती है।

जो लोग यह कहते हैं कि महादेवी जी के जीवन में अभाव है, वे सत्य से बहुत दूर नहीं हैं क्योंकि अभाव और खोखलापन कहीं न कहीं प्रायः प्रत्येक व्यक्ति के भीतर होता है। फिर भी इतना कहना काफी नहीं है। कहना यह भी चाहिए कि इस अभाव की अनुभूति में महादेवी जी को रस मिलता है। अभाव तो

पं. सुमित्रानन्दन जी पन्त के भी जीवन में है और अभाव निराला जी के जीवन में भी था। किन्तु इन दो कवियों ने अपने अभाव को अभाव नहीं माना। किन्तु महादेवी जी ने इस अभाव को अपनी पूँजी बना लिया। उनकी अधिकांश कविताएँ इसी अभाव की अनुभूति से आलोकित हैं। नीत्शे और नीत्शे के बाद रिल्के में हम इस भावना का आख्यान देखते हैं कि सुख, असल में, दुःख की स्वीकृति को कहते हैं। महादेवी जी ने भी अपने अभाव को विभव और दुःख को सुख मान लिया है :

अपने इस सूनेपन की
मैं हूँ रानी मतवाली,
प्राणों का दीप जलाकर
करती रहती दीवाली।

× × ×

चिर विरह की रात को अब
तू मिलन का प्रात रे कह।
एक करुण अभाव में
चिर तृप्ति का संसार संचित।

राजा जी (राजागोपालाचारी) का अनुमान है कि आदिकवि ने मूलतः रामकथा वहीं समाप्त की होगी, जहाँ राम का राज्याभिषेक होता है। राम ने सीता का परित्याग किया, यह मूल कथा में नहीं रहा होगा। वह प्रक्षिप्त अंश है। किन्तु, भारत की नारियों पर जो अत्याचार होते रहे, उन्हें प्रतीक का रूप देने को सीता-वनवास की कथा गढ़ दी गई और लोगों ने उसे इतना सत्य मान लिया कि वह मूल कथा का ही अंश बन गई।

भारतीय नारी की करुण स्थिति महादेवी को अत्यन्त निकट से अनुभूत हुई है–अनुभूत ही नहीं हुई, कन्यावध की परिपाटी और विवाह की विडम्बना के भीतर से वह स्थिति महादेवी जी के रग-रेशे से होकर गुजरी। कन्या-शिक्षा का प्रचार करके उन्होंने इस स्थिति का मुकाबला किया है। किन्तु, कविता के भीतर उन्होंने इस स्थिति से हारकर औरतों की बदकिस्मती का रोना रोया है। महादेवी जी के आँसू भारत की सभी नारियों के आँसू हैं। उनका दुखों को ही सुख मानने का भाव, भारत की परम्पराप्रिय नारियों का भाव है, जो जीवित इसलिए रही हैं कि वे विपत्तियों से समझौता करना जानती थीं। उन्हें अपना भाग्य समझकर भोगना जानती थीं।

पंडित बनारसीदास चतुर्वेदी

पंडित बनारसीदास जी चतुर्वेदी के साथ मेरी पहली मुलाकात सन् 1935 ई. में कलकत्ते में हुई, जब मैं जापानी कवि नोगूची के सम्मान में होनेवाले कवि-सम्मेलन में भाग लेने को वहाँ गया हुआ था। 'विशाल भारत' उन दिनों पूरे उरूज पर था और उसमें तब तक मेरी बहुत-सी रचनाएँ स्थान पा चुकी थीं। तब तक बनारसीदास जी के कितने ही पत्र भी मुझे प्राप्त हो चुके थे और हम दोनों का सम्बन्ध बिना मुलाकात के ही लगभग प्रगाढ़ हो चुका था।

'विशाल भारत' का आरम्भ सन् 1928 ई. में हुआ था। सन् 1929 ई. में वायसराय की वह घोषणा प्रकाशित हुई, जिसमें यह कहा गया था कि भारत और इंग्लैंड के बीच क्या सम्बन्ध रहे, इस विषय पर विचार करने को लन्दन में एक गोलमेज-सम्मेलन का आयोजन किया जाएगा और उसमें भारत के सभी राजनीतिक दलों को भाग लेना चाहिए। कांग्रेस ने वायसराय की इस घोषणा का डटकर विरोध किया और मैंने देश के वातावरण से प्रभावित होकर 'वायसराय की घोषणा पर' नामक एक ज्वलन्त कविता लिखी और उसे छपने को 'विशाल भारत' में भेज दिया; किन्तु वह कविता 'विशाल भारत' में छपी नहीं, शीघ्र ही मेरे पास बिना किसी टिप्पणी के लौट आई। अवश्य ही सम्पादक ने सरकार के भय से उस कविता को 'विशाल भारत' में छापना वाजिब नहीं समझा था। वह कविता मेरे किसी संग्रह में भी नहीं आ सकी। उन दिनों मैंने 'रश्मिमाला' नामक एक संकलन तैयार किया था। यह संकलन भी प्रकाश में नहीं आ सका, किन्तु मेरे हाथ की लिखी उसकी मूल प्रति काशी के 'भारत कला भवन' में सुरक्षित पड़ी है। 'वायसराय की घोषणा पर' नामक मेरी अप्रकाशित कविता उस संकलन में सम्मिलित है। जिन निबन्ध-लेखकों को उत्सुकता हो, वे इस संकलन को 'भारत कला भवन' जाकर देख सकते हैं। जहाँ तक मुझे याद है, पंडित बनारसीदास जी ने मेरी और कोई कविता अस्वीकृत नहीं की थी।

उसी यात्रा में चतुर्वेदी जी मुझे 'विशाल भारत' के दफ्तर में ले गए और श्री ब्रजमोहन जी दर्मा के साथ मुझे मिलाते हुए बोले, "दिनकर जी, 'विशाल भारत' की बहू यही हैं।"

वर्मा जी बड़े ही हाजिरजवाब आदमी थे। छूटते ही उन्होंने कहा, "बहू हूँ, मगर अनब्याही हूँ।"

नोगूची के स्वागत में जो कवि-सम्मेलन हुआ, वह अपने ढंग का बहुत ही अच्छा कवि-सम्मेलन था। उसमें बिस्मिल इलाहाबादी भी आए हुए थे। जहाँ तक मुझे याद है, बिस्मिल साहब ने अपनी कविता अन्त में पढ़ी थी। बिस्मिल साहब में उर्दू के चुटीलेपन और कंठ, दोनों का मिलान था। उनका रंग कुछ ऐसा जमा कि चतुर्वेदी जी ने मुझसे कहा, "दिनकर जी, पं. पद्मसिंह जी शर्मा कह गए हैं कि हिन्दी और उर्दू कवि-सम्मेलन एक साथ नहीं करना। वह बात सत्य मालूम होती है।"

उसी यात्रा में चतुर्वेदी जी के नेतृत्व में (यानी उनकी पंडागीरी में) हम लोग कलकत्ते से शान्तिनिकेतन गए। हमारे दल में श्रीमती महादेवी वर्मा और श्री मनोरंजन जी भी थे। गुरुदेव तभी से अस्वस्थ रहने लगे थे, अतएव इसकी आशा बहुत कम थी कि हम लोग गुरुदेव के दर्शन कर सकेंगे। किन्तु चतुर्वेदी जी की पंडागीरी ने इस असम्भव को सम्भव बना दिया। सन्ध्या समय गुरुदेव अपने श्यामली नामक घर के बाहर वाले आँगन में हम लोगों से मिले। मेरी पुस्तक 'रेणुका' उन्हीं दिनों प्रकाशित हुई थी और उसकी एक प्रति मेरे साथ थी। मैंने अपनी पुस्तक गुरुदेव के चरणों पर रखी। गुरुदेव उसे उठाकर उलटने-पलटने लगे। इतने में बनारसीदास जी अँगरेजी में बोल उठे :

"गुरुदेव, मैं आपसे कह चुका हूँ कि जब तक आप हिन्दी नहीं सीखेंगे, मैं बंगला नहीं सीखूँगा।"

गुरुदेव ने जरा मुस्कराते हुए कहा, "पंडित, जीवन भर में मैंने तो कभी कुछ सीखा ही नहीं।" फिर वे बोले, "हिन्दी मैं पढ़ लेता हूँ, सामान्यतः उसका अर्थ भी समझ लेता हूँ, किन्तु शब्दों के साथ जो वातावरण लिपटा होता है, उसे मैं नहीं समझ सकता। सच तो यह है कि शब्दों के साथ लिपटे हुए वातावरण का ज्ञान मुझे अपनी भाषा को छोड़कर और कहीं भी नहीं होता, यहाँ तक कि अँगरेजी में भी नहीं।"

जब हम गुरुदेव से मिलकर लौटे, महादेवी जी ने कहा, "अह, गुरुदेव से हम लोगों ने व्यर्थ ही बुलवाया। ऐसी दिव्य मूर्ति का तो मौन भाव से केवल दर्शन करना चाहिए था।"

चतुर्वेदी जी जब भी महापुरुषों से मिलते हैं, वे उन्हें हँसाने की कोशिश करते हैं। उस दिन भी उन्होंने गुरुदेव को हँसाने की कोशिश की थी और गुरुदेव दो-चार बार हँसे भी थे। इस उपलब्धि पर चतुर्वेदी जी को नाज था। बाकी बातचीत की उनपर जो प्रतिक्रिया हुई, उसे व्यक्त करते हुए चतुर्वेदी जी ने कहा, "दिनकर जी, रवीन्द्रनाथ स्वीकर करते हैं कि अँगरेजी शब्दों के साथ लिपटे हुए वातावरण को वे समझ नहीं पाते। यह एक बात है, जिसकी खबर उन सभी भारतीय लेखकों तक पहुँचा दी जानी चाहिए, जो अपनी भाषाएँ छोड़कर अँगरेजी में लिख रहे हैं, विशेषतः कविताएँ लिख रहे हैं।"

उन दिनों चतुर्वेदी जी के साथ मेरा पत्र-व्यवहार बड़ी तेजी के साथ होता था। जहाँ तक मुझे याद है, मेरे पत्र छोटे होते थे, किन्तु चतुर्वेदी जी अक्सर बड़े लम्बे पत्र भेजा करते थे। कभी-कभी उनके कार्ड भी आते थे। जब कविता के लिए तकाजा होता था, चतुर्वेदी जी कार्ड के ऊपर लाल स्याही में लिखा करते थे, 'तीन पैसे का तार।' यह भी होता था कि वे एक ही दिन तीन-तीन कार्ड भेजते थे। कारण यह था कि आरम्भ में वे समझते थे कि एक कार्ड से काम चल जाएगा, मगर भावों के वशीभूत होकर वे तीन-तीन कार्ड लिख डालते थे।

जिस साल कलकत्ते में नोगूची वाला कवि-सम्मेलन हुआ, उसी साल बरसात में पटना में एक साहित्य-समारोह हुआ, जिसमें पं. माखनलाल चतुर्वेदी, डॉक्टर हेमचन्द्र जोशी, हिन्दी लाइनों के आविष्कर्ता श्री गोविल जी आदि लोग पधारे हुए थे। उन दिनों मैं सब-रजिस्ट्रार था और स्टेशन से सोलह मील दूर बेलसंड नामक गाँव में मेरी पोस्टिंग थी। जिस दिन पटना में साहित्य-समारोह आरम्भ हुआ, उसी दिन बेलसंड में भयानक बाढ़ आ गई और बेलसंड से लेकर सीतामढ़ी तक सारी सड़क पानी के नीचे डूब गई। मैंने साहित्य-समारोह में भाग लेने के लिए छुट्टी ले रखी थी, मगर बाढ़ ने भारी कठिनाई उत्पन्न कर दी। अतएव मैंने स्थानीय डॉक्टर श्री ज्ञानदारंजन चक्रवर्ती को साथ लिया और दोनों जने बैलगाड़ी से कोई आठ बजे रात में स्टेशन के लिए रवाना हो गए। हम गाँव से अभी मुश्किल से एक-दो मील आए होंगे कि भयानक वृष्टि शुरू हो गई। गाड़ीवान बेचारा घबराने लगा। ऊपर से मूसलाधार मेघ बरस रहा था और नीचे का पानी गाड़ी के पाट को छू रहा था। सड़क कितनी दूर दाएँ है और कतनी दूर बाएँ, यह समझने का कोई उपाय नहीं था। फिर भी हम धीरे-धीरे आगे बढ़ते गए और दूसरे दिन आठ बजे भोर के करीब सीतामढ़ी पहुँच गए।

जब हम पटना पहुँचे, साहित्य-समारोह का दूसरा या तीसरा दिन चल रहा था। मेरे आने से गंगा, बेनीपुरी, अम्बिका आदि मित्रों को भारी प्रसन्नता हुई।

किन्तु बनारसीदास जी को जब यह मालूम हुआ कि मैं कितनी मुसीबतें झेलकर सभा में आया हूँ, तब वे हर्ष से गद्गद हो उठे। पटना आने पर सुना कि मेरे पहुँचने से पूर्व बनारसीदास जी सभा में यह घोषणा कर चुके थे कि अगर दिनकर जी अफ्रीका में जनमे होते, तो उनसे मिलने को मैं अफ्रीका भी जरूर जाता। वैसे बात यह प्रोत्साहन की थी, किन्तु वह इतनी जोरदार थी कि उससे जहाँ मेरे प्रशंसकों की संख्या में वृद्धि हुई, वहाँ मेरे दुश्मन भी कम नहीं बढ़े।

बनारसीदास जी प्रचारक बहुत अच्छे हैं। उनके लेख में जिन लोगों के नाम आते हैं, लेख की कतरनें वे उन सभी लोगों को भेजना पसन्द करते हैं। मेरे पक्ष में उन्होंने कई तरह से प्रचार किया था। पटना की सभा में उन्होंने जो उद्गार प्रकट किया था, उसका जिक्र ऊपर आ चुका है। जब मेरी पहली पुस्तक 'रेणुका' प्रकाशित हुई, उन्होंने 'विशाल भारत' के सम्पादकीय स्तम्भ में एक टिप्पणी लिखी, जिसका शीर्षक था : 'उत्सव मनाइए' यानी कविता की एक दुर्लभ पुस्तक प्रकाशित हुई है, अतएव साहित्य-प्रेमियों को उत्सव मनाना चाहिए। यही नहीं, जब वे सेवाग्राम गए, उन्होंने मुझे लिखा कि 'रेणुका' की एक प्रति डाक से भेज दीजिए। वे मेरी कविताओं से गांधी जी को अवगत कराना चाहते थे और जब गांधी जी को पुस्तक देखने का समय नहीं मिला, तब किताब उन्होंने गांधी जी के शौचालय में भिजवा दी, जहाँ गांधी जी थोड़ा पढ़ा भी करते थे। जब गांधी जी बाहर आए, उन्होंने चतुर्वेदी जी से पूछा, 'क्या दिनकर जी आए हुए हैं?' किन्तु मैं तो गया नहीं था। मैं यह जानकर बहुत ही प्रोत्साहित हुआ कि गांधी जी ने मेरी पुस्तक पर एक नजर डाल ली है।

चतुर्वेदी जी प्रचारक बहुत अच्छे हैं, मगर वे जिसकी बड़ाई जोर से करते हैं, उसके प्रति बहुत-से लोगों के हृदय में द्वेष जग जाता है। इसका एक उदाहरण मैं खुद हूँ। जब 'विशाल भारत' में सम्पादक ने कहा कि दिनकर की कविताएँ मुझे बेहद पसन्द हैं, तब अनेक नामी पत्र-पत्रिकाओं और आलोचकों ने मुझे देखकर मुँह बिचका लिये, मानो वे 'विशाल भारत' के मत का खंडन करना चाहते हों! और चतुर्वेदी जी जिसके खिलाफ बोलते हैं, वह समाज की सहानुभूति प्राप्त करने में सफल हो जाता है। उग्र जी के चाकलेट को लेकर चतुर्वेदी जी ने घासलेटी आन्दोलन चलाया था, किन्तु साहित्य में ज्यादा लोग उस समय भी उग्र जी के प्रति अनुरक्त ही रहे। इसी प्रकार निराला जी के 'वर्तमान धर्म' नामक निबन्ध को लेकर चतुर्वेदी जी ने 'साहित्यिक सन्निपात' नामक आन्दोलन चलाया था, किन्तु उस आन्दोलन के कारण निराला जी की कोई खास क्षति नहीं हुई। यह एक दृष्टि है। किन्तु एक दूसरी दृष्टि से यह भी कहा जा सकता है

कि बनारसीदास जी के प्रचार से प्रतिक्रिया तो उत्पन्न होती है, किन्तु अन्ततः उनका प्रचार कारगर हो जाता है।

मैं छोटी-सी सरकारी नौकरी में था और देशभक्ति की ज्वलंत कविताएँ लिखता था, केवल लिखता ही नहीं, उन्हें सम्मेलनों में सुनाया भी करता था। चतुर्वेदी जी मेरे इन विरोधी आचरणों पर जब-तब चिन्ता व्यक्त किया करते थे और मुझे लिखते थे, 'ये दोनों काम साथ-साथ नहीं चल सकते। या तो आपको नौकरी छोड़नी पड़ेगी अथवा क्रान्तिकारी कविताएँ लिखना बन्द करना होगा।' यही बात उन्होंने एक बार राजेन्द्र बाबू से भी कही थी और मुझे लिखा था कि 'आपके विषय में जो चिन्ता मेरी है, वही राजेन्द्र बाबू की भी है।'

चतुर्वेदी जी जो कुछ कहते थे, उसका सारांश मैं खूब समझता था, किन्तु मैं अपनी परिस्थिति का दास था। न तो मैं नौकरी छोड़ सकता था, न मैं क्रान्तिकारी कविताओं से मुँह मोड़ने को तैयार था। फिर भी चतुर्वेदी जी की आलोचना मेरे हृदय को मथती रहती थी। आखिर को नौकरी मैंने तब छोड़ी, जब देश आजाद हो गया और मुझे यह सुयोग दिखाई पड़ा कि नौकरी छोड़कर मैं संसद का सदस्य हो सकता हूँ।

बनारसीदास जी और मैं संसद के सदस्य एक ही साथ सन् 1952 ई. में हुए। उन दिनों मैं मजाक में चतुर्वेदी जी से कहा करता था कि 'आपने सन् 1935 ई. से रट लगा रखी थी कि नौकरी छोड़ दो। सो नौकरी मैंने आपकी ही प्रेरणा से छोड़ी है और संसद की सदस्यता से मेरी क्षति-पूर्ति नहीं हो सकती। आपने मुझे कम-से-कम एक लाख रुपये के घाटे में डाला है। मैं जब भी चाहूँ, आप पर एक लाख का दावा दायर कर सकता हूँ।'

चतुर्वेदी जी हिन्दी में शायद एक ही पत्र-लेखक हैं। उन्होंने जितना समय चिट्ठियाँ लिखने में खर्च किया है, उसका शतांश भी पत्र-पत्रिकाओं के सम्पादन अथवा ग्रन्थ-लेखन में नहीं लगाया है। मुश्किल यह है कि उनके पत्रों में हिन्दी कम, अँगरेजी बहुत ज्यादा रहती है। हिन्दी-आन्दोलन की प्रचंडता से घबराकर इधर हाल से उनकी आदत में कुछ सुधार जरूर हुआ है, मगर अँगरेजी में लिखने की उमंग उनके भीतर अब भी स्वाभाविक रूप में मौजूद है। एक बार राज्य सभा में जब हिन्दी पर बहस हो रही थी, चतुर्वेदी जी ने अपना भाषण अँगरेजी में दिया था। संसद में मैंने देखा कि हिन्दीकरण के लिए जो आतुरता हम लोगों को सताती रहती थी, वह चतुर्वेदी जी का स्पर्श भी नहीं करती थी। रवीन्द्रनाथ ठाकुर ने कभी चतुर्वेदी जी से कहा था कि 'हिन्दी को लोकप्रिय बनाना चाहते हो, तो उसमें ऐसा साहित्य पैदा करो कि लोग

खुद-ब-खुद हिन्दी सीखने को तैयार हो जाएँ।' चतुर्वेदी जी गुरुदेव के इस कथन को बराबर दुहराते रहते थे।

पंडित बनारसीदास जी प्रिंस क्रोपाटकिन, थोरो और एमर्सन के भक्त हैं और इन महाचिन्तकों के ग्रन्थों का पारायण उन्होंने जीवन-पर्यन्त किया है। प्रिंस क्रोपाटकिन के तो वे इतने बड़े भक्त हैं कि वे अपने को अराजकवादी भी कहते हैं। यह अराजकवादी विद्वान जब राज्य सभा का सदस्य नियुक्त हुआ, डॉक्टर सम्पूर्णानन्द जी वर्मा ने उसे अँगरेजी में एक तार भेजा, जिसका अर्थ यह था :

> 'आपके राज्यसभा के सदस्य होने पर ईर्ष्यायुक्त प्रसन्नता हुई। कृपया प्रिंस क्रोपार्टकिन की कुचली हुई आत्मा के प्रति मेरी संवेदना निवेदित कीजिए।'

चतुर्वेदी जी का कहना है कि साहित्य में 'मैं परकीयावाद का प्रेमी हूँ अर्थात् किसी एक कवि या लेखक की स्वकीया बनकर रहना मुझे पसन्द नहीं है। मैं नित्य नवीन माशूकों की तलाश में रहता हूँ। मेरा प्रेम मुक्त है। जो भी लेखक या कवि अच्छा होगा, मैं उसका आशिक बन जाऊँगा।'

मेरा खयाल है, चतुर्वेदी जी इस उम्र में भी आकर थके नहीं हैं। परकीयावाद उन्हें नित्य नई उमंगों से युक्त रखता है। वादा रहे कि बात यहाँ साहित्य में परकीयावाद की हो रही है।

चतुर्वेदी जी विनोदी स्वभाव के व्यक्ति हैं और मजाक में दूसरों का कम, अपना अधिक उड़ाते हैं। सूर्यास्त के बाद जब वे घूमने निकलते हैं, तब आप उनसे यह मत पूछिए कि वे कहाँ जा रहे हैं। ऐसे सवाल का वे बँधा-बँधाया जवाब यह देंगे कि 'खबरदार, जब अँधेरा हो जाए, तब विधुरों और वेश्याओं से यह नहीं पूछना चाहिए कि वे कहाँ जा रहे हैं।' जब मेरी पुस्तक 'रेणुका' प्रकाशित हुई थी, किसी पत्र ने उसकी समीक्षा केवल एक पैरा में की थी। चतुर्वेदी जी ने मुझे पत्र लिखा, 'दुःख मत मानिए। यह पत्र सत्साहित्य की समीक्षा एक ही पैरा में करता है। वह अपना बाकी स्थान गोनोकिलर के विज्ञापन के लिए सुरक्षित रखता है।'

एक बार चतुर्वेदी जी और मैं मोटर से मथुरा जा रहे थे। संयोग ऐसा हुआ कि रास्ते में मोटर खराब हो गई। अतएव हम दोनों एक हलवाई की दुकान में बैठ गए और समय काटने को उन्हें मैं अपना 'रश्मिरथी' काव्य कोई दो घंटे तक सुनाता रहा। उस समय एक कुत्ता कहीं से मारा-मारा आ गया और वह भी दो घंटे तक हमारे साथ बैठा रहा। तब से चतुर्वेदी जी को एक मसाला मिल गया। लोग जब भी मुझसे कविता पढ़ने को कहते, चतुर्वेदी जी कह उठते, 'भई, हम और

तुम काफी नहीं हैं। श्रोता के रूप में एक कुत्ते का भी हाजिर रहना जरूरी है। तभी दिनकर जी मूड में आते हैं।'

दिल्ली में एक बार मुझे उन्होंने यह भी कहा था कि 'जो आदमी कामयाब हो जाता है, उसके लिए मेरे हृदय में प्रेम नहीं रह जाता। आप अब कामयाब हो गए, इसलिए मेरे भीतर वह ललक नहीं रही, जो पहले थी।'

मैंने जवाब दिया कि सिद्धान्ततः यह बात ठीक है कि जो आदमी कामयाब हो जाता है, वह प्रेम करने की योग्यता को खो बैठता है और इसीलिए अन्य लोग भी उससे प्रेम नहीं करते; किन्तु मुझमें तो प्रेम करने की योग्यता अभी मौजूद है और बहुत-से लोग अब भी मुझसे प्यार करते हैं। अतएव मैं नाकामयाब आदमी हूँ और आपके प्रेम पर मेरा अधिकार है।

दिल्ली में जब एशियाई लेखक-सम्मेलन होने लगा, मुझसे एक गलती हो गई। वह सम्मेलन साम्यवादियों के प्रभुत्व में था, अतएव मैंने चाहा कि उसके एक सचिव श्रीयुत अज्ञेय जी भी हो जाएँ। अज्ञेय जी सचिव तो हो गए, किन्तु बनारसीदास जी ने समिति से इस्तीफा दे दिया। मैं बड़ा ही हतप्रभ हुआ। मुझे बार-बार यह बात कचोटने लगी कि चतुर्वेदी जी का इस्तीफा मेरे ही विरुद्ध हुआ है। जब लेखक-सम्मेलन समाप्त हो गया, मैंने मैथिलीशरण जी और नवीन जी से प्रार्थना की कि आप मुझे चतुर्वेदी जी के यहाँ ले चलिए और उनसे क्षमादान दिलवा दीजिए।

उन दोनों को साथ लेकर मैं चतुर्वेदी जी के पास पहुँचा और उनसे मैंने निवेदन किया, "इन दो महापुरुषों के समक्ष मैं आप महापुरुष से माफी माँगता हूँ। ये मेरे दोनों कान आपके सामने हाजिर हैं। इन्हें मल दीजिए और मुझे क्षमा कीजिए, मगर आगे भी अक्ल मैं अपनी ही रखूँगा।"

चतुर्वेदी जी ठठाकर हँस पड़े और उनका गुस्सा मिनटों में काफूर हो गया।

चतुर्वेदी जी जब रूस गए, उन्होंने अपने अराजकवादी विचार लोगों को वहाँ भी सुनाने शुरू किए। इस पर एक रूसी पत्रकार ने कहा, "मिस्टर बनारसीदास, भारत में पहले से ही गड़बड़ी बहुत काफी है। क्या आप चाहते हैं कि वह और भी बढ़ जाए?"

रूस से लौटने के बाद चतुर्वेदी जी आनन्द से गद्‌गद थे और उनका वहाँ जो स्वागत-सत्कार हुआ था, उसका जिक्र वे बार-बार करते थे। मुझसे उन्होंने कहा था, 'रूस वालों का मैं बड़ा कृतज्ञ हूँ। जब तक जिऊँगा, उनका गुण गाता रहूँगा।'

दिल्ली में बनारसीदास जी की दिनचर्या यह थी कि वे खूब तड़के उठकर चाय पीते थे और छोटे-बड़े अनेक पत्र लिखते थे। फिर वे घूमने जाते थे और वापस

आकर फिर पत्र लिखते थे। खा-पीकर वे सो जाते थे। नींद उन्हें तीन घंटे तक आती थी या नहीं, यह खुद चतुर्वेदी जी जानते होंगे। मगर बाहर वे एक से चार तक एक नोटिस लटका देते थे, 'सो रहा हूँ।' जब संसद पर उनकी कृपा होती, वे चार-पाँच बजे घूमते-घामते संसद जाते और हाजिरी-बही पर दस्तखत करके फिर लौट जाते थे।

आरम्भ में मैं संसद में काफी काम करने लगा था और लोगों में यह चर्चा फैलने लगी थी कि मैं मिनिस्ट्री के बहुत नजदीक पहुँच रहा हूँ। यह सब बनारसीदास जी को अच्छा नहीं लगता था। वे मुझे बार-बार समझाते थे कि संसद को समय देना बेकार है। जो सुविधा और सुयोग मिला है, उसका सदुपयोग आराम करने और साहित्य लिखने में कीजिए। मेरा खयाल है, चतुर्वेदी जी के उपदेशों का मुझ पर कुछ-न-कुछ असर जरूर पड़ा। लिहाजा, प्रश्नकाल के बाद मैं भी सदन से गायब रहने लगा और केन्द्रीय हॉल के बजाय ऊपर पुस्तकालय में ज्यादा बैठने लगा।

चतुर्वेदी जी ने आलसी और आरामतलब बनने का उपदेश मुझे इतनी बार दिया कि उसका प्रसंग मेरी एक कविता में भी आ गया है :

वृथा फँसे हम सब, बनारसीदास सदा कहते हैं—
जंगल छोड़ कभी योगी क्या शहरों में रहते हैं?
मगर आन ही फँसे अगर तो समय नहीं खोओ रे,
जैसे मैं सोया रहता, तुम भी सुख से सोओ रे।

चतुर्वेदी जी को पुस्तकें जुगाने का मोह नहीं है, किन्तु चिट्ठियाँ जुगाने का उन्हें रोग है। वे सफाई से रहने पर खर्च नहीं करते, खर्च करते हैं अलमारियाँ और ट्रंक खरीदने पर, जिनमें चिट्ठियों के पुलिंदे बन्द रहते हैं। उनके पास पुराने साहित्यकारों से लेकर नये से नये लेखकों और कवियों के पत्र हिफाजत से रखे हुए हैं। उनके पास गांधी जी, श्री निवास शास्त्री, एंड्रूज, रोम्याँ रोलाँ, पंडित महावीरप्रसाद द्विवेद्वी, पंडित पद्मसिंह शर्मा और डॉक्टर राजेन्द्र प्रसाद के भी पत्र हैं और इन पत्रों को वे अपनी सबसे बहुमूल्य सम्पत्ति मानते हैं।

पत्र तो चतुर्वेदी जी खूब जुगाते हैं, मगर वे यह भी जानते हैं कि सभी पत्र जुगाने के लायक नहीं होते। सन् 1938 ई. का उनका एक पत्र मेरे पास है, जिसमें उन्होंने लिखा था :

"थोरो को जिन्दगी में कुल दो चिट्ठियाँ ऐसी मिली थीं, जिन्हें दरअसल वह कीमती समझता था। मुझे भी बस दो ही पत्र ऐसे मिले हैं, जिनकी मैं कद्र

करता हूँ। चौदह हजार मील दूर बैठी एक महिला को मैंने काव्यमयी भाषा में लिखा था : 'क्या रात को आप गाना गाती हैं? मुझे यहाँ नींद नहीं आती।' उसने जवाब दिया था, 'हाँ, वायोलिन और मेंडोलिन बजाती हूँ। मुझे हर्ष है कि आप इतनी दूर से सुन लेते हैं।'"

मैं भी मानता हूँ कि यह पत्र कीमती है और जुगाने लायक भी। मगर दूसरा पत्र कौन था, यह राज चतुर्वेदी जी ने मुझसे भी छिपा लिया। शायद उसमें ज्यादा खुफिया बातें रही होंगी।

बनारसीदास जी के रहन-सहन में सफाई नहीं है, मगर एक शौक उनका काफी खर्चीला है। वे सिर में जवाकुसुम का तेल रोज डालते हैं या शायद दिन में दो बार डालते हैं।

पंडित बनारसीदास जी द्वारा लिखित जो पहली पुस्तक मैंने पढ़ी थी, वह थी कविरत्न सत्यनारायण जी की जीवनी। यह जीवनी बड़े परिश्रम से तैयार की गई थी और हिन्दी में उसका महत्त्व मैं काफी बड़ा समझता हूँ। उन्होंने भारत-भक्त एंड्रूज की जीवनी हिन्दी और अँगरेजी, दोनों ही भाषाओं में लिखी है। इसी प्रकार चतुर्वेदी जी ने जीवन-चरित रानाडे और केशवचन्द्र सेन के भी लिखे हैं।

चतुर्वेदी जी को संस्मरण और रेखाचित्र लिखने में भी कमाल हासिल है। रेखाचित्र, संस्मरण और हमारे आराध्य—उनके ये तीनों ग्रन्थ काफी उच्च कोटि के हैं।

अखिल भारतीय कांग्रेस महासमिति के अन्तर्गत विदेश-विभाग खुलवाने में बनारसीदास जी का बहुत बड़ा हाथ था। पीछे कांग्रेस की ओर से प्रवासी भारतीयों की स्थिति का अध्ययन करने को वे पूर्वी अफ्रीका भी गए थे। यात्रा के विषय पर उनकी दो पुस्तकें हैं—एक, अफ्रीका के बारे में; दूसरी, रूस के बारे में। उनकी एक पुस्तक है : 'फिजी में मेरे इक्कीस वर्ष'। इससे लोगों को अनुमान होता है कि चतुर्वेदी जी फिजी भी गए थे। किन्तु चतुर्वेदी जी खुद फिजी नहीं गए हैं। यह पुस्तक चतुर्वेदी जी ने पं. तोताराम सनाढ्य की ओर से लिखी है, जो फिजी में इक्कीस वर्ष रहकर भारत आए थे।

'फिजी में मेरे इक्कीस वर्ष' पुस्तक ने एक समय तहलका मचा दिया था। गुजराती में उसके अलग-अलग चार अनुवाद प्रकाशित हुए थे। इस पुस्तक के अनुवाद मराठी और बंगला में भी निकले थे। कहते हैं, इसी पुस्तक से प्रेरणा पाकर राष्ट्रकवि मैथिलीशरण जी गुप्त ने 'किसान' काव्य की रचना की थी और सुभद्राकुमारी चौहान के पति लक्ष्मणसिंह चौहान ने 'कुली-प्रथा' नाम का नाटक लिखा था। दीनबन्धु एंड्रूज ने इस किताब का अँगरेजी में अनुवाद किया था।

श्री जयप्रकाश नारायण ने यह पुस्तक बचपन में पढ़ी थी और उससे वे काफी प्रभावित हुए थे।

बनारसीदास जी ने कोई बाईस वर्षों तक प्रवासी भारतीयों की सेवा ऐसी निष्ठा से की कि गांधी जी, एंड्रूज, श्रीनिवास शास्त्री आदि नेताओं के वे प्रिय पात्र हो गए। गांधी जी ने तो यहाँ तक लिख दिया था कि मुझे और एंड्रूज को छोड़कर और कोई भारतीय ऐसा नहीं है, जिसे प्रवासी भारतीय के बारे में उतनी जानकारी हो, जितनी जानकारी बनारसीदास जी को है।

दिल्ली आकर बनारसीदास जी ने संसद का काम तो रत्ती बराबर भी नहीं किया, किन्तु उनके समय का सदुपयोग एक दूसरी दिशा में काफी हुआ। दिल्ली में उन्होंने हिन्दी भवन कायम किया, यह उनकी पहली उपलब्धि है। मगर दूसरी ओर सबसे बड़ी उपलब्धि उनकी यह है कि शहीदों की स्मृति-रक्षा के लिए उन्होंने सत्रह ग्रन्थ और विशेषांक निकलवाए। चतुर्वेदी जी गांधी जी के पास रहे थे, गुरुदेव रवीन्द्रनाथ के पास रहे थे, कांग्रेस में प्रवासी भारतीयों का विषय उनके पास था, किन्तु जेल वे नहीं गए थे। वे कहते हैं कि इसी पाप के प्रायश्चित्त के लिए मैं शहीदों का श्राद्ध कर रहा हूँ। शहीद रामप्रसाद बिस्मिल की बहन और भगतसिंह की माता की उन्होंने काफी सेवा की। उन्होंने ऐसे मृत और जीवित अनेक शहीदों के नामों को चमकाने का प्रयास किया, जिन्हें लोग भूलने लगे थे।

पुस्तकें चतुर्वेदी जी ने थोड़ी लिखी हैं। उनके बहुत-से लेख हैं, जो पुस्तकों में संकलित नहीं हुए हैं। इसके सिवा, हिन्दी में उनकी योजनाएँ भी बहुत छपी हैं—वसन्तोत्सव मनाने की योजना, जनपदीय भाषाओं के उद्धार की योजना, घासलेटी साहित्य के बहिष्कार की योजना और हिन्दी साहित्य के प्रचार की योजना। योजनाओं के साथ चतुर्वेदी जी का नाम इतना सट गया है कि नागार्जुन जी ने उन्हें 'योजना-बिहारी महास्थविर' की उपाधि ही दे डाली है।

बनारसीदास जी का हृदय निश्छल, व्यवहार शालीन और करुणा अथाह है। वे शरीर से कहाँ रहते हैं, इस बात की चिन्ता उन्हें सताती ही नहीं। मन उनका हमेशा ऊँचे धरातल पर रहता है। गोर्की और टॉल्स्टॉय, थोरो और एमर्सन, रोम्याँ रोलाँ और प्रिंस क्रोपाटकिन तथा गांधी और रवीन्द्र उनके आराध्य हैं। इन चिन्तकों के सतत अभ्यास से उनका बौद्धिक व्यक्तित्व अराजकवादी हो गया है और अपने व्यक्तित्व का यह रूप उन्हें पूर्ण रूप से पसन्द है। मगर अराजकवादी होते हुए भी वे गांधी और मार्क्स—दोनों को प्यार करते हैं। उनका अराजकवाद उनके प्रेम के विस्तार के लिए है। यह वह दर्शन है, जिसका सहारा लेकर वे हर

खूबसूरती पर रीझते रहते हैं, गरचे देखनेवालों को उनके भीतर विरोधी आचरण भी दिखाई देते हैं, मगर विरोध कहीं है नहीं। अराजकवाद अराजकवाद है।

चतुर्वेदी जी मेरे पूज्य और वरेण्य हैं। मैंने केवल साहित्य में ही नहीं, वैयक्तिक जीवन में भी उनके उपदेशों से लाभ उठाया है। दो-एक बार उन्होंने मुझे गलत निर्णय लेने से भी रोका है। उनके रोष और तोष, दोनों को मैं जानता हूँ, मगर उनके चरित्र में कोई छिद्र मुझे दिखाई नहीं पड़ा है। इसलिए जब वे यह लिखते हैं कि :

'अपनी त्रुटियों को मैं कभी नहीं छिपाता। मैंने बापू को अपने सारे अनाचार लिख भेजे थे :

दोस्त मेरा मुँह न देखें,
उनको गर मालूम हो,
उनसे क्या कहता रहा,
और आप क्या करता रहा।'

तो यह रहस्य मेरी समझ में नहीं आता है।

पंडित किशोरीदास बाजपेयी

13-14 अप्रैल, 1968 ई. को गुरुकुल महाविद्यालय ज्वालापुर का वार्षिक समारोह था। विद्वानों की अच्छी-खासी भीड़ थी। उस दिन गुरुकुल में किशोरीदास जी बाजपेयी भी पधारे थे। भारत सरकार के सूचना व प्रसारण मंत्री श्री के.के. शाह से बाजपेयी जी को मिलाते हुए मैंने कहा, "आप हिन्दी के विख्यात विद्वान और लेखक आचार्य किशोरीदास जी बाजपेयी हैं।"

मैंने समझा, परिचय कराने का काम पूरा हो गया; किन्तु कोई बात बाजपेयी जी के मन में खटकती रही। जब हम लोग खाने की पंगत में बैठे, बाजपेयी जी बोल उठे, "मेरा परिचय अधूरा रह गया। असल में मैं हिन्दी भाषा और साहित्य का डॉक्टर लोहिया हूँ।"

मैं मानता हूँ कि बाजपेयी जी का आत्मज्ञान सही है। वे साहित्य के डॉक्टर लोहिया हैं। डॉक्टर लोहिया राजनीति में धक्कामार भाषा का प्रयोग करते थे। बाजपेयी जी की भी भक्ति धक्कामार भाषा पर है। लोहिया स्थापित व्यक्तित्वों का विरोध करके आगे बढ़े थे। बाजपेयी जी भी साहित्याचार्य शालिग्राम शास्त्री और पंडित पद्‌मसिंह शर्मा का विरोध करके प्रसिद्ध हुए। डॉक्टर लोहिया के ही समान बाजपेयी जी भी अन्याय को नहीं सह सकते और जहाँ-जहाँ कीर्ति की पूँजी जमा है, उस दिशा की ओर जरा वक्र दृष्टि से देखते हैं।

एक मुस्कान ऐसी भी होती है, जो केवल प्रसन्नता की ही सूचना नहीं देती, उसके भीतर एक प्रकार का आत्मविश्वास भी दमकता है, उसके पीछे से कोई हलका-सा व्यंग्य भी झलक मारता है। पंडित किशोरीदास जी बाजपेयी के होंठों पर ऐसी मुस्कान आप अक्सर देख सकते हैं। सच पूछिए, तो इस मुस्कान के सिवा बाजपेयी जी के व्यक्तित्व की और कोई दृश्य-विशेषता मेरी पकड़ में नहीं आई है। आदमी वे सीधे-सादे और आडम्बरहीन हैं। उनके पहनावे-ओढ़ावे और रहन-सहन में ऐसी कोई बात नहीं है, जो उन्हें गाँव के लोगों से अलग कर सके। तब भी, विख्यात वे अपनी सादगी के लिए नहीं हैं। हिन्दी-संसार उन्हें तार्किक

के रूप में जानता है, शास्त्रार्थी और भाषा के आचार्य के रूप में जानता है और अनेक लोग, प्रसन्न अथवा अप्रसन्न होकर, उनके अस्तित्व को इसलिए स्वीकार करते हैं कि बाजपेयी जी में वह कठोर सत्यप्रियता और निर्भीकता कूट-कूटकर भरी है, जिसे यह देश निःस्व ब्राह्मण का सर्वस्व समझता आया है।

'साहित्य-दर्पण' की विमला टीका और पं. पद्मसिंह शर्मा के 'संजीवन-भाष्य' को लेकर जिन दिनों बाजपेयी जी सारे साहित्य-संसार में हलचल मचा रहे थे, उन दिनों साहित्य की दुनिया में हम लोगों की आँख ठीक से नहीं खुली थी। तब भी इतना तो हमारी पीढ़ी को भी महसूस हो गया था कि पं. किशोरीदास जी बाजपेयी साहित्य के उद्‌भट विद्वान हैं और जिसकी भी, होश-हवास के साथ, साहित्य में काम करने की इच्छा हो, उसे बाजपेयी जी के निबन्धों को ध्यानपूर्वक पढ़ना चाहिए। बाद को बाजपेयी जी ने साहित्य का व्याकरण समझाना छोड़कर भाषा का व्याकरण समझाना आरम्भ किया और इस क्षेत्र में पदार्पण करते ही वे व्याकरण के आचार्य के रूप में प्रसिद्ध हो गए।

इन बातों के हो जाने के बहुत बाद यानी जब हम लोग बाजपेयी जी की कीर्ति से खूब प्रभावित हो चुके थे, तब शायद, 1949 या 1950 ई. में मैंने पहले-पहल उनके दर्शन पटना के श्री वैद्यनाथ आयुर्वेद भवन के प्रांगण में किए, जब बाजपेयी जी अपने सम्मान में आयोजित साहित्यिकों की एक गोष्ठी में भाषण दे रहे थे। बाजपेयी जी के ठीक शब्द तो मुझे याद नहीं हैं, लेकिन और बातों के साथ उन्होंने यह भी कहा था कि रहस्यवाद नकली काव्य होता है। उनके ध्यान में, शायद प्रेमाख्यान के माध्यम से रहस्यवाद निरूपित करनेवाले कवियों का काव्य था। दूसरी बात उन्होंने यह कही थी कि हिन्दी में पूछ केवल कवियों की होती है, अन्य लेखकों और विद्वानों की ओर लोगों का ध्यान बहुत कम जाता है। बाजपेयी जी के शब्द मुझे याद नहीं हैं, किन्तु अपनी प्रतिक्रिया मुझे याद है। रहस्यवादी परम्परा का विरोध बहुत-से बुद्धिवादियों ने किया है, इसलिए मैंने समझा, बाजपेयी जी सुलझे मस्तिष्क के बुद्धिवादी चिन्तक हैं। किन्तु कवियों की कीर्ति से जलने की बात मुझे अच्छी नहीं लगी। व्याकरण, निरुक्त, भाषाविज्ञान और अलंकार शास्त्र-जैसे गम्भीर विषयों में दक्षता का परिचय देने वाले विद्वान यदि जनसाधारण के बीच प्रसिद्ध होना चाहें, तो गहन विद्याओं के लिए यह शुभ सूचना नहीं है। जो पंडित आज कवियों की कीर्ति से जलता है, वह आगे चलकर नरगिस और राजकपूर की कीर्ति को भी काम्य मान सकता है। तो क्या वैयाकरण और निरुक्तकार को उसी प्रकार लोकप्रिय होना चाहिए, जैसे कवि, गायक और अभिनेता हुआ करते हैं?

मेरा खयाल है, बाजपेयी जी कवियों की श्रेणी में बैठकर सन्तोष नहीं पाएँगे क्योंकि जो शास्त्रज्ञ हैं, वे कवियों को शास्त्रभ्रष्ट समझते हैं—शास्त्रेषु भ्रष्टाः कवयो भवन्ति। और यह भी ठीक है कि कवियों और अभिनेताओं की कीर्ति से उन्हें ईर्ष्या नहीं है। तब भी, रह-रहकर वे उस भाषा में, जिसे डॉक्टर हजारीप्रसाद जी द्विवेद्वी ने 'धक्कामार' कहा है, हिन्दी वालों को यह बताने से बाज नहीं आते कि तुमने मेरा साहित्य ठीक से नहीं पढ़ा।

और, दुर्भाग्यवश, यह आक्षेप बिलकुल ठीक है। पंडित महावीरप्रसाद जी द्विवेद्वी के बाद हिन्दी भाषा के संस्कार की जितनी चिन्ता बाजपेयी जी को रही है, उतनी चिन्ता किसी और विद्वान को नहीं रही। उनके द्वारा विरचित 'ब्रजभाषा का व्याकरण' नामक ग्रन्थ को पंडित अम्बिका प्रसाद जी बाजपेयी ने हिन्दी के व्याकरणों का व्याकरण बताया था, किन्तु उस व्याकरण का सम्यक् प्रचार नहीं हुआ। 'राष्ट्रभाषा का प्रथम व्याकरण', 'हिन्दी निरुक्त', 'अच्छी हिन्दी' और 'अच्छी हिन्दी का नमूना'—ये छोटे-छोटे ग्रन्थ भी इतने उपयोगी हैं कि उनका प्रचार हो, तो हिन्दी भाषा में दुष्प्रयोगों की बाढ़ रुक जाए। किन्तु ये ग्रन्थ छात्रों के बीच पहुँचाए नहीं जाते, जहाँ ढेर-के-ढेर नौजवान शुद्ध भाषा लिखने का अभ्यास कर रहे हैं। बाजपेयी जी ने बार-बार यह शिकायत की है कि हिन्दी के प्राध्यापक और वैयाकरण लोग उनकी पुस्तकों के अंश अपनी पुस्तकों में छाप देते हैं, किन्तु सौजन्य के हित में इतना भी नहीं करते कि मूल चिन्तक का नामोल्लेख कर दें। एक विचित्र बात यह भी हुई कि जब 'राष्ट्रभाषा का प्रथम व्याकरण' प्रकाशित हुआ, एक बहु-प्रशंसित पत्र ने उसकी आलोचना करते हुए यह बात लिख दी कि 'प्रारम्भिक श्रेणियों के लिए यह व्याकरण लिखा गया है, पर क्लिष्ट हो गया है।' कोई आश्चर्य नहीं कि बाजपेयी जी की फटकार ज्यादातर उन्हीं को सुननी पड़ी है, जो भाषा के अग्रणी आचार्य हैं।

यदि कामचलाऊ ज्ञान के लिए सीखी जाए, तो हिन्दी से अधिका आसान और कोई भाषा नहीं है। किन्तु इसके मुहावरों और प्रयोगों में दक्षता पानेवाले लोग बड़े लेखकों में भी बहुत कम हैं। दाग़ ने उर्दू के बारे में कहा था :

नहीं सह्ल अय दाग़, यारों से कह दो
कि आती है उर्दू ज़बां आते-आते।

और वही बात हिन्दी पर भी लागू होती है। फर्क यह है कि उर्दू में अभी हाल तक यह परम्परा थी कि शब्दों या मुहावरों का कोई यदि दूषित प्रयोग करे तो साहित्य में बावेला मच जाता था, किन्तु हिन्दी में यह परम्परा केवल तभी तक

रही, जब तक आचार्य द्विवेद्वी जी कार्य-क्षेत्र में विद्यमान थे। उनके बाद से स्थिति दिनोंदिन बिगड़ती गई है, यहाँ तक कि अब कोई भी किसी को अपना गुरु या पथ-प्रदर्शक मानने को तैयार नहीं है। इस स्थिति को और लोग चाहे चुप रहकर बर्दाश्त कर लें, किन्तु बाजपेयी जी उसे बर्दाश्त नहीं कर सकते। किन्तु जब वे देखते हैं कि उनके बार-बार प्रयत्न करने पर भी हिन्दी के प्राध्यापक और विद्वान बाजपेयी जी की पुस्तकों की उपेक्षा करते हैं, तब उनका मन खट्टा हो जाता है। 'साहित्य मैं वानप्रस्थ-आश्रम में पहुँचकर दूँगा', 'अब मैं साहित्य लिखना छोड़कर चाय की दुकान करूँगा'–ये भी धक्कामार नारे हैं, जिन्हें हिन्दीवालों को सुनाकर बाजपेयी जी यह कहना चाहते हैं कि मुझसे जो काम लेना हो, ले लो, नहीं तो सारी चीजें मेरे साथ विदा हो जाने वाली हैं।

बाजपेयी जी की पुकारों का असर नहीं हुआ हो, ऐसी बात नहीं है। कुछ हम-जैसे सामान्य लेखक हैं, जो अपना भ्रम दूर करने के लिए बाजपेयी जी की पुस्तकों में प्रमाण खोजते हैं। कुछ दूसरे प्रकार के लोग हैं, जो उनकी पुस्तकें पढ़कर अपनी पुस्तकें तैयार करते हैं। और कुछ राहुल जी तथा स्वर्गीय अमरनाथ झा के समान लोग थे, जो यह चाहते थे कि बाजपेयी जी की साधना का पूरा सार हिन्दी को लिखित रूप में प्राप्त हो जाए। 'हिन्दी शब्दानुशासन' नामक बृहत् ग्रन्थ ऐसे ही महापुरुषों की प्रेरणा से पूरा लिखा जा सका। किन्तु अभी बहुत-सी चीजें हैं, जो लिखी नहीं गईं और जिनका निर्माण श्री किशोरीदास जी बाजपेयी बड़ी ही सफलता के साथ कर सकते हैं। राहुल जी का यह अर्थपूर्ण वाक्य किसके कलेजे को नहीं सालेगा कि 'बाजपेयी जी पाँच-पाँच बड़ी जिल्दों में हिन्दी को निर्वाचनात्मक कोश दे सकते हैं, पर उसकी जगह वे 'हिन्दी निरुक्त' के रूप में उसकी भूमिका भर ही लिख सके हैं!'

2

बाजपेयी जी के लेखन में ऐसी कितनी ही विलक्षणताएँ हैं, जो अन्यत्र नहीं मिलतीं। उदाहरणार्थ, वे 'तैयार' नहीं, 'तयार' लिखते हैं; 'खोदेगी' नहीं, 'खो देगी' लिखते हैं। इसी प्रकार उनका नियम 'होगी' के बदले में 'हो गी', 'चलेगा' के बदले 'चले गा' और 'मानेगा' के बदले 'माने गा' लिखने का है।

बाजपेयी जी का दृढ़ विचार है कि विभक्तियाँ शब्दों से हटाकर लिखी जानी चहिए; किन्तु 'कुछ लोग विभक्तियों को प्रकृति से सटाकर लिखा करते हैं।' लिखा तो करते हैं, 'परन्तु, बी.ए. में अनुत्तीर्ण हो गया' जैसी जगह गड़बड़ा जाते हैं।'

बाजपेयी जी पूछते हैं, 'यहाँ विभक्ति मिलाकर क्यों नहीं लिखते? लिख ही नहीं सकते। तब वह सिद्धान्त कहाँ रहा?'

बाजपेयी जी के अनुसार 'हाल ही में' लिखना गलत, 'हाल में ही' लिखना ठीक है। वे 'छः' लिखना भी गलत समझते हैं। इसके बदले 'छह' को वे शुद्ध मानते हैं, क्योंकि बहुबचन बनाने में 'छह' से ही 'छहों' बन सकता है, 'छः' से तो कुछ बनेगा ही नहीं।

संस्कृत के धुरंधर पंडित होने पर भी बाजपेयी जी संस्कृत-व्याकरण के नियमों को हिन्दी के लिए अपरिहार्य नहीं समझते। उनका कहना है कि हिन्दी के अपने भी नियम हैं और अक्सर वे संस्कृत के नियमों की अपेक्षा अधिक सरल और सुबोध हैं। 'हिन्दी ने अपना व्याकरण, प्रायः, संस्कृत व्याकरण के आधार पर ही बनाया है, क्रिया-प्रवाह एकान्त संस्कृत व्याकरण के आधार पर है, पर कहीं मार्ग-भेद भी है। मार्ग-भेद वहीं हुआ है, जहाँ हिन्दी ने संस्कृत की अपेक्षा सरलतर मार्ग ग्रहण किया है।'

वर्षों से बाजपेयी जी हिन्दी वालों को यह सुझाते आ रहे हैं कि 'राष्ट्रिय' लिखना हिन्दी की धारा के अनुकूल नहीं है। हिन्दी के लिए साधु प्रयोग 'राष्ट्रीय' ही होगा। कई लोग संस्कृत के प्रभाव में आकर 'अन्तर्राष्ट्रीय' भी लिखते हैं। बाजपेयी जी इस 'अन्तरराष्ट्रिय' को भी हिन्दी की प्रकृति के विरुद्ध मानते हैं और इसी प्रकार वे 'अन्तर्राष्ट्रीय' को भी गलत समझते हैं। राष्ट्रीय के पक्ष में उनकी दलील यह है कि 'हिन्दी में सदा तद्धित ईय चलता है—भारतीय, प्रान्तीय, केन्द्रीय, आदि। इसी तरह, हमारे यहाँ राष्ट्रीय है।' उनके विचार से अन्तर्राष्ट्रीय लिखना अशुद्ध प्रयोग है क्योंकि जिस अर्थ के लिए हम इस शब्द का प्रयोग करते हैं, वह अर्थ 'अन्तर्' में नहीं, 'अन्तर' शब्द में है। अतएव, शुद्ध प्रयोग 'अन्तरराष्ट्रीय' होगा। यदि बाजपेयी जी की पुस्तकें, हम ध्यान से पढ़ते, तो 'आन्तर-भारती' की जगह 'अन्तर-भारती' और 'अन्तःप्रांतीय' की जगह 'अन्तर-प्रांतीय' का प्रचलन आसानी से हो जाता।

ऐसी ही एक कठिनाई राजनीतिक को लेकर भी है। बाजपेयी जी लिखते हैं, 'हिन्दी में सर्वत्र नैतिक, बौद्धिक, सैद्धान्तिक आदि शब्द चलते हैं। उसी तरह 'राजनैतिक' चल रहा था। परन्तु, काशी के किसी विद्वान ने कह दिया कि संस्कृत में 'राजनीतिक' होता है, इसलिए हिन्दी में 'राजनैतिक' गलत। विप्लव खड़ा हो गया। बड़े-बड़े विद्वान भी 'ऐतिहासिक' को 'इतिहासिक' लिखने लगे। हिन्दी में अन्य शब्दों की तरह एक पटरी पर 'राजनैतिक' का भी चलना लोगों को अच्छा नहीं लगा। संस्कृत में वैसा नहीं है। पूछो, हिन्दी और संस्कृत में कुछ भेद है कि नहीं?'

'अन्तर' और 'आन्तर' का भ्रम महाराष्ट्र और गुजरात में अधिक दिखाई पड़ रहा है। अपने बृहत् ग्रन्थ 'हिन्दी शब्दानुशासन' में इस विषय का जिक्र करते हुए बाजपेयी जी ने लिखा है, 'आन्तर भाषा का अर्थ हुआ अन्दर की भाषा, भीतर की भाषा। क्या मतलब? अन्तर-प्रान्तीय भाषा तो हिन्दी है ही... परन्तु आन्तर भाषा का तो कोई अर्थ ही नहीं हुआ।'

'अच्छी हिन्दी' और 'अच्छी हिन्दी का नमूना'—इन दोनों ग्रन्थों को मैं अत्यन्त उपयोगी समझता हूँ। जो भी नौजवान हिन्दी में गद्य या पद्य लिखने का अभ्यास कर रहे हैं, उन्हें ये दो ग्रन्थ हमेशा अपने साथ रखने चाहिए। और ये ग्रन्थ यदि सिद्ध लेखकों की मेज पर रहें, तो इससे उन्हें भी हानि नहीं, लाभ ही होगा।

बाजपेयी जी वैयाकरण तो हैं ही, उन्होंने हिन्दी की प्रकृति का बड़ा ही गम्भीर अध्ययन किया है। व्याकरण-सम्मत भाषा भी बेमेल शब्दों के आने से दूषित हो जाती है; किन्तु बेमेल शब्द क्या है, इसे सभी लेखक भी नहीं जानते। बाजपेयी जी ने अपनी पुस्तकों में अनेक उदाहरण देकर इस विषय को स्पष्ट बनाने की चेष्टा की है : 'पांडित्य' के साथ 'चातुर्य' अच्छा रहेगा, 'चतुरता' नहीं और 'चतुरता' के जोड़ में 'पंडितता' बहुत भद्दा हो जाएगा। 'पंडिताई' की रूढ़ि, प्रायः 'पौरोहित्य' अर्थ में हो गई है, इसलिए 'पांडित्य' का ही अधिक चलन है। 'चतुरता' आदि की जगह 'चतुरत्व' भी प्रचलित नहीं है। 'महत्ता' आदि में 'अत्ता' कर्ण-कटु मालूम देता है। उसकी जगह 'महत्त्व' अच्छा है। 'विद्वत्ता' की जगह 'वैदुष्य' हिन्दी जनता के लिए अपरिचित-सा लगेगा।'

किन्तु अब तो ऐसे विद्वान कई हैं, जो 'वैदुष्य' लिखे बिना सन्तोष नहीं मानते।

शब्दों के सुप्रयोग की जो कसौटी बाजपेयी जी ने बनाई है, उस पर हिन्दी के लेखक और कवि खरे नहीं उतरते, ऐसा बाजपेयी जी का विचार है। 'शब्द के इस सुप्रयोग का महत्व अभी तक, कम-से-कम, हिन्दी में समझा नहीं गया है। और तो क्या, हिन्दी के कविजन भी शब्द के सुप्रयोग से अभी दूर हैं। वस्तुतः, हिन्दी-साहित्य का यह बाल्यकाल है।'

बात तो यह दिल तोड़ने वाली है, किन्तु बाजपेयी जी ने कई उदाहरण ऐसे दिये हैं, जिनसे हमारा मुँह बन्द हो जाता है। किसी कवि ने 'अभिमन्यु-वध' नामक काव्य लिखा है। बाजपेयी जी कहते हैं, 'यहाँ 'वध' शब्द ने सब गुड़-गोबर कर दिया। साहित्य-परम्परा में 'वध' शब्द का प्रयोग ऐसी जगह देखने में आता है, जहाँ 'कर्म' कोई दुष्ट, राक्षस आदि हो, जैसे—रावण-वध, कंस-वध, जरासंध-वध आदि। 'अभिमन्यु-वध' शब्द देखकर भावना दूसरी हो जाती है। क्या अभिमन्यु राक्षस थे?'

किन्तु, बात एक इसी काव्य पर खत्म नहीं होती। बाजपेयी जी ने अपनी पुस्तक में एक और काव्य का जिक्र किया है, जिसका नाम 'गांधी-वध' है और लिखा है कि गांधी जी के देहान्त के समय समाचार-पत्रों ने बड़े-बड़े मोटे शीर्षकों में 'महात्मा गांधी का वध'–यह समाचार छापा था। यही नहीं, जब स्वतंत्रता का एक वर्ष पूरा हो गया, तब एक जिला कांग्रेस कमेटी ने उसकी 'वर्षगाँठ' नहीं, 'वरसी' मनाई थी।

ये सारे उदाहरण दुष्प्रयोग के हैं और दुष्प्रयोगों के उदाहरण केवल नये कवियों और लेखकों में ही नहीं मिलते, उनकी कुछ बानगी प्रौढ़ साहित्यिकों की कृतियों में भी मिल जाती है। अच्छे-अच्छे लोग 'स्रष्टा' की जगह 'सृष्टा' और 'द्रष्टा' की जगह 'दृष्टा' लिखते हैं। इतना ही नहीं, लोग सन्धि के सामान्य नियमों को प्रायः इस सफलता के साथ भूल गए हैं कि वे 'अन्तश्चक्षु' के बदले 'अन्तर्चशु' लिखते हैं और हमेशा यह मानते हैं कि उन्होंने ठीक ही लिखा है। किन्तु यह कहना ठीक नहीं है कि हिन्दी साहित्य का यह बाल्यकाल है। हिन्दी के कितने ही लेखक और कवि शब्दों के सुप्रयोग में अद्‌भुत दक्षता का प्रमाण देने लगे हैं :

नाकर्दा गुनाहों की भी हसरत की मिले दाद,
या रब! अगर इन कर्दा गुनाहों की सजा है।

3

अपनी छोटी-सी पुस्तक 'साहित्य-निर्माण' में बाजपेयी जी ने साहित्य का जो विवेचन किया है, उससे साहित्य-सम्बन्धी उनके विचार बड़ी ही सुस्पष्टता से सामने आते हैं। शैली-पक्ष में उनका सबसे अधिक जोर ध्वनि और औचित्य पर है। भाव-पक्ष में वे उस साहित्य को श्रेष्ठ समझते हैं, जिसका कोई निश्चित उद्‌देश्य है, जिसका उपयोग जातियों के जगाने के निमित्त, उनके भीतर बल, पौरुष, शक्ति और साहस संचरित करने के लिए किया जा सकता है। इसके विपरीत, जिस साहित्य से अकर्मण्यता और आलस्य फैलता हो, रसिकता और आनन्दप्रियता में वृद्धि होती हो, उसे बाजपेयी जी सर्वथा त्याज्य समझते हैं :

'भारतीय पद्धति में काव्य को एक अत्यन्त उपयोगी कला का रूप प्राप्त है– 'शिवेतरक्षतये' या 'शिवसम्पादनाय'। इसका उपयोग उद्‌घोषित है, अर्थात जनता की कलुषित भावनाएँ–अशिव भावनाएँ–दूर करने में काव्य की उपयोगिता स्वीकृत है। शिवाराधन इसका काम है। यह दूसरी बात है कि आत्मरक्षा के उद्‌देश्य से बनाई गई तलवार से कोई आत्महत्या कर ले।'

उद्धरण का अन्तिम वाक्य बड़ा ही अर्थपूर्ण है। बाजपेयी जी की कसौटी टॉल्स्टॉय और इकबाल की कसौटियों से मिलती-जुलती है। यही नैतिकता का वह निकष है, जिस पर कसकर टॉल्स्टॉय ने शेक्सपियर का अनादर कर दिया, फ्लाउबेयर की गिनती अशिव के प्रचारकों में कर दी। और इसी कसौटी पर कसकर इकबाल ने हाफिज की गजलों को अग्राह्य बताया था, 'हाफिज की गजलों से भागो, यह वह गुलाब है, जिसके भीतर साँप छिपे हुए हैं।'

किन्तु जिस प्रकार टॉल्स्टॉय और इकबाल ने अपना मत बड़े ही जोर से रखा, उसी प्रकार ऐसे मतों का खंडन क्रोचे ने बड़ी ही निर्ममता से किया है, 'कला की कृतियों से अनाचार फैलता हो, तब भी राज्य को चाहिए कि वह कलाकारों की स्वाधीनता पर रोक न लगाए। हाँ, समाज के आचारों को ठीक रखने के लिए सरकार अधिक पुलिस का बन्दोबस्त कर सकती है।'

लेकिन सामाजिक आचारों की पुलिस का नाम गांधी और दयानन्द होता है। क्या मनचाही संख्या में गांधी और दयानन्द तैयार करना सरकारों के वश की बात है? स्पष्ट ही, यहाँ हम दो अतिवादी मतों के संघर्ष में हैं। रवीन्द्रनाथ का मत, शायद इन दोनों मतों के लगभग बीच में है, यद्यपि झुकाव उनका भी क्रोचे की ओर कुछ अधिक है। रवीन्द्रनाथ कला को व्यक्तित्व की अभिव्यक्ति मानते हैं, किन्तु जब तक मनुष्य उपयोग के घेरे में है, वह व्यक्तित्वशाली नहीं कहा जा सकता। सिपाही का उपयोग मरने-मारने में है, किन्तु यह उसका व्यक्तित्व नहीं है। व्यक्तित्वशाली वह तब होता है, जब वह बाजे पर नाच-नाचकर कवायद करता है। स्पष्ट ही, जो सिपााही बाजों की धुन पर नाचने में मस्त है, उसे दुश्मन आसानी से मार देंगे। जो देश कला और संस्कृति की बारीकियों में चला जाता है, लड़ाई में वह अक्सर हार जाता है। फ्रांस की हार इसी कारण हुई थी। स्वयं भारत की पराजय का कारण भी यही संस्कृति-प्रियता और कोमल भावों की साधना रही है। तो किया क्या जाए? चूँकि चारों ओर जानवर घूम रहे हैं, इसलिए हम भी क्या पशुत्व को कायम रखें? बाजपेयी जी का उत्तर स्वीकारात्मक होगा।

वैदिक सभ्यता प्रवृत्तिमूलक और आशा-उमंग से परिपूर्ण थी। निवृत्ति, अहिंसा, वैराग्य और कृच्छ्र साधना की परिपाटी उपनिषदों में जनमी तथा महावीर और बुद्ध ने उस परिपाटी को अति तक पहुँचा दिया। उन्नीसवीं सदी में भारत में जो महाजागरण आरम्भ हुआ, उसका झुकाव वेदों की ओर अधिक, उपनिषदों तथा जैन एवं बौद्ध साधनाओं की ओर कम रहा है। श्री किशोरीदास जी बाजपेयी पर इस सांस्कृतिक जागरण का पूरा प्रभाव परिलक्षित होता है। 'मानवधर्म-मीमांसा' नाम से उन्होंने जो संक्षिप्त आचारशास्त्र—एथिक्स—लिखा है, उसमें वैदिक-संस्कृति

के पोषक भाव बड़े ही ओज के साथ प्रकट हुए हैं। परम धर्म तो अहिंसा अवश्य है, किन्तु हिंसा सदैव पाप नहीं होती, विशेषतः तब जब किसी व्यक्ति या समाज पर आत्मरक्षा की लाचारी आ पड़ी हो :

'इस जगह हिंसा धर्म है। जो सिपाही जितने अधिक आततायियों को काटता-मारता है, उसे राष्ट्र उतना ही अधिक यश देता है और पुरस्कृत करता है यानी उसने जो हिंसा की, उसे हमने एक बड़ा धर्म समझा।' गीता के 'कर्मण्यकर्म यः पश्येत्' वाले श्लोक का भावार्थ बताते हुए बाजपेयी जी लिखते हैं कि 'जो व्यक्ति देश, काल तथा पात्र की स्थिति के अनुसार अहिंसा तथा सत्य आदि का व्यवहार किसी समय उचित नहीं भी समझता है और अकर्म-अकर्तव्य–हिंसा और चालबाजी को कर्तव्य समझकर ग्रहण करता है, वही मनुष्यों में बुद्धिमान है।'

संन्यास को बाजपेयी जी कोई श्रेष्ठ धर्म नहीं मानते। उनका स्पष्ट मत गृहस्थ-धर्म के पक्ष में है :

'गृहस्थाश्रम में जरूर रहना चाहिए, यह मनु ने जोर देकर कहा है। आलसी और कायर लोग 'यदहः विरज्येयत तदहः परिव्रजेत्'–जिस दिन वैराग्य हो जाए, उसी दिन संन्यास ले लें–कहकर अपने-आपको और जनता को धोखा देते हैं।'

वैदिक धर्म को अद्यतन बनाने का तरीका बाजपेयी जी का अपना तरीका है। मंत्र का अर्थ वे मंत्रणा अर्थात् 'खूब अच्छी तरह सोच-विचार' समझते हैं। इसी प्रकार यज्ञ का अर्थ भी उनका अपना ही अर्थ है। यज्ञाग्नि का अर्थ, उनके अनुसार, घृणा, क्रोध, उत्साह और वीरता की आग है, जिसमें हविष् हमें शत्रुओं का डालना है, विरोधियों का डालना है। हाँ, देश को पहली आहुति अपने ही शूरमाओं की देनी पड़ती है। और यज्ञ-पशु का तात्पर्य आततायियों से है :

'आततायी वह, जो हमारे देश को लूटने आए, हमें बर्बाद करने आए, हमें कर्तव्य-भ्रष्ट करने आए और किसी भी तरह नहीं माने। उस शत्रु से निपटना हमारा धर्म है। ऐसे ही पशुओं का वध यज्ञ में आवश्यक है। ऐसे यज्ञ से स्वर्ग मिलता है, मुक्ति मिलती है।'

यह यज्ञ नहीं, राजनीति की गोटी का खेल है। यदि मेकियावेली जीवित होता, वह बाजपेयी जी का आदर अपना श्रेष्ठ भाष्यकार कहकर करता। किन्तु, दुनिया तब से बहुत आगे बढ़ चुकी है। युद्ध मनुष्य के लिए स्वर्ग-द्वार नहीं रहा, वह उसकी विवशता है, लाचारी है। यज्ञ में जौ और घृत जलाने से स्वर्ग भले ही न मिलता हो, किन्तु युद्धाग्नि में मनुष्यों को जलानेवाला राजनीतिज्ञ नरक का ही अधिकारी होता है।

धर्म का सम्बन्ध बाजपेयी जी अध्यात्म अथवा अगोचर तत्त्व से नहीं बिठाते। इन तत्त्वों को वे दर्शन का अंग समझते हैं। धर्म उनके लिए केवल आचार है, केवल सामाजिक कृत्य है :

'धर्म तो लौकिक चीज है। कर्तव्यशास्त्र का ही नाम धर्मशास्त्र है। 'तुम्हारा धर्म क्या है' और 'तुम्हारा कर्तव्य क्या है'–एकार्थक वाक्य हैं।'

और अध्यात्म के साथ रसिकता के मिश्रण के प्रयास को भी वे गलत समझते हैं। इसीलिए, रहस्यवाद उन्हें तनिक भी पसन्द नहीं है : 'सूफी सन्तों ने जो प्रेमकथाएँ लिखी हैं, वे क्या हैं? दिमागी ऐयाशी ही तो हैं। यदि उनके चेलों ने कहा–महाराज! यह क्या? तो उत्तर मिल गया–हमारा इशारा समझो, किधर है? यह तो सन्त से अनन्त की ओर जाने की व्यंजना है। बस, बहक गए लोग।'

केवल रहस्यवाद ही नहीं, कृष्णभक्ति से लिपटी हुई रसिकता भी बाजपेयी जी को पसन्द नहीं है, न सूरदास के साहित्य को वे भक्ति का साहित्य समझते हैं।

चिन्तना स्वच्छ, भाषा में छल नहीं; अपनी दकियानूस मान्यताओं के लिए भी ममता और निर्भीक उत्साह; किन्तु शास्त्र-निरूपण के क्रम में भी आत्मकथा के पन्ने खोल बैठने का मोह और राह चलते लोगों पर भी ऐसे प्रहार कर बैठने की प्रवृत्ति, जो प्रहार टाले जा सकते हैं। ये सारे लक्षण बाजपेयी जी के व्यक्तित्व की किरणें हैं। ये किरणें मन्द पड़ जाएँ तो उनका व्यक्तित्व आकर्षक नहीं रहेगा। बाजपेयी जी पर श्रद्धा हम उनकी विद्या-बुद्धि के लिए भी करते हैं और उस चरपराहट के लिए भी जो उनके स्वभाव की विशेषता है। ब्रजभाषा काव्य के समर्थन में उन्होंने कहीं दोहे की एक पंक्ति उद्धृत की है। वही पंक्ति हम उनके प्रसंग में भी उद्धृत कर सकते हैं:

लात खाय पुचकारिए, होय दुधारू धेन।

स्वर्गीय बेनीपुरी जी

स्वर्गीय पंडित रामवृक्ष बेनीपुरी केवल साहित्यकार नहीं थे। उनके भीतर केवल वही आग नहीं थी, जो कलम से निकलकर साहित्य बन जाती है। वे उस आग के भी धनी थे, जो राजनीतिक और सामाजिक आन्दोलनों को जन्म देती है, जो परम्पराओं को तोड़ती और मूल्यों पर प्रहार करती है, जो चिन्तन को निर्भीक और कर्म को तेज बनाती है। संक्षेप में, वे क्रान्तिकारी मनुष्य थे और उनका ध्येय नये मूल्यों का स्थापन एवं नये समाज का निर्माण था। समाज जब बदलने लगता है, वह अपनी प्रक्रिया को तेज करने के लिए कुछ बेचैन मनुष्यों को जन्म देता है। बेनीपुरी जी के भीतर बेचैन कवि, बेचैन चिन्तक, बेचैन क्रान्तिकारी और निर्भीक योद्धा–सभी एक साथ निवास करते थे।

उनका जन्म साधारण-से-साधारण, बल्कि गरीब परिवार में हुआ था। मगर गरीबी की बाधा को उन्होंने स्वीकार नहीं किया। उनकी शिक्षा केवल मैट्रिक तक हुई थी; किन्तु यह बाधा भी उनके विकास को नहीं रोक सकी। तेजस्वी और अपना निर्माण आप करनेवाले लोग धनी खानदानों में कभी-कभी ही पैदा होते हैं। बेनीपुरी जी भी उसी प्रकार बढ़े थे, जिस प्रकार गरीब परिवार के नवयुवक अपना विकास करते हैं।

जीविका के लिए आजीवन उन्हें पत्रकारिता का पल्ला थामे रहना पड़ा। बिहार के पहले किसान नेता श्री अरीक्षणसिंह थे। सन् 1921-22 ई. में उन्होंने 'किसान' नामक साप्ताहिक पत्र निकाला था। इस पत्र के सम्पादक श्री रामवृक्ष बेनीपुरी हुए। तब उनकी उम्र फकत उन्नीस या बीस साल की थी। 'किसान' के बाद पटना से ही श्री नागेश्वर प्रसाद शर्मा (उर्फ लाल बाबू) ने 'तरुण भारत' नामक साप्ताहिक पत्र निकाला और बेनीपुरी जी 'तरुण भारत' के सम्पादक हो गए। 'तरुण भारत' के बाद श्री दीनानाथ सीगतिया ने 'गोलमाल' नामक साप्ताहिक पत्र निकाला और बेनीपुरी जी 'गोलमाल' के सम्पादक हो गए। फिर पटना के सुप्रसिद्ध वकील पंडित गणेश शर्मा दीक्षित ने 'किसान-मित्र' नामक साप्ताहिक पत्र निकाला और बेनीपुरी जी उस पत्र के सम्पादक हो गए।

इतने साप्ताहिकों का रस ले लेने के बाद, बेनीपुरी जी ने पुस्तक भंडार से 'बालक' नामक मासिक पत्र निकाला। बेनीपुरी जी की शैली में सरलता, नवीनता और चुटीलेपन का मेल था। उनकी सम्पादकता में 'बालक' ने ऐसा नाम पैदा किया कि हिन्दी में वह अपने ढंग का अकेला पत्र हो गया। फिर बेनीपुरी जी का मन 'बालक' से भी ऊब गया। अतः 'बालक' के सम्पादकत्व से उन्होंने त्यागपत्र दे दिया और दो मित्रों (श्री गंगाशरण सिंह और श्री रामनन्दन मिश्र) के सहयोग से उन्होंने पटना से 'युवक' नामक मासिक पत्र निकाला, जो युवकों के बीच बहुत ही लोकप्रिय हुआ।

बेनीपुरी जी ने अब तक जिन-जिन पत्रों का सम्पादन किया था, उनमें से 'बालक' को छोड़कर और सभी पत्र किसान-आन्दोलन और युवक-आन्दोलन को प्रश्रय देने वाले थे। इससे समाज में बेनीपुरी जी का व्यक्तित्व क्रान्तिकारी माना जाने लगा। जिस साल 'युवक' निकला (अर्थात् सन् 1928 ई.), उससे चार वर्ष पूर्व पंजाब में 'नौजवान भारत सभा' कायम हो चुकी थी। उसी आन्दोलन के सिलसिले में सन् 1926 ई. में पटना में 'युवक-संघ' की स्थापना हुई थी। बेनीपुरी जी पटना 1928 ई. में आए और आते ही उन्होंने 'युवक-संघ' के कामों में डटकर भाग लेना शुरू कर दिया। दरअसल, 'युवक' पत्र और 'युवक-संघ' आन्दोलन के बीच आध्यात्मिक सम्बन्ध था और 'युवक-संघ' के अनेक कार्यकर्ता दिन भर 'युवक' पत्र के दफ्तर में बैठकर मंत्रणा करते ही रहते थे।

जब 'युवक' का प्रकाशन बन्द हो गया, बेनीपुरी जी बिहार छोड़कर खंडवा चले गए और वहीं पं. माखनलाल जी चतुर्वेदी के पत्र 'कर्मवीर' में काम करने लगे। फिर 'कर्मवीर' से वापस आकर उन्होंने पटना के विख्यात साप्ताहिक पत्र 'योगी' का सम्पादन-भार स्वीकार किया और उस पत्र में नई जान डाल दी। 'युवक' के समय से ही बेनीपुरी जी क्रान्तिकारी भावनाओं के प्रतीक माने जाने लगे थे और समाज में उनके अनुगामियों तथा प्रशंसकों की संख्या बढ़ती जाती थी। अवएव वे जिस किसी पत्र में गए, उसी पर उन्होंने अपने व्यक्तित्व की छाप डाल दी और युवकों के बीच उसे लोकप्रिय बना दिया।

अखिल भारतीय समाजवादी दल की स्थापना सन् 1931 ई. में हुई थी और बेनीपुरी जी उस दल के संस्थापकों में से थे। सच तो यह है कि उन दिनों बिहार के जो भी युवक समाजवाद और स्वाधीनता के लिए निर्भीक चिन्तन करते थे, उनमें बेनीपुरी जी का अन्यतम स्थान था। राष्ट्रसेवी युवकों की प्रवृत्ति उस समय यह थी कि गांधी जी देश के सबसे बड़े नेता हैं, अतएव उनका साथ देना देशभक्ति का काम है। किन्तु, गांधी जी की अहिंसक नीति को ये युवक सन्देह

से देखते थे। उनकी सहानुभूति उन हिंसावादी युवकों के साथ थी, जो छिपकर सशस्त्र क्रान्ति का आयोजन कर रहे थे। बेनीपुरी की लेखनी युवकों के इस वर्ग की भावनाओं का प्रतिनिधित्व करती थी। जब पंडित बालकृष्ण शर्मा 'नवीन' की 'सर्वनाश की भट्ठी' नामक कविता प्रकाशित हुई थी, बेनीपुरी जी उस कविता पर न्योछावर हो गए थे। उस कविता में जहाँ क्रान्तिकारियों का उल्लेख जरा खुलकर किया गया था, वे पंक्तियाँ बेनीपुरी जी को बेहद पसन्द आई थीं और वे बार-बार उन्हें दुहराया करते थे :

वन-उपवन में, गिरि-गह्वर में
अथवा किसी शून्य प्रान्तर में,
भटक रहे कुछ दीवाने हैं
ले आशा-प्रदीप निज कर में।
भर, इनके खप्पर को भर
लोहू से नहीं, लपट से आ री!
अरी धधक उठ धक् धक् कर
तू सर्वनाश की भट्ठी प्यारी!

जहाँ तक मुझे याद है, जमींदारी-उन्मूलन का नारा सबसे पहले बेनीपुरी जी ने ही लगाया था अथवा सम्भव है कि इस श्रेय के भागीदार उनके अन्य साथी भी रहे हों। किसानों के हक का सवाल बेनीपुरी जी बीस साल की उम्र से ही उठाते आ रहे थे। जब उन्होंने 'योगी' का सम्पादन स्वीकार किया, वह पत्र खुलकर समाजवादी हो गया। पीछे समाजवादी दल ने अपने विख्यात साप्ताहिक 'जनता' का प्रकाशन शुरू किया और बेनीपुरी जी 'योगी' से हटकर 'जनता' में चले आए। बेनीपुरी जी की सम्पादकता में निकलने वाली 'जनता' ऐसी साप्ताहिक पत्रिका थी, जिससे एक ओर यदि सरकार नाराज थी, तो दूसरी ओर कांग्रेस के नेता भी खुश नहीं थे। 'जनता' ने बिहार में ऐसी लोकप्रियता प्राप्त की कि वह क्रान्तिकारी विचारों का वाहन बन गई और जमींदारी-उन्मूलन को उसने एक ठोस नारा बना दिया।

सरकार ने मुकदमा 'युवक' पत्र पर भी चलाया था, किंतु 'जनता' पर तो मुकदमे कई बार चले और बेनीपुरी जी को सजा भी हुई थी। 'जनता' बन्द शायद 1941 ई. में हुई और बेनीपुरी जी जेल चले गए।

जेल से वापस होने पर उन्होंने ही पुस्तक-भंडार से 'हिमालय' नामक मासिक पत्र निकलवाया, जिसके सम्पादक आचार्य शिवपूजन सहाय और बेनीपुरी जी हुए। जब 'हिमालय' बन्द हो गया, बेनीपुरी जी ने 'नई धारा' नामक मासिक पत्रिका

अशोक प्रेस से निकलवाई। सम्पादन के सिलसिले में 'नई धारा' आखिरी पत्रिका थी, जिसका बेनीपुरी जी ने कई वर्षों तक सम्पादन किया था।

बेनीपुरी जी बिहार प्रादेशिक हिन्दी साहित्य सम्मेलन के भी जन्मदाताओं में से थे। उनके अन्य सहयोगी थे स्वर्गीय रामधारीप्रसाद जी, स्वर्गीय पीर मुहम्मद मूनिस जी, स्वर्गीय राघवप्रसाद सिंह जी तथा पंडित मथुराप्रसाद जी दीक्षित और तत्कालीन श्री लतीफ हुसेन नटवर जी।

बेनीपुरी जी अखिल भारतीय हिन्दी साहित्य सम्मेलन के भी प्रचार मंत्री हुए थे। पीछे वे बिहार प्रादेशिक हिन्दी साहित्य सम्मेलन के भी मंत्री और बाद में सभापति हुए। बिहार राष्ट्रभाषा परिषद् से मिलनेवाला 'वयोवृद्ध साहित्यिक पुरस्कार' भी उन्हें प्राप्त हुआ था। वैसे भारत सरकार ने भी उनकी पुस्तक 'माटी की मूरतें' के लिए उन्हें दो हजार रुपये का पुरस्कार दिया था। साहित्य अकादमी ने इस पुस्तक के अनुवाद दस-बारह भारतीय भाषाओं में प्रकाशित करवाए हैं।

बेनीपुरी जी का पत्रकार और समाजसेवी वाला जीवन इतना सघन था कि उन्हें साहित्य लिखने का समय अपेक्षाकृत कम मिला। उनकी 'विद्यापति-पदावली' और 'बिहारी-सतसई' की टीका उस समय निकली, जब वे 'बालक' का सम्पादन कर रहे थे। मिश्रबन्धुओं का 'हिन्दी-नवरत्न' जब पहले-पहल निकला, तब उसमें कबीरदास को स्थान नहीं दिया गया था। उसके दूसरे संस्करण में कबीरदास भी सम्मिलित कर दिये गए, किन्तु विद्यापति को मिश्रबन्धुओं ने तब भी स्थान नहीं दिया। बेनीपुरी जी ने इस अन्याय को बड़े जोर से ललकारा था।

बाल साहित्य की रचना बेनीपुरी जी बराबर करते रहे और उनका लिखा हुआ बाल साहित्य बहुत ही सुन्दर उतरा है। बालकों के मनोविज्ञान का उन्हें बहुत अच्छा ज्ञान था और भाषा वे ऐसी सरल और जानदार लिखते थे कि बच्चों को उनकी लिखी किताबें खूब पसन्द आती थीं।

बेनीपुरी जी के भीतर जो स्रष्टा छिपा हुआ था, उसकी चिनगारी उनके अखबारी लेखों में भी छिटकती आई थी; किन्तु उनके स्रष्टा के असली चमत्कार तब प्रकट हुए, जब बेनीपुरी जी 'भारत छोड़ो' आन्दोलन के सिलसिले में जेल गए और वहाँ उन्होंने 'अम्बपाली' नाटक और 'माटी की मूरतें' नामक पुस्तकों की रचना की। जेल से जब वे लौटे, उनका स्रष्टा अपने पूरे जागरण में था।

जेल से वापस आते ही उन्होंने 'नव-संस्कृति-संघ' की स्थापना की तथा 'गेहूँ और गुलाब' उनका नारा बन गया। सन् 1945 ई. में ही इसका आभास मिलने लगा था कि अब भारत स्वाधीन हो जाएगा। अतएव, बेनीपुरी जी ने यह ऐलान किया कि गेहूँ का जमाना अब खत्म हो रहा है। अगला जमाना गुलाब का है यानी

जन-आन्दोलन का काम अब समाप्त है। अपनी बची-खुची शक्ति मैं साहित्य में लगाऊँगा। नाम से दिनकर मैं था, किन्तु काम से असली सूर्य बेनीपुरी जी थे। मैं चाँद की तरह ठंडक में अपना काम कर रहा था, किन्तु जेल से आते ही बेनीपुरी चन्द्रलोक पर आसीन दीखने लगे। उन्हीं दिनों मेरी 'सामधेनी' नामक पुस्तक प्रकाशित हुई। यह पुस्तक मैंने बेनीपुरी जी को समर्पित की थी और समर्पण के पद में लिखा था :

हैं कुमुद फूलते जहाँ, धन्य वह विधुमंडल,
दिन के प्रदाह से बचे किन्तु, किस भाँति कमल?
विधु पर आ जाऊँ मिले अगर आधार एक,
आत्मा के शिल्पी, बढ़ा किरण का तार एक।

बेनीपुरी जी को 'मेरी आत्मा का शिल्पी' कहकर मैंने अत्युक्ति नहीं की थी। वे सचमुच मेरी आत्मा के शिल्पी और मेरे कवि-जीवन के निर्माता थे। राष्ट्रीयता का अंकुर सन् 1921-22 ई. में मेरे भीतर 'छात्र सहोदर' पत्र ने उगाया था। वह अपने ढंग पर बढ़ता भी आ रहा था। किन्तु जब मैं बेनीपुरी की संगति में आया, वह पौधा लहलहाकर वृक्ष बन गया। अपनी तत्कालीन कविताओं में कई बातें मैंने बेनीपुरी जी के मुख से सुनकर लिखी थीं। उनके मुख से जो चिनगारियाँ छिटकती थीं, उन्हें मैं मंजूषा में सजाकर उन्हीं के सामने रख देता था और वे मारे खुशी के उछल पड़ते थे। हिन्दी में मेरी कविताएँ उन्हें जितनी पसन्द थीं, उतनी पसन्द शायद और किसी की भी कविता नहीं आती थी। मेरे प्रति उनके इस प्रेम-भाव ने मुझे बड़ा भारी प्रोत्साहन दिया। मैं जब साहित्य में आया, मेरी कटु आलोचनाएँ बड़े जोर से हुई थीं। उस समय बेनीपुरी और बनारसीदास—इन दो साहित्यकारों के प्रोत्साहन ने मेरे आत्म-विश्वास को हिलने से बचा लिया।

मेरे भीतर बंगला सीखने की प्रेरणा बेनीपुरी जी ने जगाई थी। काजी नजरुल इस्लाम की 'अग्निवीणा' पहले-पहल मैंने उनके मुख से सुनी थी। इकबाल के पास मैं किसी तरह खुद ही पहुँच गया था, मगर जोश मलीहाबादी की कविताओं के लिए प्रेम मेरे भीतर उन्होंने जगाया था। बेनीपुरी जी जमील मजहरी और सागर निजामी के भी बड़े प्रेमी थे। नतीजा यह हुआ कि इन शायरों की कविताएँ मुझे भी पसन्द आने लगीं और मैं उन दोनों शायरों का दोस्त बन गया।

श्री फूलन प्रसाद वर्मा, श्री गंगाशरण सिंह, श्री अम्बिकाकान्त सिंह, श्री फणीन्द्रनाथ राय, श्री ज्ञानशाहा और श्री रामवृक्ष बेनीपुरी जी—ये उस समय पटना के नौजवान नेता थे। शहर में इन लोगों का भारी प्रभाव था। इनके प्रभाव

को विफल करने के लिए बुजुर्ग नेताओं ने पटना जिला कांग्रेस कमेटी को तोड़कर उसे दो टुकड़ों में बाँट दिया–शहर पटना और देहात पटना। लेकिन बुजुर्ग नेताओं का मंसूबा पूरा नहीं हुआ। चुनाव होने पर पटना देहात के सभापति श्री गंगाशरण सिंह और पटना शहर के सभापति श्री रामवृक्ष बेनीपुरी हो गए।

जब साइमन कमीशन का बहिष्कार आन्दोलन चला, उसे सफल बनाने में बेनीपुरी जी ने एड़ी और चोटी का पसीना एक कर दिया। जब पंजाब के बोरष्टल जेल में यतीन्द्रनाथ दास तिरसठ दिनों के उपवास के बाद शहीद हो गए, पटना में भारी खलबली मच गई और नौजवान कुछ कर गुजरने को आकुल हो उठे। किन्तु सरकार ने यह ऐलान कर दिया कि यतीन्द्रनाथ दास की सहानुभूति में न तो किसी प्रकार की सभा होने दी जाएगी, न किसी प्रकार का जुलूस निकलने दिया जाएगा। नौजवान जब राजेन्द्र बाबू से राय करने को गए, तब उन्होंने भी कह दिया कि सरकार की ओर से हिंसा की पूरी तैयारी की गई है, यहाँ तक कि पटना मैदान के नुक्कड़ पर तोपें लाकर रख दी गई हैं। ऐसी हालत में जनता को आग में झोंकना ठीक नहीं होगा। किन्तु नौजवानों ने उनसे बार-बार आग्रह किया कि जुलूस निकलना ही चाहिए, शोक-सभा होनी ही चाहिए। निदान राजेन्द्र बाबू ने कहा कि जुलूस और सभा में वे ही लोग भाग ले सकेंगे, जो लिखकर यह दे सकें कि अगर मरना भी पड़े, तो उन्हें उसका पश्चात्ताप नहीं होगा।

यह फैसला रात में हुआ था। दूसरे दिन भोर से ही नौजवान ऐसे लोगों के हस्ताक्षर जमा करने लगे, जो प्राण देकर भी अन्याय की निन्दा करने को तैयार थे।

मैं उन दिनों कॉलेज का छात्र था और पटना के मुसल्लहपुर मुहल्ले में रहता था। सात बजे भोर में देखता क्या हूँ कि बेनीपुरी जी और प्रो. ज्ञानशाहा मेरी कोठरी के सामने खड़े हैं। उनके हाथ में जो प्रतिज्ञा-पत्र था, उस पर वे दोनों युवक नेता हस्ताक्षर कर चुके थे। तीसरी जगह मैंने भी अपना हस्ताक्षर बना दिया। शाम होते-होते मैदान में हजारों आदमी जमा हो गए और जुलूस बहुत विराट हो गया। अँगरेजों को जब यह पता चल गया कि लोग किसी भी तरह नहीं मानेंगे, तब शाम से कुछ पहले उन्होंने सभा और जुलूस–दोनों की अनुमति दे दी, लेकिन यह शर्त लगा दी कि 'डाउन विद इम्पीरियलिज्म' का नारा लगाया जा सकता है, किन्तु 'लांग लिव रिवोल्यूशन' का नारा हरगिज न लगाया जाए। मगर यह मुमानियत चली नहीं। जुलूस में दोनों नारे प्रचुर परिणाम में लगाये गए।

आरम्भ में मेरी कुछ रचनाएँ 'दिनकर' नाम से न छपकर 'अमिताभ' के नाम से छपी थीं। इसका श्रेय भी बेनीपुरी जी को ही था। 'युवक' में मेरी जो कविताएँ कम खतरनाक समझी जाती थीं, वे तो 'दिनकर' नाम से छपती थीं, मगर जिन

कविताओं को गंगा और बेनीपुरी ज्यादा खतरनाक समझते थे, उन्हें वे 'अमिताभ' नाम से प्रकाशित करते थे। मेरा खयाल है, इस सतर्कता का अधिक श्रेय गंगा बाबू को था। वे नहीं चाहते थे कि युवक-मंडली की संगति में पड़कर मैं अंग्रेजों का कोपभाजन बन जाऊँ।

सावधानता और सतर्कता गंगा बाबू में ही थी। बेनीपुरी जी धुन के आदमी थे। धुन चढ़ जाने पर उन्हें न तो अपनी गरदन का ध्यान रहता था, न दूसरे की गर्दन का।

सन् 1940 ई. में महात्मा गांधी जी इस उधेड़बुन में पड़े हुए थे कि आन्दोलन आरम्भ किया जाए या नहीं। उन दिनों 'जनता' निकलती थी और उसके सहायक सम्पादक पंडित मथुराप्रसाद मिश्र थे। जनता का कोई विशेषांक निकलने वाला था, जिसके लिए सम्पादक समय पर मुझे पत्र लिखना भूल गए थे। सो अचानक मथुरा बाबू का तार आया कि लौटती डाक से कविता भेजिए। अचानक मुझे भी जोश आ गया और सब-रजिस्ट्रार के दफ्तर में बैठे-बैठे ही मैंने 'ओ द्विधाग्रस्त शार्दूल, बोल' नामक एक कविता रच डाली, जो 'रेणुका' के नवीन संस्करण में संकलित है। मैं सरकारी नौकर था और कविता सरकार के विरुद्ध थी, इसलिए मैंने कविता में अपना नाम देना ठीक नहीं समझा और चिट्ठी के तौर पर मथुरा बाबू को लिख दिया कि 'यह तो दिनकर की सृष्टि नहीं, अमिताभ देव का दुष्ट कर्म।' मैंने अपने जानते काफी चालाकी की थी, मगर दिनकर नाम का उल्लेख काफी था। कविता सरकार के हाथ में पड़ गई। सरकार ने सेंसर करके कविता तो बेनीपुरी को छापने को दे दी और मुझे कलक्टर ने बुलाकर चेतावनी दी। मैं हक्का-बक्का रह गया। अचरज मुझे इस बात पर हुआ कि कलक्टर के यहाँ से बुलाहट आने के पूर्व बेनीपुरी जी से मेरी मुलाकात मोतीहारी में होने वाले किसान-सम्मेलन में हो चुकी थी। उन्हें मालूम था कि कविता सेंसर हुई है, मगर उन्होंने मुझसे इस बात का जिक्र तक नहीं किया। अगर उन्होंने मुझे बता दिया होता कि कविता सरकार के यहाँ सेंसर होकर छपी है, तो कलक्टर को मैं कोई मेल खाता हुआ उत्तर दे सकता था, लेकिन उन्हें मेरी नौकरी का कुछ भी खयाल नहीं हुआ। पीछे जब सारी बातें गुजर गईं, एक दिन पटना में मैंने यह किस्सा दोस्तों को बताया और बेनीपुरी जी को उलाहना दिया कि "तुमने एक ऐसी बात को मामूली समझ लिया, जो मेरे लिए बड़ी ही अहम थी।"

बेनीपुरी जी ने जवाब दिया, "तो बात क्या हुई? सरकारी नौकरी छूट गई, तो क्या बिगड़ जाएगा? जैसे हम लोग रहते हैं, वैसे तुम भी रहना।"

हिन्दी-हिन्दुस्तानी-विवाद के समय बेनीपुरी जी हिन्दुस्तानी के पक्षपाती रहे थे। बादशाह राम और बेगम सीता को लेकर जब बिहार में एक विक्षोभ पैदा हो गया

था, उस समय बेनीपुरी जी ने पुस्तक-भंडार की नीति का खुलकर समर्थन किया था। यह दुस्साहस का काम था, किन्तु बेनीपुरी जी जन्मजात विद्रोही और दुस्साहसी मनुष्य थे ही। सन् 1953 या 54 ई. में 'नई धारा' में उन्होंने एक नोट लिखकर हिन्दी में सनसनी पैदा कर दी थी। उन्होंने लिखा था कि हिन्दी के तीन दुश्मन मौलाना आजाद, डॉक्टर रघुवीर और पं. बनारसीदास हैं। मौलाना आजाद का कसूर यह था कि हिन्दी के लिए वे कुछ भी करने को तैयार नहीं थे। डॉक्टर रघुवीर का अपराध यह था कि हिन्दी को वे कुरूप और कठिन बना रहे थे तथा बनारसीदास दोषी इसलिए थे कि वे जनपदीय भाषाओं के आन्दोलन को बढ़ावा दे रहे थे।

हिन्दी में विद्यापति का उद्धार बेनीपुरी जी ने किया था। आज भी उन्हीं के द्वारा सम्पादित 'विद्यापति-पदावली' अधिकांशतः सारे देश में पढ़ाई जाती है। किन्तु मैथिली भाषा का आन्दोलन उन्हें पसन्द नहीं था। वे मानते थे कि मैथिली भाषा अगर क्षेत्रीय भाषा मान ली गई, तो अंगिका, वज्जिका, भोजपुरी, मागधी, बुन्देलखंडी, अवधी, राजस्थानी आदि सभी भाषाओं को क्षेत्रीय अधिकार देने पड़ेंगे और इस प्रकार हिन्दी का क्षेत्र खंडित हो जाएगा।

जब संविधान का हिन्दी अनुवाद प्रकाशित हुआ, बेनीपुरी जी उसे देखकर घोर निराशा में डूब गए और बोले, "दिनकर, हिन्दी राष्ट्रभाषा नहीं हुई। राष्ट्रभाषा तो संस्कृत बनाई जा रही है।"

बेनीपुरी जी ने सीधी, सरल और चुलबुली भाषा लिखने में सिद्धि प्राप्त की थी। हिन्दी में वे अपने ढंग के अकेले शैलीकार थे। उनसे मिलती-जुलती शैली या तो उग्र जी की थी अथवा वैसी भाषा आजकल श्री कन्हैयालाल मिश्र 'प्रभाकर' लिखते हैं। सन् 1950 ई. के बाद से हिन्दी आलोचना में जो एक नये ढंग की भाषा चलने लगी है, बेनीपुरी जी उस भाषा के विरोधी थे और कहा करते थे, ये लेखक हिन्दी नहीं, कोई और भाषा लिख रहे हैं।

जब तक स्वराज्य का आन्दोलन चलता रहा, बेनीपुरी जी ने अपनी घर-गृहस्थी की ओर कोई ध्यान नहीं दिया। तब तक वे अपने सुयश का सौरभ पीकर जीते रहे थे; किन्तु जब यह निश्चित हो गया कि स्वराज्य की अब और लड़ाई नहीं लड़ी जाएगी, बेनीपुरी जी एक साथ साहित्य और परिवार की ओर जोर से झुक गए। उसी जोश में गाँव में उन्होंने एक भारी मकान बना डाला। जब मैंने बेनीपुरी जाकर उस मकान को पहले-पहल देखा, मेरे मुँह से अचानक निकल गया, "यार, तुमने यह क्या किया? यह मकान तो शहर में बनवाने के लायक था।"

बेनीपुरी जी बोले, "तुम किराये की बात सोच रहे हो, मगर मैंने तो अपना स्मारक बनाया है।"

बेनीपुरी जी को ग्रामीण जीवन बहुत पसन्द आता था और अपना गाँव तो उन्हें हद से ज्यादा प्यारा था। अपना उपनाम 'बेनीपुरी' रखकर उन्होंने अपने गाँव को अमर बना दिया।

बेनीपुरी जी जिस महफिल में बैठते थे, उस पर छा जाते थे। वे जिन्दादिली के पुतले और जवानी की मूर्ति थे। साठ के हो जाने पर भी वे अपने को जवान ही समझते थे, किन्तु जब से वे बीमार हुए, उनकी मस्ती और चुहलबाजी जाती रही। बीमारी के बाद से वे बोलते बहुत कम थे; हाँ, बात करनेवाले की हाँ-में-हाँ मिलाने को 'जी-जी' कहते जाते थे। यह कितना करुण दृश्य था, यह हम लोग खूब समझते थे और मन-ही-मन तड़पकर रह जाते थे। बीमारी ने उन्हें शेर से गूँगा मृग बना दिया था।

बेनीपुरी जी की बीमारी पर सोचते-सोचते महापंडित राहुल सांकृत्यायन और पंडित बालकृष्ण शर्मा 'नवीन' की याद आ जाना स्वाभाविक बात है। राहुल जी तेजी से नहीं बोलते थे। मगर नवीन जी और बेनीपुरी, ये जब भी जहाँ होते, लोग उन्हीं की बातों में मशगूल रहते थे। मगर इन तीनों महाप्राण लेखकों को लकवे की बीमारी हुई, तीनों को स्मृतिभ्रंश का कष्ट झेलना पड़ा और तीनों काफी देर तक मृत्यु से लड़ते रहे। मेरा खयाल है, आज से पचास साल बाद हिन्दीभाषी जनता इन लेखकों की जीवनियाँ पढ़ना चाहेगी।

हरिवंश राय बच्चन

जो व्यक्ति जितना ही अधिक समीप होता है, उसके बारे में लिखना उतना ही अधिक कठिन होता है। यह बहुत कुछ वैसी ही कठिनाई है, जैसी कठिनाई तुरन्त घटित होनेवाली घटनाओं अथवा तुरन्त सूझने वाले भावों को चित्रित करने में होती है। जब तक हम घटनाओं के बहुत करीब हैं, तब तक उनके बारे में अखबारी चीजें ही लिखी जा सकती हैं। घटनाओं के साहित्य बनने में दूरी का व्यवधान चाहिए; किन्तु बच्चन और मेरे बीच दूरी है ही नहीं। हम लोग जब मिलते है, हम केवल साहित्य, कला, अध्यात्म और राजनीति की ही बातें नहीं करते, हमारी बातचीत के बहुत-से विषय पारिवारिक भी होते हैं, वैयक्तिक भी होते हैं और कभी-कभी गोपनीय भी होते हैं। बच्चन के व्यक्तित्व के समान निश्छल और आनन्दमयी व्यक्तित्व मैंने बहुत कम लोगों का देखा है। मुझे दुःख है कि बच्चन के साथ अपने घनिष्ठ सम्बन्ध के नोट मैंने नहीं जुगाये, अन्यथा मेरी वह दुरवस्था नहीं होती, जो अभी हो रही है।

फिर भी किस्से का आरम्भ मैं आरम्भ से ही करूँगा। बच्चन और मैं, दोनों ने साहित्य में उस समय आँखें खोली थीं, जब छायावाद अपने शिखर पर पहुँच चुका था और जब ये आसार आशकार हो रहे थे कि कविता कोई अन्य मार्ग पकड़ने वाली है। हम दोनों पहले सन् 1935 ई. में कलकत्त में मिले, जब जापान के राष्ट्रकवि योन नोगूची के सम्मान में कलकत्ता में एक विशाल कवि-सम्मेलन का आयोजन किया गया था। महादेवी जी, भगवती बाबू, रामकुमार जी, मनोरंजन जी, हृदयेश जी, बिस्मिल इलाहाबादी आदि अनेक सुकवियों ने इस सम्मेलन में भाग लिया था। महादेवी जी के मुख से पहले-पहल मैंने इसी कवि-सम्मेलन में कविता सुनी थी। उसी यात्रा के क्रम में हममें से कई लोग पं. बनारसीदास जी चतुर्वेदी के नेतृत्व में शान्तिनिकेतन गए थे। हम लोगों का काव्य-पाठ शान्तिनिकेतन में आयोजित एक गोष्ठी में भी हुआ था। महादेवी जी ने उस गोष्ठी में भी काव्य-पाठ किया था। मगर जहाँ तक मुझे याद है, उस गोष्ठी के बाद किसी और गोष्ठी में महादेवी जी को कविता पढ़ते मैंने नहीं देखा है।

बच्चन से जब मैं पहले-पहल मिला, उसके पूर्व ही मैं उनकी कृतियों से परिचित हो चुका था। शायद वे भी तब तक मेरी दो-चार चीजें पढ़ चुके थे। एक दृष्टि से हम दोनों-के-दोनों समान रूप से भाग्यशाली रहे हैं। हम लोगों की कविता के विरोधी या हमारे निन्दक साहित्य में नहीं रहे हों, यह बात नहीं है, मगर जनता का समर्थन हमें आरम्भ से ही प्राप्त था। जनता मेरी ओर इसलिए उन्मुख हुई थी कि मेरा आरम्भ राष्ट्रीय चेतना के इर्द-गिर्द हुआ था। बच्चन उगते ही जनता के प्यारे इसलिए हो गए कि उन्होंने मस्ती और बेफिक्री के गीत एक अनुपम कलाकारिता के साथ आरम्भ किये।

हम लोगों की बातचीत बड़ी ही अन्तरंग और कभी-कभी फूहड़ भी होती है। मगर एक गलती मुझसे हो गई, जिस पर मेरी नजर आज पड़ी है। मैं बच्चन से यह पूछना भूल गया हूँ कि कभी उनके भीतर यह लोभ जागा है या नहीं कि मेरे द्वारा रचित किसी कविता के नीचे हस्ताक्षर मेरा नहीं, उनका होता? मगर हक बात यह है कि बच्चन की कई कविताओं को देखकर मैं लुभा गया था और कभी-कभी यह भी सोचने लगा था कि काश, इन कविताओं के नीचे हस्ताक्षर मेरे हुए होते!

कलकत्ता में नोगूची वाले कवि-सम्मेलन के अलावा एक-दो गोष्ठियाँ और हुई थीं, जिनमें हमने साथ-साथ कविताएँ पढ़ी थीं। इन गोष्ठियों में बच्चन के साथ मेरी बातचीत तो बहुत कम हो पाई, मगर मैंने आँखों के सहारे उन्हें तोलने और आजमाने की कोशिश जरूर की। मुझे याद है कि उस समय बच्चन के प्रति मुझमें ममता का भाव जगा था, उन पर प्रेम और भक्ति उत्पन्न हुई थी। उन दिनों वे राजयक्ष्मा अथवा ऐसी ही किसी बीमारी से चंगे हुए थे, अतएव उनके प्रति श्रद्धा और ममत्व कुछ अधिक ही उत्पन्न हुआ था। शान्तिनिकेतन के बाद जब मैं अपने कर्मस्थान को लौटा, पं. बनारसीदास जी ने एक पत्र लिखकर मुझे बताया कि आप दोनों कवि मित्र-भाव से रहें और मुझे बताएँ कि बच्चन जी आपको कैसे लगे हैं। यह उपदेश चतुर्वेदी जी ने क्या सोचकर दिया था, इसका मुझे पता नहीं है। बच्चन और मैं कभी भी प्रतिस्पर्धी होकर प्रकट नहीं हुए हैं, न कलकत्ता में हमारे बीच कोई प्रतिस्पर्धा का भाव था। मैंने चतुर्वेदी जी की ही शैली में उन्हें अँगरेजी और हिन्दी-मिश्रित एक पत्र लिखा, जिसका अँगरेजी अंश उन्होंने 'विशाल भारत' में प्रकाशित किया था :

> 'Bachchan is the harbinger of still better things in our literature. May he live long for he will do miracles.'

मेरा खयाल है, मेरी भविष्यवाणी चरितार्थ हो गई। बच्चन की कविताओं की ऐसी धूम मची कि हिन्दी का काव्य-जगत बच्चनमय हो उठा और प्रायः प्रत्येक

नगर कोशिश करने लगा कि बच्चन जी, कम-से-कम एक बार, उसे भी अवश्य कृतार्थ करें। जिन लोगों ने उन दिनों बच्चन का सार्वजनिक काव्य-पाठ नहीं सुना, उन्हें इस बात पर यकीन नहीं होगा कि बच्चन की लोकप्रियता किस कोटि की थी। उनकी शोहरत की तुलना केवल सिने-सितारों की ही शोहरत से की जा सकती थी। जिस कवि-सम्मेलन में बच्चन पधार जाते थे, उसका भाग्य चमक उठता था और जनता इस बात के लिए तैयार रहती थी कि बच्चन जी अगर सारी रात कविताएँ सुनाते रहें, तो जनता सारी रात आनन्द से बैठी रहेगी। और बच्चन ने भी कोताही नहीं की। ऐसे अनेक कवि-सम्मेलन हुए, जिनमें थोड़ी-सी रिलीफ ले-लेकर बच्चन रात-भर काव्य-गायन करते रहे। उन दिनों कविताएँ तो मैं भी देर तक और बार-बार पढ़ता था, किन्तु बच्चन वाला धीरज मुझमें नहीं था और अक्सर मुझे इस बात से कुढ़न हो जाती थी कि बच्चन जी कवि-सम्मेलन को समाप्त क्यों नहीं होने देते हैं।

यहाँ बच्चन का चेहरा मुझे एक करुण प्रसंग में याद आता है। उन दिनों मैं कहीं देहात में सब-रजिस्ट्रार था। अचानक मैंने सुना, बच्चन की पत्नी सख्त बीमार हैं और उनका इलाज डॉक्टर भार्गव से करवाने को बच्चन जी उन्हें पटना ले आए हैं। अतएव, एक रविवार को मैं पटना आया और बच्चन से मिलने को अस्पताल गया। उस दिन वे धोती और कुरता पहने हुए थे। राज-यक्ष्मा से वे खुद मुश्किल से उबरे थे, उस पर घातक रोग से ग्रसित पत्नी की चिन्ता। उनका चेहरा दुर्बल, उदास और गमगीन था, मगर उनके सिर पर के घुँघराले बाल उन्हें तब भी मनोज्ञ बनाए हुए थे और उनके व्यक्तित्व का सारा तेज तब भी उनकी आँखों से झाँक रहा था। बच्चन जी की आँखें बड़ी नहीं हैं, मगर वे उनके व्यक्तित्व को बराबर व्यंजित करती हैं। उनमें कुछ तो तटस्थता दीखती है, कुछ गहराई और कुछ ऐसी वेधकता, जो बिलकुल ही अनिर्वचनीय है।

बच्चन जी मुझे श्यामा जी (उनकी प्रथम भार्या का यही नाम था) की रोग-शैया के पास ले गए और उनसे उन्होंने मेरा परिचय कराया। श्यामा जी का शरीर सूखकर काँटा हो गया था। वे खाट से लगी हुई थीं। फिर भी उन्होंने दोनों हाथ जोड़कर मुझे नमस्कार किया और एक गुलाब का फूल दिया, जो न जाने, कैसे उनके सिरहाने पर पड़ा हुआ था। फिर बच्चन जी के कान में धीमे से उन्होंने कोई बात कही। बच्चन जी ने कहा, "इन्हें जब भी कड़वी दवा की घूँट पीनी पड़ती है, तब इनके मुख से तुम्हारी कविता की एक पंक्ति निकल जाती है :

हे नीलकंठ, संतोष करो, था लिखा गरल का पान तुम्हें।"

जब श्यामा जी की रोग-शैया से हम हटे, बच्चन जी ने कहा, "भाई, मैं खुद थाइसिस से ग्रस्त हुआ था। लोगों ने मुझे बहुत उपदेश दिये कि अमुक जगह पर जाकर अमुक डॉक्टर से इलाज करवाओ, मगर उतने पैसे कहाँ से लाता? मैंने हर दोस्त से यही कहा कि अच्छा तो मैं केवल अपनी तपस्या से होऊँगा और तपस्या के जरिये ही मैं उस रोग से मुक्त भी हो गया। मगर श्यामा का कष्ट नहीं देखा जाता है। तुम समझ सकते हो कि मैं कैसी परेशानियों में मुब्तिला हूँ।"

बच्चन ने लाख प्रयत्न किये, मगर श्यामा जी नहीं बच सकीं। और श्यामा जी के शरीरांत के बाद बच्चन जी दर्द से बेहाल, बल्कि, विक्षिप्त हो गए। 'निशा-निमंत्रण' और 'एकांत-संगीत' उन्हीं बेचैन दिनों की रचनाएँ हैं। 'इस पार प्रिये, मधु है, तुम हो, उस पार न जाने क्या होगा'--यह उन दिनों की रचना है, जब बच्चन जी अपनी बीमारी के कारण निराश थे; किन्तु 'निशा-निमंत्रण' और 'एकांत-संगीत' उनके विरही जीवन की अनुभूतियों से उत्पन्न हुए थे।

बच्चन जी जब यह कहते हैं कि मैंने वही लिखा है, जो भोगा है, तब वे जरा भी अत्युक्ति नहीं करते। 'निशा-निमंत्रण' और 'एकांत-संगीत' को देखकर यह अनुमान आसानी से लगाया जा सकता है कि सच्ची कविता घटना होती है, जीवन का यथार्थ चित्रण होती है और जिस कविता में कवि खुद समाया होता है, वही कविता औरों के भी हृदय में समा जाती है।

इलियट ने लिखा है कि एक ही व्यक्ति दर्द भी भोगता है और कविता भी लिखता है। मगर कलाकार जितना ही बड़ा होता है, उसके भीतर के दर्द भोगने वाले मनुष्य और रचना करने वाले कवि के बीच की दूरी उतनी ही बढ़ जाती है। 'निशा-निमंत्रण' और 'एकांत-संगीत' इलियट की इस उक्ति का खंडन करते हैं क्योंकि इन दो पुस्तकों की कविताओं में हमें दर्द भोगने वाले मनुष्य और रचना करनेवाले कलाकार के दर्शन साथ-साथ होते हैं और हम पर प्रभाव उन दोनों का पड़ता है।

हम हिन्दीभाषी लोग बच्चन जी की वर्तमान सहधर्मिणी श्रीमती तेजी जी के बहुत-बहुत आभारी हैं कि उन्होंने भारत के एक रससिद्ध कवि के जीवन में फिर से वसन्त ला दिया और निराशा एवं विषण्णता की ओर बड़ी तीव्र गति से बढ़ती हुई बच्चन की कविता को एक नया मोड़ दे दिया।

उन दिनों लोगों के बीच यह कानाफूसी चला करती थी कि बच्चन जी केवल मधु के गीत ही नहीं लिखते, उसका सेवन भी करते हैं। कई बार उनपर यह आक्षेप भी हुआ था कि जब देश में आजादी की इतनी बड़ी लड़ाई चल रही है, तब बच्चन जी अपनी वेदना में क्यों पड़े हैं? वे देश-भक्ति के गीत क्यों नहीं लिखते?

बच्चन जी ने इन आक्षेपों के उत्तर भी दिये थे। एक आक्षेप का उत्तर उन्होंने यह कहकर दिया था कि मेरे पास जो शराब है, उसे मैं नहीं पीता, वही मुझे पीती है। और दूसरे आक्षेप के उत्तर में उन्होंने कई कविताएँ लिखी थीं, जिनमें से एक पंक्ति अत्यन्त सबल थी :

हैं लिखे मधु गीत मैंने
हो खड़े जीवन-समर में।

मूर्खतावश एक दिन मैंने भी बच्चन से कहा था कि "अरे यार, अब रोना-धोना छोड़ दो और कभी-कभी देश और जमाने से भी प्रेरणा लो।"

बच्चन ने मुझे सटीक जवाब दिया था, "पहले मैं अपने-आपको सँभाल लूँ।"

उसके बाद मैंने फिर कभी यह बेहूदगी का सवाल नहीं किया।

बच्चन जी और मैं एक साथ कई सम्मेलनों में सम्मिलित हुए हैं और जहाँ साथ-साथ हमने वाहवाही लूटी है, वहाँ साथ-साथ डाँट और फटकार भी सुनी है। गोरखपुर के विराट कवि-सम्मेलन में हम दोनों आस-पास सटकर बैठे थे। हमारा दुर्भाग्य कि उन दिनों हम लोग शरीफ आदमियों की तरह चुपचाप नहीं बैठ सकते थे, बल्कि फुसुर-फुसुर कुछ-न-कुछ बतियाते रहते थे। हमारी इस गलती को एक कवि ने पकड़ लिया और माइक पर उन्होंने पुकारकर कहा, "पीछे बैठे दोनों महाकवि तो आपस में बातें कर रहे हैं, कविता क्या खाक पढ़ी जाएगी?" जनता यह सुनकर जोरों से हँस पड़ी, मगर हम दोनों काफी हतप्रभ हो गए। उस दिन हमने प्रतिज्ञा की कि अब ऐसी गलती हम नहीं करेंगे। मगर प्रतिज्ञा ठीक से निभी नहीं। यह बात और है कि कृपालु कवियों में से किसी ने फिर हमें डाँट नहीं सुनाई।

जब मैं साउथ एवेन्यू (नई दिल्ली) में रहता था, तब भी बच्चन जी विलिंगडन क्रिसेंट में ही रहते थे। हम दोनों अपने-अपने घर से सुबह में टहलने को चाणक्यपुरी की ओर चले जाते थे। जाते समय हमारा साथ नहीं होता था, मगर टहलने के क्रम में हमारी भेंट अक्सर हो जाती थी। जब भी भेंट होती, मैं यह देखकर खूब हँसता कि बच्चन जी पत्थर का कोई टुकड़ा गरदन पर सँभाले, सड़क के ओवरसीयर के समान चले आ रहे हैं। और कौतुक उन्हें भी होता था कि मैं अक्सर नीम के दातून तोड़कर उन्हें कन्धे पर उठाए चलता था। उन दिनों बच्चन जी को पत्थरों से सांकेतिक प्रतिमाएँ बनाने का शौक हो गया था। उन्होंने इस काम के लिए छेनी, हथौड़ी और कुछ रंग भी खरीद लिये थे। रास्ते में चलते समय वे पत्थरों के टुकड़ों को गौर से देखते और कल्पना लड़ाते कि किसी टुकड़े में कोई मूर्ति छिपी हुई है या नहीं। अगर कोई टुकड़ा उन्हें ऐसा दिखाई देता,

जिसके भीतर से मूर्ति उभारी जा सकती थी, तो वे उसे उठाकर अपने कन्धे पर रख लेते और घर आकर छेनी, हथौड़ी और रंग के प्रयोग से कोई मूर्ति तैयार कर लेते। ऐसी अनेक प्रतिमाएँ अब भी उनके बरामदे की शोभा बढ़ाती हैं।

बच्चन जी के इस शौक पर मैं यह टिप्पणी करता था कि 'कवि कोई कौतुक रचे बिना शायद जी नहीं सकता है। देखो न, महादेवी जी ने ढेर-की-ढेर बिल्लियाँ, गिलहरियाँ और बहुत-से कुत्ते और पक्षी पाल रखे हैं। सुना है, जानकीवल्लभ जी के यहाँ भी कई दरजन बिल्लियाँ पल रही हैं, जिनमें से प्रत्येक का नाम उन्होंने किसी अप्सरा के नाम पर रखा है। और तुम्हें कुछ न सूझा, तो पत्थर में लग गए हो!'

उन दिनों काव्य-चर्चा के प्रसंग में बच्चन जी अक्सर एक पते की बात कहते थे, "कविता का रंग-ढंग बदल गया और हमें भी जो लिखना था, हम लिख चुके हैं। क्या तुम्हें यह नहीं लगता कि हम लोग अपनी ही सीमा में घिर गए हैं? अब जो लिखने लगता हूँ, तो साफ दिखाई देता है, इधर 'मधुशाला' राह रोके खड़ी है, उधर 'मधुबाला' है और बाकी दिशाओं में 'निशा-निमंत्रण' और 'एकांत-संगीत'। और तुम क्या 'हुंकार', 'कुरुक्षेत्र' और 'रसवन्ती' की सीमाओं को लाँघ सकते हो? (तब तक 'उर्वशी' नहीं लिखी गई थी) एक उम्र में आकर कवि अपनी ही पूर्व कृतियों के वृत्त में घिर जाता है और वह अपनी ही परिधि का उल्लंघन नहीं कर सकता।"

बच्चन की बात वैसे ठीक है, मगर रवीन्द्रनाथ इस नियम के अपवाद माने जाएँगे।

बच्चन जी बड़े ही निश्छल और निर्लिप्त मनुष्य हैं। दिन-दिन मैं जितना ही उनके समीप पहुँचा हूँ, उतना ही मैंने उन्हें निर्मल और विश्वसनीय पाया है। मित्रता उनकी ऐसी प्रगाढ़ है कि सन् 1967 ई. में जब मैं जीवन की सबसे बड़ी विपत्ति में फँसा, वे बराबर समय निकालकर मेरे पास आते थे और देर तक मुझे ढाढ़स बँधाते थे। उन दिनों जितना बल मुझे प्रार्थनाओं से मिलता था, उतनी ही प्रेरणा बच्चन की सत्संगति से प्राप्त होती थी।

कुन्ती ने भगवान श्रीकृष्ण से कहा था कि प्रभो, मुझे हमेशा विपत्ति में रखो, जिससे मैं तुम्हें भूल नहीं जाऊँ। मेरी विपत्ति सन् 1963 ई. में आरम्भ हुई और जिस क्षण मेरी विपत्ति जन्म ले रही थी, ठीक उसी समय बच्चन जी पटना में मेरे घर पर विद्यमान थे। विपत्ति के झोंके ने मुझे साधुओं, सन्तों और भगवान की ओर झुका दिया। तब से बच्चन जी के साथ मेरी अधिकांश चर्चा अध्यात्म को लेकर चलती रही है। बच्चन जी खुद अध्यात्म की ओर मुड़ गए हैं। उन्होंने गीता के दो-दो अनुवाद प्रकाशित करवाए हैं; किन्तु चर्चा के दौरान वे अक्सर यही कहते

हैं, 'दिनकर, मुझे तो बुद्धि कहीं बँधने नहीं देती। तुम्हें यदि अमृत मिल जाए, तो मुझे भी चखाना।'

मैं जिस अमृत की तलाश में हूँ, वह इस जीवन में मुझे प्राप्त होगा या नहीं, यह मैं नहीं जानता। किन्तु यदि वह प्राप्त हो गया, तो भगवान से मेरी प्रार्थना होगी कि उसका स्वाद बच्चन को भी प्राप्त हो।

इलाहाबाद के साहित्यकार-संसद ने जब 'कुरुक्षेत्र' काव्य के लिए मुझे सम्मानित किया था और एक हजार रुपये का पुरस्कार दिया था, उस समय गंगा की रेत पर महादेवी जी ने अद्‌भुत समारोह आयोजित किया था–ऐसा समारोह, जिसका जोड़ मैंने तब से आज तक नहीं देखा है। उस समय हिन्दी के अनेक श्रेष्ठ कवियों और लेखकों ने मेरे लिए आशीर्वाद और प्रोत्साहन के बड़े ही मार्मिक उद्‌गार प्रकट किए थे। जब बच्चन जी की बारी आई, उन्होंने कहा, "दिनकर और मैं जोड़ीदार हैं। जो चीज मुझे मिलती है, उसमें आधा हिस्सा उसका है; जो चीज उसे मिलती है, उसमें आधा हिस्सा मेरा है। इसलिए, मैं दिनकर से कहता हूँ, भाई, अद्धो।"

मगर सभा में मैं कृतसंकल्प होकर गया था। मुझे जो भी पुरस्कार मिला, उसे मैंने भारत-कला भवन को दान कर दिया। लेकिन अमृत की प्राप्ति अगर मुझे हुई, तो उसका आधा हिस्सा बच्चन को मिल जाए, यह मेरी एकान्त कामना है। मैं जिस शक्ति की आराधना में हूँ, वही हम दोनों की तृषा मिटा सकती है, अथवा यह भी सम्भव है कि अमृत की प्राप्ति पहले बच्चन को ही हो और मैं उसका हिस्सेदार बनूँ! बच्चन के पास जो डायनेमो है, उसकी शक्ति असाधारण है। उस डायनेमो का रुख अध्यात्म की ओर होने से बच्चन उस दिशा में भी दूर तक पहुँचेंगे।

जब पं. रामनरेश त्रिपाठी ने 'कविता-कौमुदी' के दूसरे भाग का नवीन संस्करण निकाला, उसमें उन्होंने एक ऐसी बात लिख दी, जो शायद लिखने लायक नहीं थी। उन्होंने लिखा था, 'दिनकर और बच्चन प्रतिद्वन्द्वी कवि हैं। एक की भाषा लाजवाब है, दूसरे के भाव बड़े उन्मादक हैं। इनमें से जो भी कवि अपने प्रतिद्वन्द्वी का गुण ग्रहण कर लेगा, वही अगले युग का नेता होगा।'

मेरे भावों की उन्मादकता शायद कम हो चुकी है क्योंकि एक उम्र पर आकर यह गुण रूपान्तरित हो जाता है, मगर मैं यह भली भाँति जानता हूँ कि बच्चन की भाषा आज भी लाजवाब है।

स्वर्गीय नलिन जी

पंडित नलिन विलोचन शर्मा के स्वर्गवास का मर्मभेदी दुःसंवाद मुझे 13 सितम्बर, 1961 को दिल्ली में मिला। सुनते ही मैं थौंसकर बैठ गया और शाम होते-होते मुझे डॉक्टर की जरूरत पड़ गई। पटना आकर बातें करने पर पता चला कि नलिन जी के जिस किसी भी प्रेमी का हृदय कमजोर है, उसकी उस दिन यही हालत हुई थी और जिनके हृदय ईश्वर की कृपा से रोगमुक्त हैं, व्याकुलता उनकी भी बेकाबू हो गई। छविनाथ जी ने बताया कि जब यह दुर्घटना घटी, नलिन जी के युवक सखा और सहकर्मी अपने-अपने माथे पीट रहे थे और हमारे ऋषिकल्प साहित्यसाधक आचार्य बाबू शिवपूजन सहाय बच्चों की तरह फूट-फूटकर रो रहे थे। दिल्ली से पटना मैं 16 सितम्बर को आया। आते ही अनुभव हुआ कि पटना का सारा साहित्य-क्षेत्र शोक में डूबा हुआ है। और शोक की छाया, प्रायः उतनी ही घनी आज भी है, विशेषकर उन लोगों के लिए, जो उन्हें घेरकर बैठते थे और हर रोज उनके साथ साहित्यालाप करते थे।

यह कैसी अनहोनी बात हो गई? नलिन जी का देहावसान इतना आकस्मिक, आशा के इतना विपरीत, मन के इतना विरुद्ध है कि आज भी कभी-कभी यह अनुभूति आप-से-आप पैदा हो जाती है कि वे अभी मरे नहीं हैं।

नलिन जी बहुत अच्छे विद्वान, बहुत अच्छे अध्येता और नये ढंग के श्रेष्ठ चिन्तक थे। किन्तु उनके जाने का दुःख मात्र एक विद्वान के उठ जाने का दुःख नहीं है। प्रायः हर आदमी यही महसूस कर रहा है, मानो यह शोक उसका वैयक्तिक शोक हो, मानो उसका अपना भाई, परिजन, मित्र, पिता अथवा पुत्र चला गया हो! ऐसे लोग बिहार के कोने-कोने में हैं, जो उनसे अपना वैयक्तिक सम्बन्ध मानते थे। वे सभी लोग आज रो रहे हैं। उनमें से किसी के किरीट का हीरा निकल गया है, किसी की गाँठ से मणि गिर गई है।

जब तुम आए जगत में, जगत हँसा, तुम रोय।
अब ऐसा कुछ कर चलो, तुम विहँसो जग रोय॥

नलिन जी ने, सचमुच ही, वह कर दिखाया, जिससे जाने वाले की कीर्ति चमक उठती है, मगर जो पीछे रह जाते हैं, उनकी आँखों का अश्रु-प्रवाह नहीं रुकता।

विद्या-बुद्धि और चिन्तन-शक्ति के सिवा नलिन जी में एक और चीज थी, जो किसी भी युग में बहुत थोड़े ही लोगों को मिला करती है। वे सुसंस्कृत, विनयी और विनम्र थे। अहिंसा उनकी हर साँस को शीतल रखती थी। जिस विषय को वे भली भाँति जानते थे, उसकी चर्चा भी वे जोर से नहीं करते थे। उत्तेजना उनमें नहीं थी, क्रोध उन्हें नहीं आता था, दूसरों की निन्दा वे नहीं करते थे, पर-निन्दा और छिछोरी बातें सुनने का उनमें तनिक भी उत्साह नहीं था। मित्रता उनकी निश्छल थी, प्रेम उनका सहज, निर्विकार और निरुद्देश्य था तथा मनुष्य मात्र का वे आदर करते थे। ये बड़ी ही दुर्लभ बातें हैं, और जिसमें भी ये दुर्लभ बातें एकत्र मिल जाएँ, समझना चाहिए कि वह व्यक्ति संस्कृति की प्रतिमूर्ति है। 'विद्या ददाति विनयम्'—यह बहुत ही प्राचीन उक्ति है, किन्तु विद्या और विनय का संग सर्वत्र दिखाई नहीं देता। पटना विश्वविद्यालय ने विद्वान अनेक पैदा किए और विद्या के साथ कुछ विनयशीलता की उपलब्धि भी प्रायः सभी विद्वानों ने की होगी; किन्तु इस विश्वविद्यालय के स्नातकों में से थोड़े ही व्यक्ति ऐसे निकले, जिनकी संस्कृति उनकी अपनी कोमलता, उदारता, प्रकाशमयता और मनोज्ञता के कारण उल्लेखनीय मानी जाएगी। नलिन जी का स्थान इन्हीं थोड़े-से स्नातकों में था।

नलिन जी के प्रकाशित ग्रन्थ केवल चार हैं। एक है 'दृष्टिकोण', जिसमें उनके आरम्भिक निबन्धों का संग्रह है; दूसरा है उनकी कहानियों का प्रथम संग्रह 'विष के दाँत'; तीसरा ग्रन्थ है 'साहित्य का इतिहास-दर्शन' जिसे बिहार राष्ट्रभाषा परिषद् ने प्रकाशित किया है और चौथा ग्रन्थ 'सत्रह कहानियाँ' के नाम से अभी-अभी राँची से निकला था। इसके सिवा उनकी बहुत-सी साहित्यिक टिप्पणियाँ सम्मेलन के मुखपत्र 'साहित्य' में निकली थीं, जिस पत्र का वे सम्पादन करते थे। प्रपद्यवाद के नाम से नलिन जी ने नई कविता के एक विशिष्ट आन्दोलन का भी प्रवर्तन किया था, जिसके मुख्य कवि वे स्वयं तथा उनके दो मित्र, प्रो. केसरी कुमार सिंह और श्रीनरेश थे। इन तीनों कवियों की कविताएँ एक संग्रह में साथ ही निकली थीं। इस संग्रह में नलिन जी की कई रचनाएँ संगृहीत हैं।

नलिन जी के पास प्राच्य और पाश्चात्य ज्ञान का संचय बड़ी ही उच्च कोटि का था। वे पंडित होने के साथ-साथ बहुत अच्छे 'स्कॉलर' भी थे। इधर अनुसंधानियों का पथ-प्रदर्शन करने में उनका बहुत समय जाने लगा था, किन्तु उनका स्वाध्याय तब भी चलता ही रहता था। यूरोप और अमरीका की नवीन-से-नवीन साहित्यिक एवं दार्शनिक प्रवृत्तियों से परिचित होने को वे अपने कान

बिछाए रहते थे और ऐसा होता था कि ऐसी प्रवृत्तियों की सूचना मित्र उन्हें कम दे पाते, अक्सर वे ही अधिक दिया करते थे। हिन्दी में दुष्प्रयोगों की बाढ़ से वे काफी चिन्तित थे। साहित्य-सम्मेलन के राँची वाले अधिवेशन में इस विषय पर उनका जो भाषण हुआ था, वह बड़ा ही उपयोगी और प्रभावपूर्ण था।

राष्ट्रभाषा के रूप में हिन्दी की प्रगति का विषय उन्हें अत्यन्त प्रिय था। कुछ अन्य भाषा-भाषी लोग आजकल बिना सोचे-समझे ही जहाँ-तहाँ बोल उठते हैं कि हिन्दी में श्रेष्ठ साहित्य का अभाव है और कई हिन्दी भाषा-भाषी नेता भी अपने को पक्षपात-मुक्त दिखलाने को इस अनर्गल आक्षेप का समर्थन करते हैं। इस अविचार की पीड़ा नलिन जी से अधिक और कोई महसूस नहीं करता था। देश के किस कोने में हिन्दी का क्या हाल है, यह विवरण भी वे बड़े ही प्रेम से सुना करते थे और विश्वविद्यालय के भीतर तो हिन्दी के स्वाभिमान के वे एक ही प्रहरी थे। मैंने उनसे बड़ी-बड़ी आशाएँ लगा रखी थीं। उनके रहते-रहते यदि हिन्दी के अन्तरराष्ट्रीय सम्मान का कार्य आरम्भ होता, तो वे हिन्दी के बहुत अच्छे दूत साबित होते।

पिछले एक वर्ष के भीतर, डॉक्टर की देख-रेख में, उन्होंने अपने शरीर को गलाकर बिलकुल हलका कर लिया था, किन्तु उसके पूर्व वे काफी मोटे थे, किन्तु उनके विचारों में चरबी की मात्रा बहुत कम थी। उनकी मान्यता, उनकी रुचि और उनका अपना प्रेम समास-शैली पर था, व्यास-शैली में लिखी चीज उन्हें कम पसन्द आती थी।

उपन्यासों के वे विशेषज्ञ थे। मेरा खयाल है, उपन्यासों के बारे में नलिन जी को जो बातें मालूम नहीं थीं, वे जानने के योग्य नहीं होंगी। कविताओं के बारे में उनकी रुचि बिलकुल नवीन थी। प्रोफेसर होने के कारण सहानुभूति तो उन्हें सब प्रकार की कविताओं को देनी पड़ती थी, किन्तु खुद हिन्दी कविता में वे उस बौद्धिक रस का प्रवाह देखना चाहते थे, जो बादलेयर, रेम्बू, रिल्के और इलियट में दिखाई पड़ता है। हिन्दी पाठकों को यह सुनाने के लिए कि तुम्हारी रुचि बहुत ही जर्जर और प्राचीन है, वे कभी-कभी धक्कामार भाषा का प्रयोग करते थे। 'हिन्दी में शून्यवाद', 'हिन्दी राष्ट्रभाषा इसलिए हुई कि उसमें निराला-जैसा कवि उत्पन्न हुआ', 'साकेत, कामायनी और कुरुक्षेत्र : ये काव्य व्यर्थ ही लिखे गए'– इस तरह की बातें बोलकर हिन्दी-भाषियों की रुचि का वे झकझोर इलाज करना चाहते थे। दूसरी ओर, ऐसे युवकों को भी वे खूब चाहते थे, जो महज गीतकार हैं, जिनकी रचनाएँ शुद्ध परम्परा की डाल से निकली हुई नई टहनियाँ हैं, जो रेम्बू और रिल्के के फेरे में अभी नहीं पड़े हैं।

नलिन जी से मेरी आखिरी मुलाकात 29 जुलाई, 1961 ई. को हुई, जब मैं दिल्ली जा रहा था और वे आरा जा रहे थे। कूपे में हम दो ही व्यक्ति थे, इसलिए पटना से आरा तक बातें खूब आनन्द से होती गईं। हम दोनों जब भी जरा आफियत से मिलते थे, हमारी बातें साहित्य की नई कृतियों के बारे में चलती थीं। उस दिन मैंने नलिन जी को यह रिपोर्ट दी कि इधर मैंने कई उपन्यास और कहानियों की पुस्तकें पढ़ डाली हैं। 'नदी के द्वीप' को पहले तो मैं नहीं पढ़ सका था, किन्तु जून में उसे मैंने पढ़ लिया और मेरा विचार है कि केवल भाषागत कारीगरी की दृष्टि से यह उपन्यास हिन्दी में बिलकुल बेजोड़ है। भाषा की खूबियों को उन्होंने भी कबूल किया, यद्यपि अन्य बातों में हम दोनों के बीच कुछ थोड़ा मतभेद-सा रहा। इसी प्रकार, मैंने उन्हें अमरकान्त के 'सूखा पत्ता', राजेन्द्र यादव के 'सारा आकाश' तथा 'शह और मात', कृष्णा सोबती की 'डाल से बिछुड़ी', रजनी पनिकर की 'जाड़े की धूप', अमृतलाल की 'सोहाग के नूपुर' तथा छेदीलाल, मन्नू भंडारी और शैलेश मटियानी की कहानियों के बारे में अपनी प्रतिक्रिया बतलाई। उन्होंने, खास तौर से चर्चा डॉक्टर दिवाकर प्रसाद विद्यार्थी की नई पुस्तक 'रजनी और तारे' की की और कहा कि भाषा का चमत्कार आपको इस पुस्तक में भी मिलेगा।

हस्बे-मामूल मैंने उनके खान-पान और इलाज के नतीजों के बारे में भी पूछताछ की। नलिन जी अपने पथ्य और चिकित्सा से काफी सन्तुष्ट थे। उन्होंने मुझे विश्वास दिलाया कि अब चिन्ता की कोई बात नहीं है, मुझे भूख भी लगती है, पेट भी ठीक से साफ होता है और शक्ति भी काम करने भर काफी है।

किन्तु चिन्ता की कोई बात नहीं होने पर भी चिन्ता की बड़ी बात हो गई। इससे सिद्ध यही होता है कि गरचे चिकित्सा-विज्ञान में हर बीमारी का इलाज है, फिर भी आदमी को एक बीमारी ऐसी हो ही जाती है जिसका इलाज उसे मालूम नहीं है।

मरने वालों में फिर से जन्म किसका होता है और किसका नहीं, यह हम नहीं जानते, किन्तु जन्म लेनेवाले को मरना जरूर पड़ता है। लेकिन तब भी ऐसे लोग होते हैं, जो मरने पर भी बिलकुल निःशेष नहीं होते, अपनी कृतियों के भीतर से, मित्रों के स्मृति-निकुंज से अथवा धराधाम पर स्थापित अपनी कीर्ति के द्वारा अपनी मरणोत्तर आयु की सूचना देते रहते हैं।

आए हैं सो जाएँगे राजा, रंक, फकीर,
एक सिंहासन चढ़ि चले, एक बँधे जंजीर।

नलिन जी सिंहासनासीन गए हैं। उनकी मरणोत्तर आयु अभी शेष है।

डॉक्टर लक्ष्मीनारायण 'सुधांशु'

मौलाना आजाद, पंडित जवाहरलाल नेहरू, आचार्य नरेन्द्रदेव, पंडित माखनलाल चतुर्वेदी, पंडित बालकृष्ण शर्मा 'नवीन' और डॉक्टर सम्पूर्णानन्द, स्वभाव से, साहित्य के आदमी थे, मगर काल ने उन्हें राजनीति की ओर खींच लिया। राजनीति में इन लोगों का कार्य बहुत ही उच्च कोटि का हुआ, लेकिन अगर ये लोग केवल साहित्य में रहे होते, तो शायद और भी बड़े काम करते। यही बात हम लोकमान्य बाल गंगाधर तिलक के बारे में भी कह सकते हैं, बल्कि यह बात तिलक जी पर कुछ ज्यादा ही लागू होती है। किन्तु काल-धर्म ने इन मनीषियों को डटकर वह काम करने नहीं दिया, जो इनके लिए अधिक स्वाभाविक था। तिलक जी से किसी ने यह पूछा था कि स्वराज्य मिलने पर आप किस विभाग का मंत्री बनना चाहेंगे? तिलक जी ने कहा, 'यदि स्वराज्य हो जाए, तो मैं तो मंत्री बनने के बजाय गणित का प्रोफेसर बनना अधिक पसन्द करूँगा।'

डॉक्टर लक्ष्मीनारायण 'सुधांशु' की भी गणना हमें ऐसे ही लोगों की श्रेणी में करनी होगी, जो थे तो स्वभाव से साहित्यिक, मगर जिन्हें काल ने राजनीति में खींच लिया। सुधांशु जी की प्रकृति विशुद्ध साहित्यिक की प्रकृति है। उनकी तैयारी भी साहित्य-सेवा की ही तैयारी थी। अपने छात्र-जीवन में उन्होंने कविताएँ और कहानियाँ लिखी थीं। मगर सुयश उनका एम.ए. की परीक्षा के लिए प्रस्तुत 'काव्य में अभिव्यंजनावाद' नामक निबन्ध को लेकर फैला। और एम.ए. कर लेने के बहुत बाद, जब उनका ग्रन्थ 'जीवन के तत्त्व और काव्य के सिद्धान्त' प्रकाशित हुआ, उनका स्थान हिन्दी के शीर्षस्थ आलोचकों के बीच बन गया और वे आलोचना के नये आचार्य माने जाने लगे।

विश्वविद्यालय छोड़ने के बाद सुधांशु जी ने अगर प्रोफेसरी कबूल कर ली होती, तो आज उनके पढ़ाए हुए विद्वानों की संख्या विशाल होती और उनके द्वारा लिखित ग्रन्थों की सूची भी बहुत बड़ी होती। किन्तु, राष्ट्रीयता से भरे होने के कारण उन्होंने कैरियर की तलाश नहीं की, बल्कि वे स्वैच्छिक हिन्दी संस्था देवघर

विद्यापीठ के प्राचार्य बनकर देवघर में जा विराजे। सुधांशु जी और स्वर्गीय द्विज जी की उपस्थिति के कारण उन दिनों देवघर केवल धार्मिक ही नहीं, साहित्यिक तीर्थ भी हो गया था।

द्विज जी से मेरी पहली मुलाकात भागलपुर में सन् 1934 ई. में हुई थी, किन्तु सुधांशु जी के साथ मेरा प्रथम साक्षात्कार देवघर में ही हुआ था और अपनी कविताएँ भी उन्हें मैंने पहले-पहल देवघर में ही सुनाई थीं। सुधांशु जी से उम्र में मैं बहुत छोटा नहीं हूँ। मेरी और उनकी उम्र में फर्क साल का नहीं, बल्कि महीनों का होगा। मगर जिस दिन मैं उनसे पहले-पहल मिला था, मुझे लगा था कि मैं सुधांशु जी से, और नहीं तो, दस साल छोटा अवश्य होऊँगा। और आज भी मैं यही महसूस करता हूँ कि मैं उनसे साल-छः महीने नहीं, आठ-दस साल छोटा हूँ। बुजुर्गी सुधांशु जी में तब भी थी, जब वे जवान थे और जवानी की थोड़ी झलक उनमें अब भी दिखाई देती है।

परिचय होने के बाद मैं सुधांशु जी से बराबर मिलता रहा। उन दिनों सभा-सम्मेलनों की धूम रहती थी और मेरा रविवार या छुट्टी का दिन, अक्सर, सभा-सम्मेलनों में ही जाता था। कविताएँ सुधांशु जी अत्यन्त गम्भीर मुद्रा में सुनते थे और सहसा पता नहीं चलता था कि कविता उन्हें पसन्द आई है या नहीं अथवा कितनी पसन्द आई है।

एक बार मुंगेर की हिन्दी परिषद् में नवीन जी पधारे हुए थे। उस सम्मेलन में और भी कई कवियों ने भाग लिया था। उस सम्मेलन में मैंने दो या तीन कविताओं का पाठ किया था, जिनमें से एक कविता 'विपथगा' भी थी। जब मैं कविता पढ़कर सुधांशु जी और द्विज जी के पास बैठा, सुधांशु जी ने कहा, "जब तुम 'विपथगा' कविता पढ़ रहे थे, मेरा जी करता था कि अपनी छड़ी फेंककर तुम्हें मारूँ। जानते हो कि उस कविता को पढ़ते समय तुम्हारा धरातल वही हो जाता है, जो अमुक कवि का धरातल है?"

मैंने लक्ष्य किया कि सुधांशु जी की रुचि आचार्य की रुचि है। वह देशभक्ति या क्रान्ति के नाम पर नहीं झूमती, बल्कि कारीगरी और सही ढंग की तराश खोजती है।

कई साल तक देवघर रह लेने के बाद सुधांशु जी पूर्णिया जिला बोर्ड के चेयरमैन हो गए और वहीं रहने लगे। तब सन् 1942 ई. की क्रान्ति आई, जिसमें पुलिस ने सुधांशु जी के साथ बड़ा ही निदारुण व्यवहार किया। उनके शरीर पर कोई पचास लाठियाँ बरसी थीं, जिसका कुपरिणाम सुधांशु जी आज तक भोग रहे हैं। उनकी कमर, जो असमय झुक गई, वह उसी मार का परिणाम है। उनकी आँखों में जो बीमारी पैदा हो गई, वह भी उन्हीं लाठियों का नतीजा है। सुधांशु जी

शहीद नहीं हुए, जीवित रह गए, इसमें अँगरेजी सरकार का कोई कसूर नहीं है। उसने तो सुधांशु जी को समाप्त ही कर देना चाहा था। मगर कोई और भी दरबार है, जो सभी मुसीबतों के बीच से आदमी को सही-सलामत खींच लेता है।

सन् 1942 के आन्दोलन के बाद सुधांशु जी प्रान्तीय राजनीति के मंच पर आ गए। वे आरम्भ से ही दलबन्दी से बिलकुल बेदाग निकलते आ रहे थे और इसी कारण प्रत्येक दल के लोग उन्हें विश्वसनीय समझते थे और उनकी ईमानदारी का भरोसा करते थे। बिहार का यह दुर्भाग्य रहा है कि उसके नेता आरम्भ से ही परस्पर विरोध पालते आए हैं। यही कारण है कि बिहार में प्रकृति ने पहाड़ों, जंगलों और धरती के भीतर जो खजाने फैला रखे हैं, उनका उपयोग बिहार सरकार नहीं कर सकी। नेता आपस में झगड़ते रहे हैं, पैंतरेबाजी करते रहे हैं। उन्हें यह सोचने का निश्चित समय ही नहीं मिला कि बिहार में स्वराज्य को सार्थक करने के लिए क्या काम करना चाहिए। एक साल बिहार प्रान्तीय कांग्रेस के सभापतित्व को लेकर श्रीबाबू और अनुग्रह बाबू के बीच ऐसा ही विवाद छिड़ गया और जब राजीनामे की कोई और राह नहीं मिली, दोनों नेताओं के बीच समझौता इस बात पर हुआ कि प्रान्तीय कांग्रेस के सभापति सुधांशु जी चुन दिये जाएँ। यह सुधांशु जी के निर्दलीय व्यक्तित्व के प्रति प्रान्त की पहली श्रद्धांजलि थी और सुधांशु जी ने श्रीबाबू और अनुग्रह बाबू के बीच तराजू के पलड़ों को जिस बारीकी से बराबर रखा, उससे प्रान्तीय राजनीति में सुधांशु जी का सिक्का और भी जम गया।

श्रीबाबू और अनुग्रह बाबू के बीच एक झगड़ा और उठा था, जिससे आजिज आकर जवाहरलाल जी ने और कांग्रेस के आला कमान ने यह फैसला दे दिया था कि इन दोनों नेताओं में से किसी को भी प्रान्तीय विधायक दल का नेता नहीं चुना जाना चाहिए। उस समय यह अफवाह जोरों से उठी थी कि अगर श्रीबाबू और अनुग्रह बाबू की उम्मीदवारी बाधित हो गई, तो कांग्रेस विधायक दल के नेता और प्रान्त के मुख्यमंत्री सुधांशु जी ही होंगे। मगर कांग्रेस पर छाए हुए विपत्ति के बादल किसी तरह छँट गए और दल के नेता फिर श्रीबाबू ही चुने गए।

जिस समय राजर्षि पुरुषोत्तम दास टंडन अखिल भारतीय कांग्रेस के अध्यक्ष हुए थे, उस समय सुधांशु जी बिहार प्रान्तीय कांग्रेस के अध्यक्ष थे। इस हैसियत से टंडन जी ने सुधांशु जी को अपनी कार्यकारिणी समिति में रखा था और कार्यकारिणी समिति के सदस्य की हैसियत से सुधांशु जी ने बहुत अच्छा कार्य किया, जिसकी प्रशंसा टंडन जी किया करते थे।

सुधांशु जी आरम्भ से ही हिन्दी के बहुत बड़े हामी रहे हैं। जब तक वे स्पीकर नहीं चुने गए थे, बिहार सरकार की हिन्दी-समिति के वे ही अध्यक्ष थे। इस काम

में उन्होंने बहुत काफी समय दिया था और सचिवालय को जगाने के साथ-साथ उन्होंने अनेक जिलों के भी दौरे किये थे और सरकार के हिन्दी के काम में उन्होंने जान डाल दी थी। और जब वे स्पीकर हुए, उनकी रीति-नीति का प्रभाव सारे देश पर पड़ने लगा।

सन् 1965 ई. में जब मद्रास में हिन्दी-विरोधी आन्दोलन उठा, श्री कामराज ने मद्रास में कहीं यह कह दिया था कि अगर केन्द्रीय सरकार का कोई कागज हिन्दी में मिले, तो उसे फाड़कर फेंक दो। इधर बिहार विधान सभा में जब किसी सदस्य ने स्पीकर से पूछा कि सरकार अगर कोई कागज अँगरेजी में हमें भेजे, तो हम क्या करें? तब डॉक्टर सुधांशु ने कहा, उस कागज को फाड़कर फेंक दो। इन दोनों दृष्टांतों का उल्लेख करते हुए स्टेट्समैन ने एक अग्रलेख लिखा था, जिसमें इस बात का विलाप था कि हिन्दी-विरोधी हिन्दी को बर्दाश्त करने को तैयार नहीं हैं तथा अँगरेजी-विरोधी अँगरेजी को बर्दाश्त नहीं करेंगे। उन दिनों घबराहट में आकर मैंने एक बयान दिया था, जिसका अभिप्राय यह था कि अगर दक्षिण के लोग अँगरेजी को छोड़ने को तैयार नहीं हैं, तो एकता के हित में अभी अँगरेजी भी चलती रहे तो क्या हर्ज है? सुधांशु जी इस वक्तव्य से नाराज हुए थे और उन्होंने मुझे डाँट-फटकार भी सुनाई थी।

सुधांशु जी हिन्दी का रचनात्मक कार्य तो जीवन भर करते रहे हैं, किन्तु स्पीकर की हैसियत से उन्होंने हिन्दी के पक्ष से जो लड़ाई लड़ी, उसने सारे देश में उन्हें यशस्वी बना दिया। आज सारे देश में हिन्दी-नेता के रूप में उनका अप्रतिम स्थान है।

सुधांशु जी मित्रवत्सल और दयालु मनुष्य हैं, मगर सिफारिश करने या सिफारिश सुनने को वे शायद ही कभी तैयार हों। बहुत वर्ष पूर्व मैंने किसी की एक सिफारिश उन तक पहुँचाई थी और कहा था कि आप यह बात अमुक मंत्री तक पहुँचा दीजिए। उन्होंने कहा, "अगर उनसे यह कहूँ कि आप मेरे ड्राइंगरूम में दंड पेलिए, तो मेरा खयाल है, मेरी यह बात भी वे मान लेंगे, मगर सिफारिश करना मुझसे पार नहीं लगेगा।" उस दिन मुझे सुधांशु जी पर बड़ी भक्ति उमड़ी थी।

सुधांशु जी के मिजाज में सादगी के साथ रईसी कूट-कूटकर भरी है। वे चादर और टोपी नहीं रखते हैं, मगर उनका व्यक्तित्व इतना भव्य है कि केवल धोती-कुरते में भी वे देवोपम दिखाई देते हैं। किन्तु सुस्वादु भोजन के वे रसिक हैं और एक समय वे भोजनभट्ट भी रहे थे। अब भोजन की मात्रा बहुत कम हो गई है, लेकिन स्वाद को जीतने की चिन्ता उन्हें तनिक भी नहीं है। शरीर में अब रोग उत्पन्न हो गए हैं। उन्हें मधुमेह भी है, रक्तचाप भी और पैरों में गठिया

भी। आँख की बीमारी तो है ही। लेकिन भोजन में संयम वे अब भी नहीं बरतते। यहाँ तक कि मधुमेह के लिए भी कोई दवा उन्होंने अब तक कबूल नहीं की है। और ईश्वर की ऐसी कृपा कि मिठाइयों में रसगुल्ले और फलों में आम के वे एक ही प्रेमी हैं।

जीवन के प्रति उनका दृष्टिकोण बेफिक्री का है। आज ठीक से जी लो, कल का मालिक भगवान है, यह सूत्र उनके स्वभाव से निकाला जा सकता है। मैं जब विपत्ति में पड़ा, उनके सामने अनेक बार मैंने अपनी दुरवस्था की चर्चा की थी। एक दिन उन्होंने बड़ा ही मार्मिक उत्तर दिया था, "तुम कविता में तो स्वाधीनता प्राप्त कर चुके, मगर पारिवारिक मोह-माया से तुम नहीं छूट सके। उससे भी मुक्त हो जाओ। सृष्टि अपने ही ढंग से चलती है। हम कहाँ तक उसे अपने अनुकूल बनाने की कोशिश करेंगे?"

व्यक्तित्व मधुर; आचरण शील और सौहार्द से पूर्ण, बोली बेलौस मगर मीठी और प्रत्येक सम्बन्ध को पारिवारिक बनाने की इच्छा; राजनीति में रहते हुए साहित्य की चिन्ता; साहित्यिकों के बीच यह कहने का उत्साह कि राजनीति केवल राजनीति तक सीमित नहीं है, वह हर जगह विद्यमान है। निर्भीक हिन्दी-सेवी और श्रद्धेय मित्र; सुधांशु जी गुणों के भंडार हैं। मगर आलस्य के वे शिकार जरूर हैं, नहीं तो 'काव्य-योग' नामक उनका अधूरा ग्रन्थ पूरा क्यों नहीं होता है?

पंडित वंशीधर विद्यालंकार

सन् 1927 या 28 ई. में कविता की एक पुस्तक प्रकाशित हुई थी। पुस्तक का नाम था 'मेरे फूल' और उसके रचयिता थे श्री वंशीधर विद्यालंकार। पत्र-पत्रिकाओं में पुस्तक की जो समीक्षाएँ छपी थीं, वे बहुत ही अनुकूल थीं और उनमें कहा गया था कि इस पुस्तक के लेखक पश्चिमोत्तर सीमा-प्रदेश के निवासी हैं। इससे 'मेरे फूल' के बारे में हम लोगों का कुतूहल और बढ़ा। जिस दिन यह छोटी-सी पुस्तक मेरे हाथ लगी, मैंने उसकी कविताएँ उसी दिन कई बार पढ़ डालीं। यह छायावाद का समय था और कविताएँ अस्पष्ट लिखी जाती थीं। 'मेरे फूल' की कविताएँ उर्दू की वेधकता लिये हुए सीधी और साफ थीं। 'मेरे फूल' की कविताएँ मुख्यतः प्रकृति की कविताएँ थीं, जो छायावाद का ही लक्षण कहा जाएगा, किन्तु इन कविताओं का कवि छायावादी धूमिलता से बिलकुल ही मुक्त था। यह शायद द्विवेदी-युग के आंशिक प्रत्यावर्तन का आरम्भ था। यह शायद उस धारा का आदि संकेत था, जिससे आगे चलकर बच्चन की और मेरी कविताएँ उत्पन्न हुईं।

'मेरे फूल' के बाद बहुत वर्षों तक वंशीधर जी की कोई और कविता पढ़ने को नहीं मिली। तब यह देखा कि वंशीधर विद्यालंकार नामक कवि हैदराबाद से 'अजन्ता' नामक मासिक पत्रिका निकाल रहे हैं। 'अजन्ता' बहुत ही अच्छी पत्रिका थी। उसके भीतर सम्पादन की कुशलता और सुरुचि को देखकर वंशीधर जी पर श्रद्धा होती थी।

वंशीधर जी के साथ मेरी पहली मुलाकात पटना में हुई, जब वहाँ पं. चन्द्रबली पांडेय की अध्यक्षता में अखिल भारतीय हिन्दी साहित्य सम्मेलन का वार्षिक अधिवेशन हुआ था। उसके बाद उनसे मिलने का सुयोग अनेक बार मिला और अनेक बार मैं उनके पांडित्य से चकित तथा उनके प्रेमपूर्ण व्यवहार से प्रफुल्लित हुआ। हमारी आखिरी मुलाकात यहीं दिल्ली में हुई थी, जब वंशीधर जी आखिरी बार ही दिल्ली आए थे और यहाँ से लौटकर फिर हैदराबाद नहीं जा सके।

जिस दिन वंशीधर जी दिल्ली में मेरे निवास-स्थान पर आए थे, उनका स्वास्थ्य स्वाभाविक तेज से दमक रहा था। भला किसे यह शंका हो सकती थी कि वे चार-छः दिनों के मेहमान हैं? जब वे मेरे घर पर विराज रहे थे, संयोग से अज्ञेय जी भी आ गए और संस्कृत नाटकों के विषय में दोनों के बीच रोचक संवाद भी हुआ।

वंशीधर जी का रंग गोरा, कद मँझोला और चेहरा भरा-पूरा और लाल था। साठ-बासठ की उम्र हो जाने पर भी उनके दाँत स्वच्छ और मसूढ़े तंदुरुस्त थे। शरीर उनका कुछ स्थूल था, किन्तु इतना स्थूल नहीं कि उनकी गिनती मोटे आदमियों में की जा सके। वे हँसमुख आदमी थे और बराबर कोई न कोई ऐसी बात कहते ही रहते थे, जिससे महफिल कहकहे लगाती रहे। अनुकूल श्रोता मिल जाने पर कविताएँ वे बड़ी ही मस्ती से सुनाते थे। उन्हें उर्दू की भी बहुत-सी कविताएँ याद थीं। खास कर हाली पर उनका विशेष प्रेम था। और इकबाल की 'शिकवए-खुदा' भी वे बड़े जोश से सुनाते थे।

सन् 1965 ई. के दिसम्बर महीने में वे और मैं, दोनों एर्णाकुलम् गए थे और विश्वविद्यालय के हिन्दी-विभाग के मेहमान थे। हम लोग तीन-चार दिन साथ रहे थे। मित्रों के साथ बात करने में वंशीधर जी को खूब मजा आता था। एक शाम वे मुझे लेकर एर्णाकुलम् बाजार भी घूमने गए थे। मुझे याद है कि किस प्रकार उन्होंने मेरे लिए दो लुंगियाँ पसन्द की थीं और कैसे उन्होंने मुझे वे लुंगियाँ खरीदने को विवश कर दिया था। चीनी मिट्टी के बरतनों की दुकान को वे ललचाई हुई नजर से देखते थे और जरूरत नहीं होने पर भी चाय का नया सेट खरीद ही लेते थे।

उनके पास चाय के कई अच्छे सेट थे और वे अक्सर ही मित्रों से कहते थे, 'इस बार जब आप मेरे घर पधारेंगे, मैं आपको अमुक सेट में चाय पिलाऊँगा।' उन्हें खाने- पहनने का शौक था और मित्रों का सत्कार वे भाँति-भाँति के व्यंजनों से करते थे।

तुलसीदास जी ने जिस सीता की कल्पना की है, वह सीता वंशीधर जी को पसन्द नहीं थी। एर्णाकुलम् और दिल्ली, दोनों जगहों पर भेंट होने पर उन्होंने मुझसे कहा, "तुलसीदास की सीता मोगलों के हरम की शहजादी है। उसमें कष्ट झेलने की शक्ति नहीं है। उसके भीतर उस सीता का तेज नहीं है, जिसकी कल्पना वाल्मीकि ने की है।"

अपने कथन की पुष्टि में वे यह दलील देते थे कि वाल्मीकि रामायण में भी राम पहले सीता को वन ले जाना नहीं चाहते हैं। वे उसे वन में मिलने वाले कष्टों का भय दिखाकर उसे वन-गमन से विरत करना चाहते हैं।

किन्तु वाल्मीकि की सीता तेजस्विनी है। वह बेधड़क राम से कहती है :

यदि त्वं प्रस्थितो दुर्गं वनमद्यैव राघवः
अग्रतस्ते गमिष्यामि मृद्‌नन्ती कुशकटकान्।

अर्थात्, हे राघव, यदि आप आज ही दुर्गम वन की ओर प्रस्थान कर रहे हैं, तो मैं रास्ते के कुश और काँटों को कुचलती हुई आपके आगे-आगे चलूँगी।

राम फिर भी नहीं मानते और सीता को हतोत्साह करने को वे वन की और भी भीषिकाओं का वर्णन करते हैं। इससे सीता विचलित हो उठती है तथा राम के प्रति वह ऐसी बात बोल पड़ती है, जो तुलसीदास की सीता के मुख से कभी भी नहीं निकल सकती थी :

किं त्वामन्यत वैदेहः पिता मे मिथिलाधिपः
राम जामातरं प्राप्य स्त्रियं पुरुष-विग्रहम्।

अर्थात् हे श्रीराम, क्या मेरे पिता मिथिला-नरेश विदेहराज जनक ने आपको जामाता के रूप में पाकर कभी यह भी समझा था कि आप केवल शरीर से ही पुरुष हैं, कार्यकलाप से तो स्त्री ही हैं?

वाल्मीकि की सीता का वर्णन करके वंशीधर जी तुलसीदास की सीता की ओर मुड़ते थे और कवितावली के इस सवैये को पढ़कर वे अपनी बात पूर्ण कर देते थे :

पुरतें निकसीं रघुवीर-वधू,
धरि धीर दिये मग में डग द्वै।
झलकी भरि भाल कनी जल की
पुट सूखि गए मधुराधर द्वै।
फिरि पूछति हैं चलनो अब केतिक,
पर्नकुटी करिहौं कित व्है।
तिय की लखि आतुरता पिय की
अँखियाँ अति चारु चली जल च्वै।

वंशीधर जी ने कालिदास का भी अध्ययन आँख खोलकर किया था। उनका मत था कि कालिदास नायिकाओं के चितेरे हैं, नायक उनके बड़े कमजोर हैं। हाँ, पुरूरवा की बात और है। यह पुरुष-सृष्टि कालिदास की बेजोड़ रचना है। वंशीधर जी का यह भी विचार था, 'विक्रमोर्वशीयम्' 'अभिज्ञान शाकुंतलम्' से श्रेष्ठ है।

वंशीधर जी के अँगरेजी निबन्धों का एक संग्रह सन् 1956 ई. में छपा था। उसकी भूमिका स्वर्गीय डॉक्टर भगवान दास ने लिखी थी। उस भूमिका में भगवान दास जी ने वंशीधर जी के दोनों विचारों के साथ अपनी सहमति प्रकट की थी।

वंशीधर जी स्वर्गीय मौलाना अब्दुल हक के बड़े भारी प्रशंसक थे। हैदराबाद के किसी मुशायरे में वंशीधर जी ने 'मेरे फूल' नामक कविता का पाठ किया था :

दरवाजे को खोद दे माली,
मुझे बुलाती डाली-डाली।

अब्दुल हक साहब इस कविता से इतने प्रसन्न हुए कि उन्होंने उसी कविता को मुशायरे में पढ़ी गई कविताओं में सर्वश्रेष्ठ घोषित किया और वे वंशीधर जी को प्यार करने लगे। यह डॉक्टर अब्दुल हक की ही गुणग्राहकता का परिणाम था कि वंशीधर जी एम.ए. हुए बिना उस्मानिया विश्वविद्यालय में हिन्दी के प्रोफेसर नियुक्त कर दिये गए।

हैदराबाद में रहकर वंशीधर जी ने हिन्दी का काफी प्रचार किया। वे हिन्दी की शोभा और शक्ति थे।

आचार्य शिवपूजन सहाय

आचार्य शिवपूजन सहाय पहले 'हिन्दी-भूषण शिवपूजन सहाय' के नाम से विख्यात थे। पता नहीं, हिन्दी-भूषण कोई परीक्षा थी, जिसे उन्होंने पास किया था अथवा यह श्रद्धाव्यंजक उपाधि थी, जिसे हिन्दी-प्रेमी जनता ने उनके नाम के साथ जोड़ दिया था। किन्तु जब मैं बच्चा था, तब शिव जी का नाम मैंने हिन्दी-भूषण शिवपूजन सहाय के रूप में ही सुना था। पहले-पहल उनसे मेरी मुलाकात सन् 1934 ई.में हुई, जब वे दरभंगा में रहने लगे थे और मैं सब-रजिस्ट्रार बहाल होकर जयनगर गया हुआ था।

लेकिन उस पहली ही मुलाकात में मुझे यह मालूम हो गया कि यह व्यक्ति हिन्दी-भूषण से बहुत अधिक है; वह मानव-भूषण है। पिछले 28 वर्षों से मैं उन्हें मानव-भूषण मानकर ही उन पर श्रद्धा रखता आया था और इस लम्बी अवधि में एक बार भी ऐसा नहीं हुआ, जब मेरी श्रद्धा को कभी ठेस लगी हो, जब मेरे भीतर निराशा का कोई भाव जगा हो कि शिव जी, सच में, उतने बड़े नहीं हैं, जितना बड़ा मैं उन्हें समझता आया हूँ!

एक तरह के साहित्यिक वे होते हैं, जो काम कम, समाज पर गुस्सा कुछ अधिक किया करते हैं। शिव जी का स्वभाव ठीक इसके विपरीत था। सारी जिन्दगी में उन्होंने आराम कभी नहीं किया और सारी जिन्दगी में उन्होंने जीभ के इशारे से भी यह बात नहीं कही कि उन्हें किसी से भी कोई शिकवा या शिकायत है। जिन्होंने उनके परिश्रम का उचित मुआवजा उन्हें नहीं दिया, जिन्होंने प्रेम के खूँटे से बाँधकर उनका दोहन किया, जिन्होंने उनकी रायल्टी मारी अथवा जिन्होंने काम लेकर भी उन्हें खाली हाथ टरका दिया, उन सभी मित्रों को वे अन्त तक मित्र ही समझते रहे। संत कहलाकर मरना कोई आसान काम नहीं है। जो उचित से कम लेने को तैयार नहीं है, जो बिना आह और सीत्कार निकाले संसार को अपना रक्त पिलाने में आनाकानी करता है, दुनिया उसे संत नहीं कहेगी।

संत वह है, जो उस समय भी आह नहीं निकालता, जब संसार उसकी धमनी पर दाँत लगाकर उसका लहू पी रहा हो। यह धर्म अच्छा है या बुरा,

यह और बात है; किन्तु यह सच है कि आचार्य शिवपूजन सहाय इन सभी अर्थों में संत थे।

हर साल किसी-न-किसी साहित्यिक की मृत्यु पर आँसू बहाते हुए राष्ट्र विलाप करता है कि हाय, हमारे ये द्रष्टा और स्रष्टा अभाव में मरते ही रहते हैं। आज भी हम जिस स्रष्टा का शोक मना रहे हैं, उसके बारे में जानने लायक बात यह है कि मरने के छः दिन पूर्व उसके पास इतने पैसे नहीं थे कि वह रिक्शे पर चढ़कर घर से राष्ट्रभाषा-परिषद् के दफ्तर तक पहुँच सके। शिव जी के अभाव की कहानी पटना में घर-घर में फैली हुई थी और साहित्यिकों ने इस बात के लिए कुछ जोर भी लगाया था कि शिव जी की, कम-से-कम, आवश्यकता की पूर्ति का कुछ-न-कुछ प्रबन्ध अवश्य कर दिया जाए, किन्तु दान लेना शिवपूजन सहाय को कबूल नहीं था। उनसे ऐसा प्रस्ताव घुमा-फिराकर भी करना असम्भव था। और समाज का तंत्र ऐसा है, जिसमें साहित्य के बदले, इज्जत के साथ, पैसा दिलवाने का रिवाज आसानी से निकाला नहीं जा सकता।

इस बार तो अस्पताल वे बेहोशी की ही अवस्था में पहुँचाए गए थे और डॉक्टरों की पूरी कोशिश के बावजूद वे बचाए नहीं जा सके। लेकिन लगभग ऐसी ही अवस्था में वे सन् 1959 या 60 ई. में भी पड़े थे। उस समय मित्रों के लाख समझाने पर भी वे अस्पताल जाने को तैयार नहीं हुए क्योंकि उनके पास पैसे नहीं थे और दान के पैसों से अपना इलाज कराने की अपेक्षा मृत्यु उन्हें अधिक सम्मानजनक मालूम होती थी। निदान, कुछ मित्र जबर्दस्ती उन्हें एम्बुलेंस में लादकर अस्पताल ले गए और उन्हें यह आश्वासन दिलाया गया कि जो भी रुपये खर्च होंगे, वे आप पर कर्ज रहेंगे। किन्तु जब उन्होंने यह जिद पकड़ ली कि कर्ज चुकाने का उनके पास कोई इंतजाम नहीं है, तब यह सारी बात, किसी प्रकार, भारत के प्रधान मंत्री के पास पहुँचाई गई और उन्होंने तत्काल अपने कोष से दो हजार रुपये बिहार हिन्दी साहित्य सम्मेलन के तत्कालीन सभापति श्री ब्रजशंकर वर्मा को इस हिदायत के साथ भेज दिये कि इस रकम से शिवपूजन जी का इलाज करवाया जाए। पंडित जवाहरलाल नेहरू ने उस समय जिस तत्परता से काम लिया, वह अमृत सिद्ध हुई और राम-राम करके शिव जी मृत्यु के पंजों से मुक्त हो गए। किन्तु, इस बार तो शिव जी ने किसी को कुछ करने का अवसर ही नहीं दिया। वे अच्छे-खासे चल रहे थे। अचानक वे बेहोश हो गए। बेहोशी में ही वे अस्पताल पहुँचाए गए। लेकिन मृत्यु की घाटी से लौटने का उन्होंने नाम नहीं लिया। उनके दोनों पुत्र और असंख्य शिष्य, प्रशंसक और मित्र खड़े देखते रह गए और संत हमारे बीच से कूच कर गया।

शिवपूजन जी भाषा के बहुत बड़े आचार्य थे। मामूली हिन्दी सीख लेना कोई कठिन काम नहीं है; लेकिन शुद्ध हिन्दी लिखने का काम आसान नहीं है :

नहीं सहल अय दाग़ यारों से कह दो,
कि आती है उर्दू ज़बां आते-आते।

यह उक्ति केवल उर्दू पर ही नहीं, हिन्दी पर भी लागू होती है। प्रयोग की भूलें केवल नौजवान ही नहीं करते, ऐसी भूलें हम लोगों से भी होती हैं। मुझे प्रयोगों के बारे में जब-जब संदेह होता था, मैं अपनी शंकाएँ शिव जी से मिलकर हल करता था। मैंने शिव जी के ही मुख से सुना था कि हिन्दी के कुछ चोटी के लेखकों की पांडुलिपियों का उन्होंने विधिवत् संशोधन किया था और उन निरहंकारी आचार्यों ने उनके संशोधन धन्यवादपूर्वक स्वीकार कर लिये थे। भाषा के परिमार्जन का काम उन्हें सबसे अधिक प्रिय था। दो-एक बार दो-एक पांडुलिपियाँ संशोधनार्थ उन्होंने मेरे पास भी भेजी थीं। एक पांडुलिपि जब मैंने उन्हें लौटाई, तब पन्ना खोलते ही उनका चेहरा आनन्द से खिल उठा। यह इसलिए नहीं कि मैंने संशोधन बहुत अच्छा किया था। संशोधन अच्छा हुआ था या बुरा, यह बात तो उन्होंने बाद को देखी होगी। उनके सद्यःआनन्द का कारण यह था कि सारे पन्ने काले के बजाय लाल दिखाई पड़ते थे। यह उपदेश लेखकों को शिव जी बड़े उत्साह और आत्मविश्वास के साथ देते थे कि साहित्य के पहले ड्राफ्ट का विश्वास करना हमेशा ठीक नहीं होता। उसे बार-बार माँजना और सँवारना चाहिए। तभी भाषा की सामर्थ्य का असली ज्ञान लेखक को प्राप्त होता है।

साहित्य के एक काम को बड़ा और दूसरे को छोटा वे नहीं समझते थे। जिस मनोयोग और आन्तरिक प्रसन्नता के साथ वे रच-रचकर निबन्ध तैयार करते थे, उसी मनोयोग और प्रसन्नता के साथ वे प्रूफ भी देखते थे। प्रूफ शुद्ध करने में वे बिलकुल बेजोड़ थे और यह काम मेरा खयाल है, उन्हें बुरा भी नहीं लगता था। लेकिन यही उनका काल भी हुआ। उनके अनेक मित्र अपनी पुस्तकों का प्रूफ उन्हीं से दिखलाना चाहते थे। सम्पादन और प्रूफ-संशोधन का परस्पर बड़ा ही गहरा सम्बन्ध है और कहीं सम्पादक में यह भाव जग उठा कि प्रूफ की गलतियाँ वह बर्दाश्त ही नहीं करेगा, तब भारत-जैसे देश में सारे काम उसे खुद ही करने पड़ेंगे। इस विषय में शिवपूजन जी ने अपनी जो कीर्ति बना ली थी, उसी का यह दुष्परिणाम हुआ कि साहित्य-रचना का समय उन्हें बहुत ही कम मिल पाया। सारा समय उन्हें दूसरों की रचनाओं के परिष्कार में लगा देना पड़ा। द्विवेदी अभिनन्दन ग्रन्थ का पूरा सम्पादन और प्रूफ-संशोधन उन्होंने किया था। एक प्रकाशन-संस्था

के महोदधि के समान विशाल स्मारक-ग्रन्थ का सम्पादन उन्होंने किया था। राजेन्द्र अभिनन्दन ग्रन्थ उनका तैयार किया हुआ है। और स्वर्गीय होने के दो मास पूर्व एक चरखा-संघ का विशेषांक उन्होंने ही निकाला था। और तो और, बेहोश होने के एक दिन पूर्व तक भी लोगों ने उन्हें गेली प्रूफ पढ़ते देखा था। जो गाय किसी को लताड़ नहीं मारती, उसका दूध पीने का लोभ सबको हो आता है। अफसोस कि अब वह गाय इस धरा-धाम से उठ गई।

शिव जी के जाने से हिन्दी साहित्य की जो अपूरणीय क्षति हुई है, उसका ज्ञान केवल अनुभवी साहित्यिकों को होगा। किन्तु उनके जाने से पटना का जीवन सूना हो गया, बिहार-भर का हिन्दी साहित्य समाज श्री-विहीन हो गया। मैं तो पहले-पहल ही किसी साहित्यिक की मृत्यु से अनाथत्व अनुभव कर रहा हूँ। मुझे उनके अस्तित्व का बहुत बड़ा बल था। वे निश्छल भाव से मुझे प्यार करते थे और उनके प्रेम से मुझे प्रेरणा प्राप्त होती थी। मेरा दुर्भाग्य कि वह प्रेरणास्रोत अब सूख गया। लगता है, एक बहुत बड़ा आलोक-स्तम्भ तिरोहित हो गया और मैं अन्धकार में भटक रहा हूँ।

राष्ट्रपति राजेन्द्र प्रसाद

राष्ट्रपति डॉक्टर राजेन्द्र प्रसाद का कार्यकाल अब समाप्त होता है। कई दृष्टियों से यह घटना बड़े महत्त्व की है, एकाध दृष्टि से वह ऐतिहासिक भी मानी जाएगी। पिछले मार्च के महीने में पंडित जवाहरलाल जी ने लोक सभा में बोलते हुए कहा था, 'राजेन्द्र बाबू वह सेतु हैं, जो संघर्ष के समय के भारतवर्ष को स्वाधीन भारत के साथ जोड़ता है।' ऐसे सेतु जवाहरलाल जी भी हैं और उनकी सरकार अथवा सरकारों में अभी ऐसे अनेक लोग हैं, जो उस सेतुथ्क्के पुरजों के रूप में काम कर रहे हैं। लेकिन राजेन्द्र बाबू के अवकाश-ग्रहण के साथ दिल्ली के मंच का परदा बदल गया। अब ऐसे व्यक्ति के राष्ट्रपति-पद पर पहुँचने की सम्भावना अत्यन्त क्षीण है, जो संघर्षकालीन भारत को स्वाधीन भारत से जोड़ सके। और जो परिवर्तन आज देश के सर्वोच्च सिंहासन पर घटित हुआ है, वह परिवर्तन थोड़े दिनों में देश के विभिन्न मंत्रिमंडलों को भी पकड़नेवाला है। दिल्ली से राजेन्द्र बाबू की विदाई, वैसे कोई अनहोनी बात नहीं है, फिर भी इस विदाई के भीतर से गांधी-युग की यह ध्वनि सुनी जा सकती है कि मेरा कार्यकाल पूरा हो गया, मैं अब मंच से उतरने की तैयारी में हूँ।

दिल्ली की राजनीति में राजेन्द्र बाबू का सक्रिय प्रवेश सन् 1946 ई. में हुआ। तब से लेकर आज तक केन्द्रीय मंत्री, संविधान सभा के अध्यक्ष और राष्ट्रपति के रूप में उन्होंने देश की बहुत बड़ी सेवा की है। जिस संविधान के अनुसार देश आज चल रहा है, वह अगर आगे भी कायम रहा, तो राजेन्द्र बाबू का नाम उसके साथ कायम रहेगा क्योंकि यह संविधान उन्हीं के मार्ग-दर्शन में निर्मित हुआ था। लेकिन संविधान की किस्मत चाहे जैसी भी हो, उस राजेन्द्र प्रसाद का नाम तो किसी के भी मिटाए मिटनेवाला नहीं है, जिसने वकालत छोड़कर देश-सेवा के लिए संन्यास लिया था, जिसने देश-सेवा के मार्ग में जेलों की अनेक यातनाएँ सहीं, पुलिस की लाठियाँ खाईं, बार-बार जहर के प्याले पिये और तब भी जिसकी आँखें शीतल और शान्त बनी रहीं तथा गरदन कभी अभिमान में आकर ऊपर नहीं उठी। अहंकार तपस्या

से भी उत्पन्न होता है। बहुत-से साधु भी दूसरे साधु की बड़ाई सुनना नहीं चाहते। इसीलिए, विनम्र त्याग की महिमा बहुत मानी जाती है। डॉक्टर राजेन्द्र प्रसाद पर सारा देश लट्टू इसलिए रहा कि वे इसी विनम्र त्याग के प्रतीक हैं।

राजेन्द्र बाबू को 'देश-रत्न' की उपाधि स्वयं गांधी जी ने दी थी। वे राजेन्द्र बाबू को अपना सर्वश्रेष्ठ सहकर्मी कहा करते थे। राजेन्द्र बाबू की सादगी, विनम्रता और निश्छलता का आदर देश के सभी नेता, आरम्भ से ही करते आए हैं। सन् 1934 ई. में जवाहरलाल जी ने कहा था, 'राजेन्द्र बाबू की आँखों से स्वयं सत्य झाँका करता है।' सन् 1939 ई. में जब राजेन्द्र बाबू दूसरी बार कांग्रेस के सभापति हुए, तब सरोजिनी नायडू ने लिखा था कि 'राजेन्द्र बाबू के व्यक्तित्व का सही वर्णन तभी हो सकता है, जब लेखक के हाथ में सोने की कलम हो और वह उसे स्याही के बदले मधु में बोरकर रचना करता हो।' उनके पास जो मेधा है, वह दुर्लभ कोटि की है और उनके स्वभाव की मधुरता उससे भी अधिक अलभ्य है। उनका चरित्र उदात्त है। अपने-आपको मिटाने तथा अपने-आपको उत्सर्ग करने की क्षमता भी उन्होंने असाधारण पाई है। यही कारण है कि हमारे सभी नेताओं में एक राजेन्द्र बाबू ही ऐसे हैं, जिन्हें लोग सबसे अधिक प्यार करते हैं।

जब राजेन्द्र बाबू राष्ट्रपति हुए, डॉक्टर सच्चिदानन्द सिन्हा ने उनपर एक लेख लिखा था, जिसमें उन्होंने कहा था कि राजनीति के झगड़े भयानक होते हैं, उनमें चलने वाली बहसें गर्म होती हैं और राजनीतिक संघर्ष कभी-कभी घातक भी होते हैं; किन्तु राजेन्द्र प्रसाद ऐसे व्यक्ति हैं, जिसने तमाम विवादों में पड़कर भी किसी पर खरोंच नहीं डाली, न जो खुद किसी खरोंच का शिकार हुआ। उनमें कटुता नाम की कोई चीज नहीं है, न राजनीतिक प्रहारों ने उनपर कोई घाव छोड़ा है।

मैं जब सन् 1955 ई. में जेनेवा गया था, तब मेरी मुलाकात वहाँ विश्व संसदीय सम्मेलन के प्रधान सचिव श्री आन्द्रे वोन से भी हुई थी। वोन साहब उन्हीं दिनों भारत से लौटे थे और भारत की प्रशंसा से वे भरे हुए थे। हमारे राष्ट्रपति की चर्चा करते हुए उन्होंने कहा, 'मैंने हाथ तो संसार के बहुत बड़े-बड़े लोगों से मिलाए हैं, किन्तु आपके राष्ट्रपति से हाथ मिलाने की बात मैं कभी नहीं भूलूँगा। जब मैं उनसे हाथ मिला रहा था, तब मुझे ऐसा भासित हुआ, मानो उनकी आँखों के भीतर से कोई बहुत बड़ी शक्ति मुझे हेर रही हो।' यह और कुछ नहीं, सरलता और निश्छलता की महिमा थी। यही महिमा राजेन्द्र बाबू की सरल आँखों को रहस्यपूर्ण कर देती है।

स्वतंत्रता-संघर्ष के समय सारा भारत देश तेजोद्दीप्त और उद्भासित लगता था। अवश्य ही, यह प्रकाश बलिदान से निःसृत हुआ था, कुरबानी की आग से

फ़ैला था, जो उस समय सारे देश में जल रही थी। लेकिन कुरबानी की यह आग आजादी के आते ही मद्धिम होने लगी और अब तो उसकी लपट विरले ही लोगों में झलक मारती है। जिन थोड़े-से लोगों में यह आग आजादी के बाद भी कायम रही, राजेन्द्र बाबू का उनके बीच अप्रतिम स्थान है। भारत के राष्ट्रपति का मासिक वेतन दस हजार रुपये है। साथ ही, उन्हें दो हजार रुपयों का मासिक भत्ता भी दिया जाता है, जो स्वागत-सम्मान आदि पर खर्च किया जा सके। राजेन्द्र बाबू ने पहले तो अपना भत्ता बन्द कर दिया, फिर वेतन को भी उन्होंने स्वेच्छया दस हजार से घटाकर पहले छः हजार, फिर पाँच हजार और अन्त में काटकर ढाई हजार कर दिया। स्वेच्छा से की गई ये कटौतियाँ किस्तों में क्यों आईं, इसका कारण शायद यह है कि वेतन को लेकर राष्ट्रपति के मन में संघर्ष रहा है। राजेन्द्र बाबू अपने को निर्धन देश का राष्ट्रपति मानते रहे हैं, इसलिए उनकी आत्मा मोटी रकम को कबूल नहीं कर सकी। फिर, शायद यह चिन्ता भी रही हो कि कहीं कटौतियों के द्वारा मैं राष्ट्रपति-पद के आकर्षण को क्षीण तो नहीं कर रहा हूँ! यही कारण है कि दस हजार से उतरकर ढाई हजार तक आने में राजेन्द्र बाबू को कुछ देर लगी। वे हर कदम फूँक-फूँककर धरते हैं। वेतन के मामले में भी उन्होंने जल्दबाजी नहीं की।

कई दृष्टियों से राजेन्द्र बाबू भारत के आदर्श राष्ट्रपति हुए हैं। अपनी सरकार के साथ उनका सम्बन्ध बहुत अच्छा रहा। साल-दो साल से देश के भीतर जो यह कानाफूसी चलती रही है कि राष्ट्रपति और प्रधानमंत्री के बीच मतभेद है, उस कानाफूसी का मुझे कहीं कोई निश्चित आधार नहीं मिला। अधिकांश में वह गपोड़बाजी ही थी।

राष्ट्रपति भवन का दरवाजा राजेन्द्र बाबू ने सबके लिए खोल रखा था। यही नहीं, उनके हृदय का द्वार भी सबके लिए उन्मुक्त था। राष्ट्रपति होने के बाद भी राजेन्द्र बाबू जनता के उतने ही समीप रहे, जितने पहले थे। सन् 1947 ई. में कौन सोच सकता था कि जब भारत स्वाधीन होगा, तब राष्ट्रपति भवन में भी कवि-सम्मेलन और मुशायरे होंगे, हरिकीर्तन और भगवत्कथाएँ होंगी, कवि, कलाकार और पंडित के सम्मान में आयोजन होंगे और देश के कोने-कोन से आनेवाले छात्रों, किसानों और मजदूरों का स्वागत करने को राष्ट्रपति हर समय तैयार रहेंगे? लेकिन अपने बारह वर्षों के कार्यकाल में राजेन्द्र बाबू ने इन सारी परम्पराओं की पक्की नींव डाल दी। जनता और गवर्नमेंट हाउस के बीच जो दीवार थी, उसे राष्ट्रपति राजेन्द्र प्रसाद ने बिलकुल दूर कर दिया।

पिछले सौ वर्षों से भारत यह सोचता आया है कि वह कौन-सी राह है, जिसके जरिये पश्चिम के सर्वश्रेष्ठ गुण भारतीय परम्परा से एकाकार किये जा सकते हैं।

जब राजेन्द्र बाबू राष्ट्रपति और जवाहरलाल जी प्रधानमंत्री हुए, भारत को यह रास्ता आप-से-आप मिल गया। भारत की परम्परा के रक्षक राष्ट्रपति हुए और भारत के भविष्य के प्रहरी पंडित जवाहरलाल। हम धर्म और विज्ञान में समन्वय चाहते हैं। यह समन्वय जवाहरलाल जी को उतना ही प्रिय है, जितना राजेन्द्र बाबू को। फिर भी, इन बारह वर्षों में धर्म को मुख्य प्रश्रय राष्ट्रपति भवन में मिला है और विज्ञान को प्रधानमंत्री के आवास में। भारत का भविष्य बुरा नहीं है। जहाँ हमारा चरित्र हमें धोखा देता है, वहाँ हमारी रक्षा हमारा इतिहास करता है। इतिहास ने अपनी दिशा को सुस्पष्ट बनाने के लिए राजेन्द्र और जवाहर की जोड़ी को सिंहासन पर बिठाया था। और इतिहास ही राजेन्द्र बाबू के रिक्त स्थान पर विद्यामहोदधि डॉक्टर राधाकृष्णन् को आसीन कर रहा है।

[सन् 1962 ई.]

स्वर्गीय राजेन्द्र बाबू

देशरत्न राजेन्द्र प्रसाद के देहावसान से भारत की अपार जनता को जो गहरा शोक हुआ है, वह शायद गांधी जी और सरदार पटेल की मृत्यु के बाद और कभी नहीं हुआ था। गांधी जी की मृत्यु के साथ किसी की मृत्यु की तुलना नहीं की जा सकती, किन्तु यह स्पष्ट है कि राजेन्द्र बाबू का निधन अत्यन्त निदारुण शोक का विषय है और वह बहुत दिनों तक देश के हृदय को मथता रहेगा।

ऐसा मैं इसलिए कहता हूँ क्योंकि राजेन्द्र बाबू मूर्तिमान भारतवर्ष थे। भारत आज जो कुछ भी है, महात्मा गांधी का बनाया हुआ है और राजेन्द्र बाबू ने गांधी-धर्म को अपने भीतर, पूर्ण रूप से, आत्मसात् कर लिया था। गांधी जी के जीवन-काल में ही जानकार लोग यह कहा करते थे कि बापू की समस्त रचनात्मक प्रवृत्तियों का उत्तराधिकार राजेन्द्र बाबू के पास जाने वाला है। लेकिन परिस्थितियों के कारण यह उत्तराधिकार राजेन्द्र बाबू के पास सीधे नहीं पहुँचा क्योंकि पहले तो वह मंत्री हुए और बाद को देश ने उन्हें अपना राष्ट्रपति बनाकर राजभवन में बिठा दिया। तब भी, यह सत्य है कि गांधी-मार्ग के सभी रचनात्मक कार्यकर्ता राजेन्द्र बाबू को अपना नैतिक संरक्षक मानते थे।

खादी और ग्रामोद्योग के कार्यकर्ता राजेन्द्र बाबू पर अपना नैसर्गिक अधिकार मानते थे और भूदान-आन्दोलन उन्हें अपना निश्छल सलाहकार समझता था। हरिजनों का उद्धार और आदिवासियों का कल्याण चाहने वाली संस्थाएँ उनकी ओर गुरुभाव से देखती थीं। राष्ट्रीय एकता, विशेषतः हिन्दू-मुस्लिम एकता के लिए काम करने वाले लोग राजेन्द्र बाबू को अपना प्रेरणास्रोत समझते थे और हिन्दी का प्रचार करनेवाली सभी संस्थाओं के वे सर्वस्व थे। यही नहीं, बल्कि नवीनतावादी सम्प्रदाय भी यह मानता था कि जन-कल्याण के सभी अहिंसक कार्यक्रम राजेन्द्र बाबू का समर्थन प्राप्त करेंगे और परम्परावादियों को इस बात का पूरा भरोसा था कि राजेन्द्र प्रसाद के जीते-जी नवीनता का कोई बवंडर परम्परा की नींव नहीं हिला सकेगा। हमारा राज्य, यद्यपि धर्मनिरपेक्ष है, किन्तु इस देश

का हृदय आज भी राजनीतिपरक और अर्थप्रधान नहीं है, बल्कि वह धर्म के हाथ में है। यह विशाल धर्मप्राण जनता राजेन्द्र प्रसाद पर सात्त्विक श्रद्धा रखती थी क्योंकि राजेन्द्र बाबू स्वयं परम वैष्णव और राम तथा कृष्ण के भक्त थे एवं सभी धर्मों का वे सच्चे हृदय से सम्मान करते थे। भक्त की सबसे बड़ी भावना यह रहती है कि मरते दम तक भी आराध्य का नाम उसे याद रहे। राजेन्द्र बाबू भी अन्तिम बार 'राम भजो' कहकर ही मौन हुए।

इनके अलावा, देश में जो राजनीतिक लोग हैं, राजेन्द्र बाबू पर उनकी भी श्रद्धा थी क्योंकि डॉक्टर राजेन्द्र प्रसाद मेधावी होते हुए भी सीधे-सादे और विनम्र थे तथा उनकी किसी भी बात से किसी को कष्ट नहीं पहुँचता था। यही कारण है कि उनके निधन से राष्ट्र के हर तबके और हर विचार के लोग दुखी हुए हैं और उनमें से ऐसे लोगों की संख्या भी काफी बड़ी है, जिन्हें राष्ट्रीय क्षति के अलावा वैयक्तिक शोक का बोध हुआ है।

राजेन्द्र बाबू उस भारत को सम्भाव्य और वांछनीय समझते थे, जिसकी कल्पना गांधी जी ने की थी। वे देश में ऐसा शासन चाहते थे, जिसके अधीन सरकार दिनों-दिन नर्म और प्रजा बलवती होती जाए। जनता को सरकार पर आश्रित करने की योजना उन्हें नापसन्द थी। वे सरकार को ही जनता की इच्छा पर आश्रित रखना चाहते थे।

आणविक अस्त्रों के विरोध में पिछले जून महीने में दिल्ली में जो सार्वभौम समारोह हुआ था, उसका उद्‌घाटन करते हुए राजेन्द्र बाबू ने भारत को यह सुझाव दिया था कि यह देश अपनी सेनाएँ विघटित कर दे, तो इससे संसार को एक नया रास्ता मिल सकता है; किन्तु चीन ने जब भारत पर चढ़ाई कर दी, तब पटना में राजेन्द्र बाबू ने भाषण देते हुए कहा, 'भारत को इतना बलवान होना चाहिए कि वह अपनी रक्षा तो करे ही, सम्भव हो तो तिब्बत को भी आजाद बना दे।' राजेन्द्र बाबू की इन दो प्रकार की बातों को लोगों ने परस्पर-विरोधी समझा और इसके कारण, इधर हाल में, उनकी कुछ आलोचना भी हुई थी।

किन्तु ये दो बातें परस्पर-विरोधी होने पर भी अव्यावहारिक नहीं हैं। अहिंसा परम धर्म है और हिंसा आपद्धर्म। मनुष्य बराबर अहिंसा की ओर चलना चाहता है, किन्तु परिस्थितियाँ उससे हिंसा करवाती रही हैं, अर्थात् परमधर्म की रक्षा के लिए आदमी बराबर आपद्धर्म से काम लेता रहा है। राजेन्द्र बाबू जब दिल्ली में बोल रहे थे, तब उनका ध्यान परमधर्म पर था, किन्तु पटना में बोलते समय वे आपद्धर्म की शिक्षा दे रहे थे। भारत अपनी सेना को विघटित कर दे, तब भी उसका अपमान उससे अधिक होने वाला नहीं है, जितना नेफा में हुआ है। किन्तु

परमधर्म पर टिकने की सामर्थ्य अगर भारत में नहीं है, तो आपद्धर्म पर उसे आना ही चाहिए और अन्य देश जैसे हथियारों से सुसज्जित होकर शान्ति की ओर चल रहे हैं, वैसे ही शान्ति की ओर भारत को भी हथियारबन्द होकर चलना चाहिए। व्यवहारतः, आपद्धर्म परमधर्म की विरोधी नहीं, उसका रक्षक है। किन्तु जिसे इतना भी पसन्द नहीं हो, उस देश को अपनी सेना भंग कर अपनी रक्षा का भार संसार की आत्मा पर डाल देना चाहिए। इन दो प्रकार की उक्तियों का यही रहस्य था।

राजेन्द्र बाबू का निश्चित मत था कि भारत को विश्व की उन्नति में जो भी योगदान देना है, वह योगदान वह तभी दे सकता है, जब अपनी बात वह अपनी भाषाओं में सोचे और शासन के सभी काम वह अपनी ही भाषाओं में करे। वे मानते थे कि जब तक भारत की शिक्षा और शासन के कार्य अँगरेजी में चलते रहेंगे, तब तक इस देश की स्वतंत्रता पर जनता का अधिकार अपूर्ण रहेगा। संविधान सभा के सारे कार्य सम्पन्न करके जब वे पटना गए, तब डॉक्टर सच्चिदानन्द सिन्हा (अब स्वर्गीय) ने उनसे पूछा था कि आप लोगों ने हिन्दी को राजभाषा क्यों बना दिया?

जवाब देने में राजेन्द्र बाबू को देर नहीं लगी। उन्होंने छूटते ही सिन्हा साहब से कहा, 'अगर भारत की भाषाएँ अँगरेजी का स्थान नहीं ले सकतीं, तो भारत को स्वतंत्र करने की ऐसी आतुरता ही क्या था?'

हिन्दी को राष्ट्रभाषा बनाने की दिशा में गांधी जी के बाद राजेन्द्र बाबू को उतना ही श्रेय है, जितना राजर्षि पुरुषोत्तमदास जी टंडन को। अपनी छात्रावस्था से ही राजेन्द्र बाबू अखिल भारतीय हिन्दी साहित्य सम्मेलन के कामों में रस लेने लगे थे। पीछे चलकर अखिल भारतीय हिन्दी साहित्य सम्मेलन के वे सभापति भी हुए थे और एक साल ऐसा भी हुआ कि उम्मीदवार होने पर भी सम्मेलन के सभापति वे नहीं चुने जा सके। किन्तु इस छोटी बात का कोई भी प्रभाव उनके मन पर नहीं पड़ा और वे सम्मेलन के बराबर हितैषी बने रहे।

हिन्दी पर राजेन्द्र बाबू का ऐसा अनुराग था कि अपनी आत्मकथा उन्होंने अँगरेजी में न लिखकर हिन्दी में ही लिखी। अपनी दूसरी पुस्तक 'बापू के कदमों में' की रचना भी उन्होंने हिन्दी में ही की और अपने अधिकांश पत्र भी वे हिन्दी में ही लिखते थे। टीकाओं के सहारे उन्होंने संस्कृत के भी सभी प्रमुख ग्रन्थ पढ़े थे। संस्कृत साहित्य के इतिहास और उसकी गहराई का उन्हें कितना अच्छा ज्ञान था, यह उनकी 'संस्कृत का अध्ययन' नामक पुस्तक से जाना जा सकता है। यह पुस्तक, असल में, उस व्याख्यान से तैयार की गई थी, जिसे राजेन्द्र बाबू ने संस्कृत-संजीवन-समाज के तत्त्वावधान में दिया था।

राजेन्द्र बाबू कविताओं के भी बड़े भारी प्रेमी थे। मैथिलीशरण जी की 'भारत-भारती', 'यशोधरा' और 'साकेत' तथा रामनरेश त्रिपाठी जी के 'पथिक' की चर्चा एक समय वे बार-बार करते थे। मुझे उन्हें अपनी कविताएँ सुनाने का सौभाग्य सबसे पहले सन् 1935 ई. में प्राप्त हुआ था, जब वे अखिल भारतीय कांग्रेस के सभापति थे और छपरा के बिहार बैंक वाले मकान में ठहरे हुए थे। उस दिन 'हिमालय' और 'नई दिल्ली' शीर्षक कविताएँ सुनते-सुनते पहले तो उनकी आँखें डबडबा आईं, फिर वे सिसक-सिसककर रोने लगे। उन्हें रोते देखकर आँसू मेरी आँखों से भी छलकने लगे और रो-रोकर ही मैंने अपना काव्य-पाठ किसी तरह पूर्ण किया। उसके बाद जब भी उनसे भेंट होती, मैं अपनी नवीन कृतियाँ उन्हें अवश्य सुनाया करता था।

जब 'कुरुक्षेत्र' निकला, मैंने बहुत चाहा कि उनसे भेंट हो और यह काव्य भी मैं उन्हें सुना दूँ; किन्तु तब तक अंतरिम सरकार बन गई थी और राजेन्द्र बाबू का बिहार आना आकस्मिक हो गया था। निदान, पुस्तक मैंने श्री गंगाशरण सिंह जी को थमा दी और उन्होंने ही उन्हें सारा काव्य सुना दिया। किन्तु कई बार याद दिलाने पर भी राजेन्द्र बाबू ने 'कुरुक्षेत्र' पर अपना अभिमत मुझे नहीं बताया।

राजेन्द्र बाबू से मेरी आखिरी मुलाकात 5 फरवरी, सन् 1963 ई. को हुई। संयोग से गंगा बाबू भी मेरे साथ थे। राजेन्द्र बाबू की इच्छा थी कि अपनी नई रचना 'परशुराम की प्रतीक्षा' मैं उन्हें सुना दूँ। कविता उन्होंने बड़ी ही प्रसन्नता से सुनी किन्तु कहीं-कहीं वे मन्द-मन्द मुस्कुराते भी रहे, जिसका तात्पर्य मैंने यह लगाया कि कविता की कोई-कोई बात उन्हें नापसन्द आई थी।

राजेन्द्र बाबू अभी बहुत दिनों तक चलेंगे, ऐसी आशा का सबल आधार तो नहीं था, फिर भी हम लोग यह नहीं सोचते थे कि वे इस प्रकार अचानक चले जाएँगे। राजेन्द्र बाबू राष्ट्रपति हुए, इसे मैं राजनीति की 'रुटीन घटना' मात्र मानता हूँ। असल में, वे अपनी राजनीतिक उपलब्धियों से कहीं महान थे। वे उस उच्च कोटि के महापुरुष थे, जिसके अधिकार में रहने या न रहने से कोई फर्क नहीं आता। ऐसे महापुरुषों का जीवित रहना ही काफी होता है। उनके जीवित रहने मात्र से जनता को शक्ति और प्रेरणा प्राप्त होती है। दुर्भाग्य की बात कि प्रेरणा का वह स्रोत अब सूख गया। लगता है, धरती पर से रोशनी का एक पहाड़ उखड़ गया हो और हमारे सामने खाई और अन्धकार वर्तमान हो। यह खाई अब कभी नहीं भरेगी, यह निश्चित बात है।

[सन् 1963 ई.]

डॉक्टर सर्वपल्ली राधाकृष्णन्

जब डॉक्टर सर्वपल्ली राधाकृष्णन् भारत के उपराष्ट्रपति चुने गए, राज्य सभा में उन्हें बधाई देते हुए पंडित हृदयनाथ कुंजरू ने कहा था, 'कौन आशा कर सकता था कि आप इस पद को स्वीकार करेंगे?'

कुंजरू साहब ने बड़ी ही ऊँचाई का सवाल किया था। सदियों की खानाबदोशी के बाद जब यहूदियों ने इजराइल राज्य की स्थापना की, उन्होंने चाहा कि उस राज्य के प्रथम राष्ट्रपति महावैज्ञानिक आइंस्टाइन हों। यहूदी जाति ने सुदूर अतीत में बड़े-बड़े पैगम्बर पैदा किये थे। इसलिए अगर उन्होंने यह चाहा कि उनका प्रथम राष्ट्रपति पैगम्बरों से मिलता-जुलता आदमी हो, तो इसमें कोई आश्चर्य की बात नहीं थी।

भारतीय सभ्यता यहूदियों की सभ्यता से भी पुरानी है। फर्क यह है कि यहूदियों के बीच पैगम्बर जनमे और भारतीयों के बीच ऋषियों और मुनियों का जन्म हुआ। ऋषि और मुनि अध्यात्म की सेवा करते थे, किन्तु ऋषि इस देश में राजाओं के गुरु भी होते थे। इस देश की संस्कृति और धर्म ही नहीं, बल्कि राजनीति भी ऋषियों की गढ़ी हुई है। आधुनिक युग में एक बार फिर भारत की राजनीति ने गांधी जी से प्रेरणा प्राप्त की और इसमें कोई सन्देह नहीं कि गांधी जी ऋषियों की परम्परा में थे।

किन्तु ऐसा क्यों हुआ कि आइंस्टाइन ने इजराइल का राष्ट्रपतित्व स्वीकार नहीं किया और जब डॉक्टर राधाकृष्णन् भारत के उपराष्ट्रपति हुए, तब कुंजरू साहब ने यह कहा कि यह आशा के विपरीत बात हो गई! पंडित और विद्वान पुराने जमाने में भी राजाओं के मंत्री हुआ करते थे। वसिष्ठ भगवान राम के गुरु ही नहीं, मुख्य अमात्य भी थे। अपेक्षाकृत नये जमाने में समर्थ स्वामी रामदास हुए हैं, जो शिवाजी महाराज के गुरु थे और कभी-कभी राज-काज में भी उन्हें सलाह दिया करते थे। अबुल फजल, फैजी और बीरबल तथा रहीम—ये बहुत उच्च कोटि के विद्वान तथा कवि थे, मगर ये सब सम्राट अकबर के मंत्री और मनसबदार थे।

प्राचीन काल में ऋषि, पंडित, कवि और दर्शनाचार्य जब राजा के मंत्री बनाए जाते थे, तब समाज में उनकी प्रशंसा होती थी। दुनिया के लिए यह एक नई बात है कि दार्शनिकों और कवियों का राजनीति से सम्पृक्त होना जनता को अच्छा नहीं लगता। कारण केवल यही नहीं है कि आधुनिक युग की राजनीति धर्महीन और संकुचित हो गई है। कुछ कारण यह भी है कि आधुनिक सभ्यता विशेषज्ञों की सभ्यता बन गई है। आज के सेनानायकों में कविता करने की शक्ति नहीं है। इसी प्रकार आज के कवि और दार्शनिक युद्ध की कला नहीं जानते। आज का इंजीनियर अपने विषय का इतना माहिर होता है कि सड़क वह ऐसी तैयार कर देता है, जिसमें बाल बराबर भी दचका नहीं हो। नतीजा यह होता है कि उस सड़क पर मोटर हाँकने वाले ड्राइवर को नींद आने लगती है तथा उस सड़क पर जो आदमी पैदल चलता है, उसकी आँखें खराब होने लगती हैं। अतएव इंजीनियर वह अच्छा होगा, जो इंजीनियर होने के साथ-साथ थोड़ा डॉक्टर भी हो। लेकिन आधुनिक सभ्यता की कमजोरी यह है कि वह चौकोर व्यक्तित्व वाले पुरुषों का निर्माण नहीं कर सकती। वह प्रत्येक क्षेत्र में विशेषज्ञ तैयार करती है।

विशेषज्ञों को नई सभ्यता में जो महत्त्व प्राप्त है, उसी के कारण नवयुग की राजनीति धर्म, दर्शन और कविता से प्रभावित होना नहीं चाहती। समझा अब भी यही जाता है कि शासक वही श्रेष्ठ है, जिसकी दृष्टि आध्यात्मिक है, जिसके भीतर थोड़ा दर्शन और कवित्व भी है। मगर व्यवहार में ऐसा राजनीतिज्ञ सत्तारूढ़ नहीं हो पाता। सत्ता पर आरूढ़ वह राजनीतिज्ञ होता है, जो केवल राजनीतिज्ञ अर्थात् राजनीति का विशेषज्ञ है। और राजनीति का विशेषज्ञ कवि, दार्शनिक और विज्ञानवेत्ता को सत्ता का भागीदार बनाना नहीं चाहता क्योंकि जो व्यवहारकुशलता राजनीतिज्ञों की पूँजी है, वह कौशल कवियों और दार्शनिकों की विशेषता नहीं है। और यही कारण है कि कवि और दार्शनिक राजनीति में आने पर भी उस तिकड़म को नहीं अपना सकते, जो सत्ता का जरूरी सोपान है। कवि और दार्शनिक के सत्तारूढ़ होने में एक खतरा और है। राजनीति का सत्य कभी-कभी दर्शन और कविता के सत्य से भिन्न हो जाता है। गुट, दल अथवा राष्ट्र को लेकर सत्तारूढ़ व्यक्ति को कभी-कभी ऐसे भी निर्णय लेने पड़ते हैं, जो न्याय और विश्व-मानवता की कसौटी पर खरे नहीं उतरते। ऐसे मौके पर जनता का यह सोचना स्वाभाविक होगा कि कवि या दार्शनिक अपने धर्म पर नहीं रहा। यानी अपने राजनीतिज्ञ साथियों के फेरे में पड़कर उसने ऐसा काम किया है, जिसकी उससे आशा नहीं थी।

कुछ ऐसी ही बातों को सोचकर आइंस्टाइन ने इजराइल का राष्ट्रपति बनना स्वीकार नहीं किया। और इसी चिन्ताधारा के अधीन कुंजरू साहब ने डॉक्टर राधाकृष्णन् के उपराष्ट्रपति बन जाने पर अपना आश्चर्य प्रकट किया था।

लेकिन डॉक्टर राधाकृष्णन् के उपराष्ट्रपति होने पर हम लोगों को आश्चर्य नहीं, आनन्द हुआ था। अब चीजें खिसककर बहुत नीचे चली गई हैं, मगर सन् 1952 ई. में भारत मस्ती के उरूज पर था और हम राष्ट्रीयता तथा अन्तरराष्ट्रीयता के बड़े-बड़े सपने देख रहे थे। एक स्वप्न अर्वाचीन भारत का पीछा कर रहा है और वह यह कि भारत को अपनी संस्कृति की भी रक्षा करनी है और उसे यूरोपीय सभ्यता के भी सर्वश्रेष्ठ गुणों को आत्मसात् करना है। अतएव जब राष्ट्रपति-भवन में राजेन्द्र बाबू, उपराष्ट्रपति-भवन में डॉक्टर राधाकृष्णन् तथा प्रधानमंत्री-भवन में पंडित जवाहरलाल नेहरू आसीन हुए, तब ऐसा लगा, मानो दो-तिहाई जगह भारत को मिली है और एक-तिहाई जगह पर यूरोप है। डॉक्टर राधाकृष्णन् ने लिखा था कि 'भारतीय संस्कृति का उद्धार केवल भारत के लिए ही आवश्यक नहीं है, बल्कि इसलिए भी कि उससे सारे संसार का कल्याण होगा।' जिस दार्शनिक ने यह उद्‌गार प्रकट किया था, उसके उपराष्ट्रपति होने से यह आशा बँधी कि भारतीय संस्कृति के उभरने का लग्न समीप आ गया है।

किन्तु हमारी आशा पूरी नहीं हुई। भारत आलसी और यूरोप कर्मठ है। भारत भोला-भाला और यूरोप सतर्क है। भारत ज्ञानी और ध्यानी है, मगर यूरोप चुस्त और चालाक है। भारत में स्थान उसने एक-तिहाई ही अख्तियार किया था, लेकिन दो-तिहाई वालों की बात उसने चलने से रोक दी।

जब राजेन्द्र बाबू के बाद डॉक्टर राधाकृष्णन् राष्ट्रपति हुए, आशा यह की जाती थी कि राष्ट्रपति भवन में भारतीय परम्परा को प्रश्रय देने की जो प्रथा राजेन्द्र बाबू ने कायम की थी, वह राधाकृष्णन् के समय और भी बढ़ेगी। मगर वह बढ़ नहीं सकी। शिक्षा-आयोग के अध्यक्ष की हैसियत से डॉक्टर राधाकृष्णन् ने पहले कहा था, 'शिक्षा-माध्यम के परिवर्तन का प्रश्न गंभीर है। अँगरेजी से एकबारगी निकलकर भारतीय भाषाओं में आने में बहुत-से खतरे दिखाई देते हैं। किन्तु सब मिलाकर अक्ल की राह यही है कि हम इन खतरों की परवाह न करके अँगरेजी से निकलकर बेखटके भारतीय भाषाओं में आ जाएँ।'

किन्तु अपने पूरे कार्यकाल में राष्ट्रपति राधाकृष्णन् ने भारतीय भाषाओं को थोड़ा भी प्रश्रय नहीं दिया। वे उत्तर-दक्षिण के संघर्ष से डर गए और हिन्दी के पक्ष में उन्होंने एक भी आदेश जारी नहीं किया। जहाँ तक मुझे मालूम है, डॉक्टर राजेन्द्र प्रसाद ने सन् 1960 ई. में हिन्दी के विषय में जो आदेश जारी किया था,

हिन्दी के बारे में राष्ट्रपति भवन से निकला हुआ वही आखिरी आदेश है और सरकार उस आदेश को भी आज तक कार्य का रूप नहीं दे सकी है। जब डॉक्टर राधाकृष्णन् राष्ट्रपति थे, तब भी दिल्ली में यह कानाफूसी चलती थी कि वर्तमान राष्ट्रपति से भारतीय भाषाओं को थोड़ी भी आशा नहीं रखनी चाहिए। उनकी शक्ति का प्रसाद भारतीय भाषाओं को नहीं, अँगरेजी को मिलेगा।

भारत का एक दुर्भाग्य सेक्युलरिज्म भी है। इसका अर्थ असाम्प्रदायिकता नहीं है। अँगरेजी के इस शब्द का प्रयोग जिस अर्थ में किया जा रहा है, उससे असाम्प्रदायिकता का प्रचार नहीं होता। प्रचार उससे इस भाव का होता है कि मुसलमान मुसलमान है और क्रिस्तान क्रिस्तान, मगर हिन्दू नहीं, गैर-मुस्लिम हैं। भारत के सेक्युलर राज्य की दृष्टि में हिन्दू और मुसलमान बराबर नहीं हैं। हिन्दू एक ही विवाह कर सकता है, मगर मुसलमान के विवाह की संख्या पर रोक नहीं है। और यह तो है ही कि हिन्दू अगर दूसरा विवाह करना चाहे, तो उसे मुसलमान हो जाना पड़ेगा। शिक्षा-आयोग ने सिफारिश की है कि धार्मिक शिक्षा के बिना भारत की संस्कृति नहीं बचेगी, किन्तु भारत की सेक्युलर सरकार अपने ही द्वारा स्थापित शिक्षा-आयोग के सुझाव पर अमल करना नहीं चाहती। सेक्युलरिज्म का इस गलत अर्थ में प्रयोग जवाहरलाल जी के जोर से बढ़ा और राजेन्द्र बाबू तथा डॉक्टर राधाकृष्णन्, राष्ट्रपति होते हुए भी, इस प्रवाह को रोक नहीं सके। फिर भी डॉक्टर राधाकृष्णन् को यह श्रेय अवश्य दिया जाएगा कि उन्होंने अपने दो-एक भाषणों में यह खुलासा कर दिया कि सेक्युलरिज्म का अर्थ धर्म-निरपेक्षता नहीं, बल्कि असाम्प्रदायिकता है।

कवि और दार्शनिक के स्वभाव में जो साहस और निर्भीकता होती है, वह साहस और निर्भीकता प्रायः डॉक्टर राधाकृष्णन् में भी है; बल्कि अपने मन की बात कह गुजरने में वे राजेन्द्र बाबू से भी आगे देखे गए थे। इसलिए यह नहीं कहा जा सकता कि हिन्दी अथवा भारतीय भाषाओं के बारे में उनका मौन जवाहरलाल के भय के कारण था। बात यह थी कि जवाहरलाल अँगरेजी का पक्षपात अगर बारह आने करते थे, तो राधाकृष्णन् यह पक्षपात सोलह आने करने को तैयार थे। डॉक्टर राधाकृष्णन् की सारी तैयारी भारतीयता के उद्धारक की तैयारी थी, लेकिन भारतीय भाषाओं में विश्वास न होने के कारण उनका सारा पांडित्य एक तरह से व्यर्थ हो गया। यूरोप को भारत के बारे में उन्होंने जानकारी जरूर दी, किन्तु अँगरेजी न जानने वाले भारतवासियों को उनके ज्ञान का प्रसाद नहीं मिल सका।

सच पूछिए तो डॉक्टर राधाकृष्णन् पर मेरी भक्ति उनकी विद्वत्ता से भी अधिक उनके निर्भीकता के कारण रही है। जब वे मास्को में भारत के राजदूत

थे, बहुत दिनों तक स्टालिन उनसे मुलाकात करने को तैयार नहीं हुआ। अन्त में जब दोनों की मुलाकात हुई, डॉक्टर राधाकृष्णन् ने स्टालिन से कहा, "हमारे देश में एक राजा था, जो बड़ा ही अत्याचारी और क्रूर था। उसने रक्त भरी राह से प्रगति की थी; किन्तु एक युद्ध में उसके भीतर ज्ञान जग गया और तभी से उसने धर्म, शान्ति और अहिंसा की राह पकड़ ली। आप भी अब उसी रास्ते पर क्यों नहीं आ जाते?"

स्टालिन भला डॉक्टर राधाकृष्णन् के इस उपदेश का क्या जवाब देता? जब डॉक्टर राधाकृष्णन् चले गए, स्टालिन ने अपने दुभाषिए से कहा, "यह आदमी राजनीति नहीं जानता। वह केवल मानवता का भक्त है।"

इससे भी अधिक साहस का परिचय डॉक्टर राधाकृष्णन् ने उस समय दिया, जब चीन ने भारत पर चढ़ाई की। चीनी आक्रमण के समय भारत को आपादमस्तक जितना क्रोध चढ़ा, उतना क्रोध शायद ही सृष्टि के आदि से समूचे देश को कभी नहीं चढ़ा था। अनेक लोगों ने चीन को गालियाँ बकीं, मगर जनता को जितना क्रोध चीन पर था, उससे कई गुना अधिक क्रोध भारत सरकार पर चढ़ा था। लोग यह देखकर अवाक् रह गए थे कि भारत चीन के मुकाबले में बिलकुल ही कमजोर निकला। जनता का क्रोध इतना भयानक और मुखर था कि जवाहरलाल जी को अपनी इच्छा के विरुद्ध सुरक्षामंत्री श्री मेनन को अपने मन्त्रिमंडल से हटाने पर मजबूर होना पड़ा। जब श्री यशवन्त राव चव्हाण नये सुरक्षामंत्री बनकर आए, उनके सामने यह सवाल उठा कि जिस अफसर के कारण भारत को यह बेइज्जती उठानी पड़ी, उसका क्या किया जाए? देश चाहता था कि जनरल कौल फौज से हटा दिये जाएँ मगर यह सुना जाता था कि प्रधानमंत्री उन्हें हटाने के पक्ष में नहीं थे। ठीक उन्हीं दिनों यानी 22 दिसम्बर, 1962 ई. को महाराष्ट्र के सचिवालय (बंबई) में एक सभा हुई, जिसमें भारत के रक्षामंत्री श्री चव्हाण भी मौजूद थे। उस सभा में बोलते हुए राष्ट्रपति राधाकृष्णन् ने कहा :

'भारत के रक्षामंत्री पर बहुत बड़ी जिम्मेवारी है। भारत के रक्षामंत्री को इतना साहसी और निर्भीक होना चाहिए कि वह ऐसे सभी सुझावों को ठुकरा दे, जिनसे हमारी सेना की एकता में विघ्न पड़ता हो। अगर अनुचित अनुरोधों को ठुकराने का साहस उसमें नहीं है, तो फिर उसे देश का रक्षामंत्री बने रहने का कोई अधिकार नहीं है। मैंने रक्षामंत्री से यह बात खानगी में भी कही है और आज यहाँ भी कह रहा हूँ।'

पराजित देश के भीतर से आत्मग्लानि का भाव दूर करने को पंडित जवाहरलाल जी यह कह रहे थे कि नेफा-युद्ध की पराजय से भारत का कोई

अपमान नहीं हुआ है। साम्यवादी, गांधीवादी और सरकार की अकर्मण्यता पर परदा डालने वाले सभी लोगों का यही भाव था। किन्तु उस समय राष्ट्रपति राधाकृष्णन् यह भूल गए थे कि वे राष्ट्रपति हैं और भारत सरकार के अंग हैं। वे भारत राष्ट्र की आत्मा बन गए थे, विवेक बन गए थे, देश का आहत अभिमान बन गए थे। 23 दिसम्बर, 1962 ई. को बारदोली में भाषण देते हुए उन्होंने कहा :

'नेफा के मैदान में भारत की पराजय शोक का विषय है, लज्जा का विषय है, गहरे अपमान का विषय है। हमें अपनी खोई हुई प्रतिष्ठा फिर से वापस लानी होगी। खतरा आज और किसी पर नहीं, भारत की आजादी पर है, भारत की सुरक्षा पर है, भारत की इज्जत पर है। साहस, अनुशासन और सुसंगठित संकल्प ही वे गुण हैं, जिनके लिए सरदार वल्लभ भाई पटेल प्रख्यात थे। जो शर्म हम पर आन पड़ी है, उसे धोने के लिए हमें उन्हीं गुणों की आवश्यकता है, जो सरदार वल्लभ भाई पटेल की विशेषता थी।'

राजनीति का सत्य हमेशा दर्शन का सत्य नहीं होता। चीनी आक्रमण के समय भारत में भी राजनीति का सत्य दर्शन के सत्य से भिन्न हो गया था। अतः दार्शनिक और राजनीतिज्ञ के बीच सौहार्द का जो सम्बन्ध पहले से चला आ रहा था, वह कायम नहीं रह सका। किन्तु डॉक्टर राधाकृष्णन् के पक्ष में यह अवश्य कहा जाएगा कि एक संकट की घड़ी में उन्होंने देश की आत्मा का प्रतिनिधित्व किया और यह दिखा दिया कि राजनीति के मुकाबले में दर्शन अपने सत्य से आँखें नहीं चुराता, बल्कि अपनी बात को वह जोर से कहता है।

उन्हीं दिनों मैं पंडित जी से भी मिला था। पंडित जी ने उस दिन आवेश में आकर मुझसे यह कह दिया कि "मेरे बाद तुम्हारी प्रजासत्ता नहीं टिकेगी। कोई और ढंग का शासन आ जाएगा।"

इस बात को मैंने खतरनाक समझा और राष्ट्रपति से भेंट करके मैंने उनसे निवेदन किया कि "प्रधानमंत्री ने मुझसे ऐसी बात कही है। मैं यह उचित समझता हूँ कि आप सरकार की आलोचना करना छोड़ दें।"

जवाहरलाल जी को राधाकृष्णन् धार्मिक प्रवृत्ति का मनुष्य मानते थे। एक दिन उन्होंने मुझसे कहा था, "जहाँ तुम बैठे हो, जवाहरलाल वहीं बैठते हैं। मैं उन्हें भागवत से चुने हुए श्लोक सुनाता हूँ और अर्थ भी समझाता जाता हूँ और वे भक्त की तरह मंत्रमुग्ध होकर मेरा प्रवचन सुनते रहते हैं।"

जब मैं राज्य सभा की सदस्यता छोड़कर वाइस-चांसलर हुआ, पंडित जी का देहान्त उसी साल हो गया। उसके बाद एक बार मैं दिल्ली आया और राष्ट्रपति से मिलने गया। राष्ट्रपति राधाकृष्णन् से मैंने निवेदन किया कि "पंडित जी के

गुजर जाने से देश अनाथ हो गया है। अब तो सारे संसार में आपका ही शिखर दूर से दिखाई देता है। जब तक आप सत्तारूढ हैं, देश के लिए कुछ कर जाइए।"

उन्होंने पूछा, "आपका अभिप्राय किस बात से है?"

मैंने कहा, "चीन और पाकिस्तान, इन दोनों देशों की दुश्मनी एक साथ झेलना बड़ा ही कठिन काम है।"

राष्ट्रपति ने कहा, "जहाँ तक पाकिस्तान का सवाल है, कोई भी रास्ता नजर नहीं आता है। मगर चीन के साथ रास्ता निकल सकता है। जहाँ तक मैंने मालूम किया है, चीन चाहता है कि नेफा में भारत की बात चले और लद्दाख में चीन की।"

मैंने निवेदन किया, "तो फिर इस बात पर विचार किया जाना चाहिए।"

वे बोले, "मगर इसके लिए किसी को अपना बलिदान देना होगा।"

मैंने कहा, "मैं बालक गोविन्द हूँ। आप गुरु तेगबहादुर हैं। आपको जीवन से जो कुछ प्राप्त करना था, प्राप्त कर चुके हैं। आप अपना ही बलिदान देकर भारत की कठिनाई को आसान कर दीजिए। यह काम महापुरुष के बलिदान से पूरा होगा। छोटे-मोटे आदमियों की कुर्बानी का असर भी क्या होगा?"

जब पाकिस्तान ने भारत पर हमला किया, मैंने राष्ट्रपति को याद दिलाया, "किसी समय मेरे और आप के बीच ऐसी-ऐसी बातें हुई थीं।"

उन्होंने कहा, "मुझे याद है। और आपने देखा होगा कि हैदराबाद वाले भाषण में मैंने इसका जिक्र भी किया था, मगर किसी ने मेरी बात पर ध्यान नहीं दिया।"

फिर मैंने ये सारी बातें तत्कालीन प्रधानमंत्री श्री लालबहादुर शास्त्री से कहीं। वे हँसने लगे, विशेषतः इस बात पर कि मैंने राष्ट्रपति से कहा था कि आप अपनी ही कुर्बानी दीजिए। लालबहादुर जी का भाव यह था कि पाकिस्तान और चीन, दो में से कोई भी शत्रु शत्रुता नहीं छोड़ेगा। भारत के सामने एक ही मार्ग है कि वह अपने को औद्योगिक और सामरिक, दोनों ही दृष्टियों से मजबूत बनाए।

राधाकृष्णन् जब राज्य सभा के अध्यक्ष थे, वे सभा का संचालन नियमों के सहारे कम, अपने व्यक्तित्व के जोर से अधिक करते थे। और उनके व्यक्तित्व का तेज जितना उनकी जिह्वा में बसता है, उतना ही उसका बाहरी आवास उनकी पगड़ी, अंगरखा और उनकी धोती है।

डॉक्टर राधाकृष्णन् का ठाठ लगभग पैगम्बराना है। वे जब भी बोलते हैं, पैगम्बर की शान से बोलते हैं। जब तक वे उपराष्ट्रपति के पद पर रहे, केन्द्रीय हॉल में जब भी किसी देश के राजा, राष्ट्रपति या प्रधानमंत्री का भाषण होता था, डॉक्टर राधाकृष्णन् उसमें अवश्य पधारते थे और अपने पाँच मिनट के भाषण से

सबको निष्प्रभ बना देते थे। वे प्रायः हर अतिथि की पीठ भी ठोंकते थे, जिसे अतिथि उनका आशीर्वाद समझता था। डॉक्टर राजेन्द्र प्रसाद, डॉक्टर राधाकृष्णन् और पंडित जवाहरलाल, जब दिल्ली में तीनों मौजूद थे, भारत की शान बिलकुल निराली मालूम होती थी। उस समय जो भी विदेशी अतिथि आता था, वह मन-ही-मन क्षण भर को भारत का शिष्यत्व स्वीकार कर लेता था।

सन् 1957 ई. में यह अफवाह उड़ी थी कि डॉक्टर राजेन्द्र प्रसाद अवकाश ग्रहण करने वाले हैं। किन्तु अवकाश उन्होंने नहीं ग्रहण किया। इससे डॉक्टर राधाकृष्णन् कुछ दुखी हुए थे। एक दिन मेरे साथ मुलाकात में उन्होंने कहा था :

"आप जानते हैं कि दक्षिण में लोग क्या बोल रहे हैं?"

मैंने कहा, "मुझे कोई खास बात मालूम नहीं है।"

उन्होंने कहा, "वे यह कह रहे हैं कि और तो और, राजा जी और डॉक्टर राधाकृष्णन् भी पर्याप्त नहीं हैं।"

चीनी आक्रमण के समय ही एक दिन राष्ट्रपति ने मुझसे कहा, "दिनकर, अब मैं यह बात समझ रहा हूँ कि डॉक्टर राजेन्द्र प्रसाद कितने धैर्यवान थे।"

मैंने कहा, "इसका कारण आप जानते हैं?"

उन्होंने कहा, "बताओ, क्या कारण था?"

मैंने कहा, "हर आदमी की स्वतंत्रता आर्थिक होती है। एक समय लोगों ने आर्थिक कुर्बानी देकर भी देश की सेवा की थी, अपने मन की बात कही थी। अब वह समय नहीं है। अपका धीरज इसलिए भी कम हो सकता है कि आपकी रायल्टी की आमदनी बहुत काफी है। और राजेन्द्र बाबू का धीरज इसलिए बड़ा है कि वे कांग्रेस के महास्तम्भों में से हैं और उन्हें बहुत बातों का खयाल करना पड़ता है।"

डॉक्टर राधाकृष्णन् हँसते हुए बोले, "और यह क्यों भूलते हो कि अवकाशप्राप्त राष्ट्रपति को पन्द्रह सौ रुपये की मासिक वृत्ति, दफ्तर और डॉक्टरी सेवाएँ भी उपलब्ध हैं?"

मेरे 'संस्कृति के चार अध्याय' नामक ग्रन्थ में एक लम्बा अध्याय डॉक्टर राधाकृष्णन् पर भी है। वह निबन्ध मैंने पटना के साप्ताहिक हिन्दी पत्र 'योगी' के विशेषांक में छपवाया था। विशेषांक की एक प्रति मैंने डॉक्टर राधाकृष्णन् को भी भेंट की और यह बता दिया कि इस अंक में आप पर मेरा एक लेख छपा है।

वे बोले, "मैं तो हिन्दी पढ़ता नहीं। मैं इस विशेषांक का क्या करूँगा?"

मैंने निवेदन किया, "आपके पुस्तकालय में यह पड़ा रहे, इतना भी बहुत है।"

उस लेख में मैंने लिखा था कि गीता, उपनिषद् और वेदान्त-सूत्र—ये तीनों मिलकर प्रस्थानत्रयी कहलाते हैं। भारत में जो भी आचार्य हुए हैं, उन्होंने

प्रस्थानत्रयी पर टीका जरूर लिखी है। डॉक्टर राधाकृष्णन् ने भी गीता और उपनिषदों की व्याख्या लिखी है। अगर वे वेदान्त-सूत्र पर अपना भाष्य लिख देते, तो वे भी आचार्यों की कोटि में पहुँच जाते।

कुछ दिनों बाद डॉक्टर राधाकृष्णन् से मेरी भेंट राष्ट्रपति भवन की एक पार्टी में हुई। मिलते ही वे बोल उठे, "दिनकर, मैंने वेदान्त-सूत्र पर काम करना शुरू कर दिया है।"

मैंने आनन्दित होते हुए कहा, "तब तो आप हिन्दी जानते हैं?"

वे बोले, "नहीं, मैंने तुम्हारे लेख का अनुवाद अँगरेजी में करवा लिया था।"

इस घटना के कई वर्ष बाद डॉक्टर राधाकृष्णन् का वेदान्त-सूत्र पर भाष्य प्रकाशित हो गया और मेरी मान्यता है कि प्रस्थानत्रयी पर भाष्य लिखकर वे आचार्यों की कोटि में पहुँच गए हैं।

डॉक्टर राधाकृष्णन् केवल मंच के ही वक्ता नहीं हैं। बातचीत भी उनकी काफी दिलचस्प होती है। एक बार ऐसा हुआ कि हरिद्वार में कोई बारह-चौदह घंटे हम लोग साथ रहे। उस दिन रह-रहकर वे हमें संस्कृत के श्लोक सुनाते रहे तथा उनका अर्थ बताते रहे। 'गीत-गोविन्द' के प्रथम श्लोक की व्याख्या उन्होंने यह की कि नर को प्रेरणा नारी देती है।

मैंने कहा, "मगर श्लोक में तो इतना ही है कि हे राधा, तुम कृष्ण को घर पहुँचा दो।"

वे बोले, "यही तो है। अब अगर घर पहुँचाने का अर्थ केवल घर पहुँचाना लिया जाए, तो श्लोक में रह क्या जाता है? घर पहुँचाने का अर्थ है—लक्ष्य का ज्ञान कराना, लक्ष्य तक पहुँचने की प्रेरणा देना।"

राष्ट्रपतित्व से अवकाश ग्रहण करने के बाद से डॉक्टर राधाकृष्णन् मद्रास में रहने लगे हैं। पिछली बार जब मैं मद्रास गया और उनसे मिला, उन्होंने कितनी ही ऐसी बातें कहीं, जिनसे भासित हुआ कि वे मद्रास में बैठे-बैठे भी देश की चिन्ता करते रहते हैं। सबसे बड़ी चिन्ता की बात उन्होंने यह कही कि 'बंगाल के मुख्यमंत्री श्री अजय मुखर्जी ने खुली घोषणा की कि उनके मन्त्रिमंडल के कुछ सदस्य चाहते हैं कि चीन भारत पर चढ़ाई कर दे; किन्तु इतनी भयानक घोषणा पर भी दिल्ली ने कोई खास ध्यान नहीं दिया।'

स्वर्गीय डॉक्टर श्रीकृष्ण सिंह

श्रीबाबू के निधन से मैं बहुत दुखी हूँ। कहते हैं, एक शोक सामूहिक और एक वैयक्तिक होता है। यह भी कि एक ही शोक का कुछ अंश सामूहिक और कुछ वैयक्तिक होता है। किन्तु मेरा शोक कितना वैयक्तिक और कितना सामूहिक है, इसका ठीक-ठीक पता मुझे नहीं चलता।

श्रीबाबू का मैं कोप-भाजन भी बना था और कृपा-पात्र भी। किन्तु कृपा की मात्रा इतनी अधिक रही कि कोप की अब याद नहीं है।

सन् 1952 ई. में जब मुझ पर यह सनक सवार हुई कि प्रोफेसरी छोड़कर मैं संसद का सदस्य बनूँ, तब श्रीबाबू ने मेरे ही हित में मेरी इस इच्छा का विरोध किया था और कहा था, 'जहर की इस कीच में आप क्यों आना चाहते हैं?'

जब मैं नौकरी में था, तब भी मैं बेनीपुरी का दोस्त था, गंगाशरण और अवधेश्वर का मित्र था, जयप्रकाश जी का कवि और धनराज जी, मथुरा, रामविलास, चन्द्रशेखर और राजनारायण का यार था। राजनीति की वासना मुझमें पुरानी थी। जब संसद बनी, सुधांशु जी ने मेरी इस वासना को उकसा दिया। वे उस समय बिहार कांग्रेस के अध्यक्ष थे। संसद-प्रवेश कराने वाली इस दुरिच्छा को प्रश्रय देने का कलंक या श्रेय मैं उन्हीं को देता आया हूँ। पीछे, मेरी सदस्यता से श्रीबाबू प्रसन्न ही रहे और उन्होंने भावात्मक दृष्टि से मुझे काफी प्रोत्साहन भी दिया। मेरे मस्तक पर उनके प्रेम की छाँह थी और अपने नये जीवन-क्षेत्र में राह निकालने में मुझे कोई कठिनाई नहीं हुई।

श्रीबाबू के चले जाने से बहुत-से लोग अनाथ हो गए हैं। बहुतों की प्रेरणा का स्रोत सूख गया है, बहुतों के लौकिक मार्ग अवरुद्ध हो गए हैं।

मैं अपने-आपसे सवाल करता हूँ—रे मन, सच-सच बोल, यह जो व्यथा है, वह क्या इस कारण कि तेरा लौकिक मार्ग अवरुद्ध हो गया है? अब राह लेकर क्या करेगा? तेरी गरज निकल चुकी। सांसारिक मार्ग से तुझे जहाँ तक जाना था, तू जा चुका है। यह भी सोच कि तेरी नाव की पतवार तेरे हाथ में है और सब यही

चाहते हैं कि तू अन्त तक साहित्य की यह नाव खेता रह। श्रीबाबू के जाने से तेरी लौकिक क्षति नहीं हुई, यह क्या झूठ है?

यह बात झूठी नहीं है। राजनीति में मेरी कोई पूँजी नहीं, न उससे होनेवाले चरम लाभ पर मेरी दृष्टि है। राजनीतिक वासनाओं ने मुझे एक-दो साल ही आन्दोलित किया था। उसके बाद से मैं स्वस्थ रहा हूँ। राजनीति का बाजार बड़े ही लकदक का होता है, किन्तु मेरे सफर का नक्शा है, बाजार से गुजरा हूँ, खरीदार नहीं हूँ।

फिर भी श्रीबाबू की मूर्ति भुलाए नहीं भूलती। प्रेम की तरह उनका क्रोध भी छिपाए नहीं छिपता था। उनकी हँसती हुई निर्मल आकृति तो भूलती ही नहीं। ध्यान करने पर उनकी वह अदा भी याद आ जाती है, जब वे मुँह लटकाकर गम्भीर हो जाते थे, मानो अब कभी बात ही नहीं करेंगे! लेकिन, दो दिन बाद भेंट होते ही वे किस प्रसन्नता से स्वागत करते थे, किस मुस्कुराहट से नहला देते थे! हाय, वैसे वृद्ध बालक का साहचर्य अब कहीं नहीं मिलेगा। मेरा रोना उस व्यक्ति के लिए रोना है जो बाहर से राजा लेकिन भीतर से संत था, जो अपार कीर्तियों के बीच भी उनसे अछूता और असम्पृक्त लगता था। चतुर ऐसा कि बड़े-से-बड़े लोग भी उसे जाल में नहीं खींच सके। और सरल ऐसा कि बेटा बनकर जिसने चाहा, उसी ने उसे ठग लिया।

वैयक्तिक और सामूहिक–ये विशेषण अनुपयुक्त हैं। मेरा शोक भावात्मक है। वह शोक इसलिए भयानक है कि हमारे राष्ट्र का एक कंगूरा टूट गया है, हमारे राष्ट्रीय जीवन की एक प्रेरणा-धार अवरुद्ध हो गई है। और वह शोक प्रखर इसलिए है कि जिस महापुरुष की प्रशंसा मैं इन शब्दों में कर रहा हूँ, उसका यत्किंचित् सामीप्य मुझे भी प्राप्त था। राजनीतिक नेताओं से साहित्यिकों को प्रेरणा नहीं मिलती; किन्तु श्रीबाबू, कम-से-कम मेरे लिए इस नियम के अपवाद थे।

बिहार-केसरी ऊँची मानवता के श्रेष्ठ प्रमाण थे। देश के राजनेताओं में से उनके स्वभाव की तुलना मैं पंडित जवाहरलाल नेहरू जी के स्वभाव से करता था। राजनीतिज्ञ–पॉलिटिशियन–वह है, जिसकी सारी दृष्टि चुनावों पर केन्द्रित रहती है। राजपुरुष–स्टेट्समैन–वह है, जिसका सारा ध्यान देश के भविष्य पर है। श्रीबाबू देश के विभिन्न भागों में बिखरे हुए उन थोड़े-से नेताओं में से थे, जो सच्चे अर्थों में राजपुरुष हैं तथा जिनकी नीति भविष्य की चिन्ता से उत्पन्न होती है। देश की एकता के विषय में उत्तर-दक्षिण, पूरब-पश्चिम को लेकर जो शंकाएँ उत्पन्न हो गई हैं, उन शंकाओं का ध्यान उन्हें बराबर बना रहता था। इसी प्रकार अल्पसंख्यकों के हितों की रक्षा वे बड़ी ही निर्भीकता से करते थे। प्रजातंत्र के

अधीन राज्य बहुमत का होता है। और बहुमत को अपने अधिकारों की रक्षा के लिए प्रधान या मुख्यमंत्री का मुँह जोहना नहीं पड़ता; किन्तु अल्पसंख्यकों के अधिकारों की रक्षा का ध्यान यदि प्रधान को न रहे, तो वह प्रजातंत्र सफल नहीं कहा जा सकता। श्रीबाबू अपने इस कर्तव्य के प्रति कितने जागरूक थे, यह उनकी भाषा-नीति से बिलकुल स्पष्ट हो जाता था।

जब संविधान का हिन्दी अनुवाद पहले-पहल प्रकाशित हुआ, बिहार विधान सभा में एक खलबली-सी मच गई। संयोग से, मैं अफसर-दीर्घा में उस समय मौजूद था। श्रीबाबू उठकर मेरे पास आए और बड़ी ही व्यथा के साथ उन्होंने कहा, "दिनकर जी, यह आप लोगों ने क्या किया? हिन्दुओं का तो यह हाल है, मुसलमानों को मैं क्या जवाब दूँगा?"

श्रीबाबू बिहार हिन्दी साहित्य सम्मेलन के मुंगेर वाले अधिवेशन में सम्मिलित हुए थे। सम्मेलन के बाद संध्या समय हम लोग श्रीकृष्ण-सेवा-सदन के अहाते में बैठे हुए थे। धीरे-धीरे बात राष्ट्रभाषा की ओर मुड़ गई और, जैसा अक्सर होता है, एकाध व्यक्ति ने इस पर अपना असंतोष प्रकट किया कि राजभाषा की प्रगति बहुत ही धीमी गति से हो रही है। श्रीबाबू ने कहा, "प्रगति धीमी क्यों है, यह आप तब समझते यदि देश की राष्ट्रभाषा हिन्दी न होकर तमिल या तेलगू हो गई होती। अफसोस कि अब भी आपको यह नहीं दिखाई देता कि आपके उत्साह की अधिकता से वातावरण हिन्दी के विरुद्ध होता जा रहा है।"

एक बार बिहार सरकार की भाषा-नीति पर विचार-विनिमय करने के उद्देश्य से हम तीन व्यक्ति—सुधांशु जी, बेनीपुरी जी और मैं—श्रीबाबू की सेवा में उपस्थित हुए। बातों-बातों में दोनों ओर कुछ गर्मी आ गई। दुर्भाग्यवश, पहली कटूक्ति मेरे ही मुख से निकली थी और श्रीबाबू ने भी अपना क्रोध मुझ पर ही उतारा। वे बातें यहाँ दुहराने के योग्य नहीं हैं। जब हम लोग वहाँ से लौटे, तो सुधांशु जी ने कहा, "तुम्हें दुःख नहीं मानना चाहिए। कठिनाई यह है कि हमें तो हिन्दी चलाने की चिन्ता है, किन्तु श्रीबाबू देश को चला रहे हैं। इस अवस्था में मतभेद तो हो ही जाएगा। लेकिन सोचने की बात है कि अधिक आवश्यक कौन-सा काम है?"

बिहार राष्ट्रभाषा परिषद् के समारोह में शिवपूजन जी के बारे में मैंने जो दो-चार शब्द कहे थे, वे श्रीबाबू को प्रसंगानुकूल नहीं लगे, ऐसी अफवाह, झूठ या सच, मेरे कानों में भी पड़ी थी। लेकिन श्रीबाबू ने मुझसे कभी भी इसका कोई जिक्र नहीं किया। उल्टे, जब शिव जी बीमार हुए, श्री ब्रजशंकर वर्मा के संकेत मात्र पर श्रीबाबू ने शिव जी के हित में वह तत्परता दिखाई, जिसकी मिसाल नहीं है। साहित्यिकों के प्रति उनके प्रेम-भाव निरे मौखिक नहीं, पूर्ण रूप से हार्दिक थे।

वे सहित्य के प्रेमी और साहित्य रचने वालों के परम हितैषी बन्धु थे। प्रायः प्रत्येक राज्य में साहित्यिकों और शासन-सूत्रधारों के बीच किसी-न-किसी हद तक मतभेद चलता है, लेकिन बिहार में यह मतभेद कभी भी प्रत्यक्ष नहीं हुआ। कारण यह था कि श्रीबाबू साहित्यिकों का सच्चे मन से आदर करते थे और दो-चार साहित्यिक यदि मिलकर कोई सलाह देते, तो उसे तुरन्त मान लेते थे। साहित्यिक चाहते हैं कि उन्हें लोग ऊँची मानवता का प्रतीक समझें। श्रीबाबू उन्हें इसी भाव से देखते थे।

योगी-सम्पादक ने सत्य ही लिखा है कि उनकी गम्भीरता जितनी आतंकोत्पादक थी, उनकी मुस्कान उतनी ही मोहक और मनोज्ञ थी। मुझे उनके गाम्भीर्य और मुस्कान, दोनों को देखने का सुयोग मिला था। किन्तु उनकी गम्भीरता वाली मुद्रा स्मृति के पट पर बुलाने से ही आती है। मेरी सहज स्मृति तो उनकी मुस्कानों की ही स्मृति है।

पटना गोलीकांड के बाद मैं यूरोप चला गया था। वहाँ से लौटने पर दिल्ली में श्रीबाबू से मेरी भेंट एक पार्टी में हुई। मेरे हाथ में जो छड़ी थी, वह काफी मोटी और सुडौल थी। श्रीबाबू को वह पसन्द आ गई और उसे उन्होंने ग्रहण कर लिया। मैंने छड़ी देते हुए कहा, "लेकिन मालिक, यह अहिंसक डंडा है। इसे बच्चों पर मत चलाइएगा।"

श्रीबाबू ठठाकर हँस पड़े।

उनकी मुस्कानों में सर्वविजयिनी शक्ति थी। गहरा कुहासा उस मुस्कान से फट जाता था। मन की व्यथाएँ उस मुस्कान से मिट जाती थीं। गाँव की जनता उस मुस्कान पर बलि-बलि जाती थी। और कार्यकर्ता उस मुस्कान से नई प्रेरणाएँ ग्रहण करते थे। और यह मुस्कान केवल मित्रों के लिए ही नहीं थी, उसका स्वाद वे भी लेते थे, जो उनके विरोधी और आलोचक थे, जिन्होंने उनका अहित और अपकार किया था। विरोधियों से मिलते समय भी अचानक मैत्री और सद्‌भाव का वातावरण खड़ा कर देना, यह श्रीबाबू का स्वभाव था और उसकी बाहरी कुंजी उनकी इसी मनमोहक मुस्कान में थी। श्रीबाबू के बारे में जब हम बहुत कुछ भूल जाएँगे, तब भी उनकी वह जादू-भरी मुस्कान हमें याद रहेगी।

जैसे उनकी सरलता, निश्छलता, वीरता और निर्भीकता अशेष थी, वैसे ही उनके धीरज का भी कहीं कोई छोर नहीं था। नेतागीरी के चुनाव के समय सारे पटना के पेट में वायु बेतहाशा दौड़ रही थी और वातावरण अत्यन्त तनाव से पूर्ण था। किन्तु कोठरी में जाकर जो देखता हूँ, तो श्रीबाबू निर्विकल्प भाव से पुस्तक पढ़ रहे हैं, मानो बाहर जो संग्राम छिड़ा था, उससे उनका कोई सरोकार नहीं हो!

श्रीबाबू ने तेईस वर्षों तक राज्य किया, इसका उल्लेख सब करते हैं; किन्तु उल्लेखनीय बात यह भी है कि अपने सारे शासनकाल में वे आलोचकों के कठघरे में खड़े रहे। अधिक दिनों तक राज्य करने वाले शासक पर जो कठोर प्रहार किए जाते हैं, श्रीबाबू के प्रसंग में उनमें से एक का भी अपवाद नहीं हुआ। लेकिन तब भी श्रीबाबू की मुस्कान नहीं गई। तब भी बुद्ध के ध्यान में उनका अश्रुपात नहीं रुका, तब भी भावुकता में कमी नहीं आई, तब भी विरोधियों के प्रति उनमें मालिन्य नहीं जनमा, न वे अपनी उच्चता से कभी इंच भर भी नीचे आए। वे अत्यन्त असाधारण बातें हैं, जो मिलती तो बहुतों को हैं, किन्तु थोड़े ही लोगों में आजीवन कायम रहती हैं। श्रीबाबू में वे अन्त-अन्त तक कायम रहीं क्योंकि उनके आन्तरिक व्यक्तित्व का परिधान गैरिक था। सभी कर्मों में लगे रहने पर भी उनका ध्यान बराबर इस बात पर केन्द्रित रहता था कि संसार माया है; यश और अपयश, दोनों ही मिथ्या रोर हैं। असली लेखा वह है, जिसे अदृश्य अपनी बही में लिख रहा है।

और इस साधना में भी सबसे अधिक बल उन्हें अपने उत्कट पुस्तक-प्रेम से ही मिलता था। पुस्तकें उन्हें ऊँची-से-ऊँची प्रेरणा देती थीं, पुस्तकें उनके मन को अन्तर्मुख किए रहती थीं और जब सांसारिक आघातों से उन्हें कष्ट पहुँचता था, पुस्तकें उन्हें अपने पन्नों में समेट लेती थीं। विष तो उन्होंने बहुत पिया, किन्तु वह उनके कंठ से नीचे नहीं उतर सका क्योंकि उनके हृदय का कोट उच्च विचारों से भली भाँति परिवेष्टित और पूर्ण था।

[9 फरवरी, 1961 ई.]

लालबहादुर शास्त्री

जब श्री लालबहादुर शास्त्री प्रधानमंत्री चुने गए, मैंने भागलपुर से उन्हें एक पत्र लिखा था कि 'हिंदुस्तान का प्रधानमंत्रित्व अमरीका के राष्ट्रपति-पद और रूस के प्रधानमंत्रित्व से ज्यादा मुश्किल काम है। आप सब तरह से उसके योग्य हैं। मुझे अगर चिन्ता है, तो केवल आपके स्वास्थ्य की। फिर भी आपका शासनकाल सबके लिए सुखकर होगा।'

मेरा अनुमान सही निकला। उनका राज्यकाल सबके लिए हितकर सिद्ध हुआ, लेकिन स्वास्थ्य ने उनका साथ नहीं दिया।

हिन्दुस्तान भयानक कठिनाइयों से भरा देश है और हिन्दुस्तान की ये कठिनाइयाँ ही उसके प्रधानमंत्री के पद को कठिन बना देती है। जो आदमी कम-से-कम चौदह घंटों तक डटकर काम नहीं कर सकता, वह इस देश का नेतृत्व नहीं सँभाल सकता है। प्राइम मिनिस्ट्री का ताज काँटों का ताज है। प्राइम मिनिस्ट्री की गद्‌दी जीने की नहीं, मरने की गद्‌दी है। ये बातें लालबहादुर जी को भी मालूम थीं और बीमारी के बाद उन्होंने डॉक्टरों के परामर्श के अनुसार कामों की भीड़ से थोड़ा बचना भी चाहा था, लेकिन वह सम्भव नहीं हुआ। अपने पोर्टफोलियो उन्होंने कम कर दिये थे। लेकिन इसका इलाज क्या था कि वे देश के प्रधानमंत्री थे और देश में जो कुछ होता है, उसकी जवाबदेही से प्रधानमंत्री भाग नहीं सकता?

जब लालबहादुर जी प्रधानमंत्री चुने गए, तब कई महीनों तक लोगों में यह कानाफूसी चलती रही कि प्रधानमंत्री तो वे चुन लिये गए हैं, लेकिन मुल्क को वे चला सकेंगे या नहीं, यह मशकूक बात है। उस समय मैंने एक छोटे-से निबन्ध में यह इशारा किया था कि जो लोग लालबहादुर जी को दूध और बताशा समझ रहे हैं, वे गलती पर हैं। यह वह बकरी है, जिसकी टाँगें इस्पात की हैं। विनम्रता और सादगी लालबहादुर जी के सबसे बड़े गुण हैं, लेकिन वे इतने सीधे नहीं हैं कि लोग उन्हें चकमा दे जाएँ; न वे इतने विनम्र हैं कि जो चाहे, उन्हें झुका दे।

और ऐसा मैं इसलिए समझता था कि मैंने उन्हें काम करते देखा था। जब असम में असमी और बंगाली भाइयों के बीच दंगा हुआ, पंडित जी ने इस झगड़े को सुलझाने के लिए और किसी को न भेजकर लालबहादुर जी को भेजा। लालबहादुर जी वहाँ गए, तो वातावरण को विषाक्त देखकर उनका कलेजा बैठ गया। लेकिन उन्होंने कई दिन तक अपना प्रयास जारी रखा और अन्त में उस झगड़े को निबटाकर ही वे दिल्ली वापस हुए।

इसी प्रकार, जब कश्मीर में 'पवित्र बाल' को लेकर उत्पात खड़ा हुआ, इस आग को बुझाने के लिए पंडित जी ने फिर शास्त्री जी को ही कश्मीर भेजा। उस समय शास्त्री जी को जो कठिनाइयाँ झेलनी पड़ीं, उनका किस्सा हम सबको याद है। शास्त्री जी ने वहाँ अक्ल की जो खास बारीकी दिखलाई, वह यह थी कि आदरणीय मुल्लाओं को एकत्र करके उन्होंने उनसे यह बताने को कहा कि बाल ठीक वे ही हैं या नहीं, जो पहले से रखे थे। जब मुल्लाओं ने यह ऐलान कर दिया कि ये बाल असली बाल हैं, तब शास्त्री जी ने शान्ति की साँस ली और वे दिल्ली वापस हुए।

संसद में जब अँगरेजी-समर्थक विधेयक पेश था, उस समय भी शास्त्री जी की सूझ-बूझ,* नम्रता और चतुराई से हम लोग काफी प्रभावित हुए थे। यह घोर रूप से बदनाम विधेयक था और सदस्यों पर अगर सचेतक की छड़ी टँगी नहीं रहती, तो उसके पारित होने की सम्भावना नहीं थी। उन दिनों सदस्य काफी चिढ़े हुए थे। लेकिन पंडित जी तो सबको उपलब्ध नहीं थे। जिसे भी अपनी भड़ास निकालनी होती, वह उसे शास्त्री जी के सामने ही निकालता था। मुझे याद है कि उन दिनों एक कवयित्री संसद-सदस्या ने शास्त्री जी पर छोटी-सी एक व्यंग्य कविता लिखी थी। उसे संसद के अनेक सदस्यों ने सुना था और वह कविता शास्त्री जी ने भी सुनी थी। लेकिन वह हमेशा मुस्कुराते ही रहे।

लोग यह भी कहते थे कि शास्त्री जी ने पंडित जी को खुश करके अपनी तरक्की की राह बना ली है। लेकिन ऐसी आलोचनाओं में आखिर दम क्या होता है? जो भी बढ़ता है, एक या अनेक को खुश करके बढ़ता है। और पंडित जी तो एक साथ ही एक और अनेक थे। क्या देश की जनता को खुश किए बिना कोई पंडित जी को खुश कर सकता था? शास्त्री जी ने पंडित जी को खुश कर लिया था, मगर इसका कारण यह था कि पंडित जी सच्चे जनसेवी की तलाश में थे, जिसे अपनी गरज नहीं हो, जो निश्छल और विनम्र हो, जिसके हाथ में देश की बागडोर सौंपी जा सके। कामराज-योजना के बाद जब शास्त्री जी फिर से मंत्रिमंडल में बुला लिये गए, तब शास्त्री जी के एक 'कामराजित' साथी ने मजाक

किया था, 'अरे वाह, यह तो कैरम का स्ट्राइकर निकला! बोर्ड से गिरा था हम लोगों के साथ, मगर अकेला बोर्ड पर फिर वापस आ गया।'

लेकिन स्ट्राइकर, सच पूछिए तो, कामराज खुद थे। स्ट्राइकर बनकर ही उन्होंने बोर्ड से कई गोटियों को नीचे गिरा दिया। लेकिन वे तुरन्त स्ट्राइकर के पद से उठकर खिलाड़ी हो गए–एक ऐसा खिलाड़ी, जिस पर सारी कांग्रेस को नाज है। पंडित जी ने जब 'कामराजित' साथियों में से केवल एक को वापस बुलाया, तब यह इस बात का स्पष्ट संकेत था कि वे देश के सामने अपने उत्तराधिकारी को खड़ा कर रहे हैं।

शास्त्री जी प्रधानमंत्री की गद्दी पर चाहे जैसे भी आए हों, किन्तु उस पद पर काम करके उन्होंने यह प्रमाणित कर दिया कि इस पद के वे सर्वथा योग्य थे। और अपने आखिरी दिनों में उन्होंने दृढ़ता, निर्भीकता, आत्मनिर्भरता, सूझ-बूझ और बहादुरी के जो चमत्कार दिखाए, उन्हें देखकर तो यही कहने को जी चाहता है कि भारत के सभी प्रधानमंत्री अगर लालबहादुर जी के समान होते जाएँ, तो फकत पच्चीस वर्षों में यह देश संसार का अग्रणी देश हो सकता है।

लालबहादुर जी ने भारतवासियों के माथे पर जो ऋण छोड़ा है, उससे उऋण होने को हम क्या कर सकते हैं? वे जब प्रधानमंत्री हुए, उस समय भारत का मस्तक ग्लानि से झुका हुआ था। वे जब स्वर्गीय होने को आए, भारत गौरव से गर्दन तानकर चल रहा था। उन्हें जो सेना मिली थी, वह भी ग्लानि के भार से दबी हुई थी। उसके अधिकांश फूल नेफा के मैदान में कट गए थे; किन्तु शास्त्री जी ने उस सेना को माँजकर फिर से तरो-ताजा और जवान कर दिया। बहुत दिनों के बाद, उन्हीं के समय में भारतवासियों को यह एहसास हुआ कि हम भी वीर हैं, हम भी मरने और मारने में माहिर हो सकते हैं, हम भी देश के लिए कुर्बानियाँ दे सकते हैं और देश के भीतर अगर कोई शत्रु घुस आए, तो हम भी उसे धूल चटा सकते हैं। एक यही दान कितना बड़ा दान है? स्वतंत्रता के बाद के समय की तो बात ही क्या, हमारे सारे इतिहास में ऐसे कितने राजे और राजनीतिज्ञ हुए हैं, जिनके छोटे-से शासनकाल में देश ने वह चीज पाई हो, जो चीज उसे शास्त्री जी के राज्य-काल में मिली?

शास्त्री जी की दृढ़ता और उनका आत्मविश्वास तो देखिए। जब अमरीका ने पेंच डाली कि अन्न हम तुम्हें महीने-महीने देंगे, तब शास्त्री जी का कलेजा जल उठा। मगर वाणी उनकी गर्म नहीं हुई। उन्होंने देश को बड़ी ही संजीदगी से सिर्फ यह सलाह दी कि 'पेट पर रस्सी बाँधो, साग-सब्जी ज्यादा खाओ, सप्ताह में एक शाम उपवास करो। हमें जीना है तो इज्जत से जिएँगे, वरना भूखों मर जाएँगे।

बेइज्जती की रोटी से इज्जत की मौत अच्छी रहेगी।' नतीजा यह हुआ कि अमरीका ने अन्न के कोटे को एक करोड़ से बढ़ाकर डेढ़ करोड़ टन कर दिया। नेता तो अक्सर बकते ही रहते हैं, मगर उनकी बातों का असर नहीं होता। लेकिन दुनिया जानती थी कि शास्त्री जी जो कहते हैं, वही उनका करने का भी विचार है। इसीलिए उनकी बातों का असर होता था।

युद्ध के समय जो मुस्तैदी शास्त्री जी ने दिखलाई, उसकी प्रशंसा सारी जनता और सारी फौज करती है। लेकिन जब शान्ति का मौका आया, तब ताशकन्द में शास्त्री जी ने चव्हाण साहब से कहा, 'यह याद रखिए कि जिस दृढ़ता से हमने युद्ध किया है, उसी दृढ़ता के साथ हम यहाँ शान्ति की भी खोज करेंगे।'

न जाने, शास्त्री जी के भीतर कितने जन्मों की साधना पूंजीभूत थी कि लगता है, वे भारत धर्म के ही अवतार थे।

दूसरा महायुद्ध नहीं होता, तो दुनिया को यह पता ही नहीं चलता कि चर्चिल केवल ओजस्वी वक्ता ही नहीं हैं, वे युद्ध के भी बेजोड़ नेता हो सकते हैं। अगर भारत पर पाकिस्तान का आक्रमण नहीं होता, तो हमें भी यह पता नहीं चलता कि शास्त्री जी के भीतर युद्ध जीतने का भी माद्दा मौजूद है। वे इतने विनम्र थे कि लगता है, विनम्रता उनके सभी गुणों को छिपाकर बैठ गई थी। जब पाकिस्तान ने खरोंच मारी, उस विनम्रता के आवरण को फाड़कर युद्ध का नेता प्रकट हो गया और भारत की जनता निहाल हो गई। हाँ, भारतवासियो! तुम्हें निराश होने की आवश्यकता नहीं है। लालबहादुर जी को प्रधानमंत्री बनाकर, उनसे युद्ध लड़वाकर, उनके द्वारा तुम्हें विजय दिलवाकर और फिर युद्ध की आग पर उनके हाथों पानी डलवाकर, भगवान ने तुम्हें ढाढ़स बँधवाया है। नेता पाने के लिए तुम्हें सुकरातों और बुकरातों के पीछे नहीं दौड़ना है, नफीस कपड़ों और शानदार अंगरखों पर नहीं जाना है। तुम्हारा नेता तुम्हारे बीच से प्रकट होगा, तुम्हीं-सा भोला-भाला, तुम्हीं-सा गरीब, तुम्हीं-सा सीधा-सादा और बिलकुल तुम्हीं-सा अनाकर्षक और आभाहीन।

जो भी आदमी शास्त्री जी से मिलकर वापस आता था, वह अपने मन में एक बार यह जरूर सोचता था कि 'अरे, यही भारत का प्रधानमंत्री है? इससे तो मैं ही कुछ तेज हूँ!' मगर जो आदमी सबसे सीधा, सबसे श्रीहीन और सबसे कम तेजस्वी दिखता था, सारा भारत उसी की आज्ञा में रहना सीख गया था। कहते हैं, जिन लोगों ने उनकी ताईद इसलिए की थी कि वे बहुत सीधे और कमजोर थे, उनका भ्रम ज्यादा दिन नहीं टिका और खुद वे ही लालबहादुर जी का मुँह जोहने लगे थे।

शास्त्री जी लगभग देहाती आदमी थे। लेकिन देहाती वे उस अर्थ में थे, जिस अर्थ में ऋषि देहाती होता है। वसिष्ठ ऋषि थे, जंगल में रहते थे, मगर सारी अयोध्या उनके अधीन थी। चाणक्य मौर्य-साम्राज्य के भाग्य-विधाता थे, मगर खुद उनकी झोंपड़ी पर लौकी की लत्ती फूलती थी। शास्त्री जी भी तीस वर्षों तक सत्तारूढ़ रहे, मगर अपना घर वे कहीं भी खड़ा नहीं कर सके। क्या ऋषि इससे बड़ा मनुष्य होता है?

शास्त्री जी को श्रद्धांजलि

स्वर्गीय श्री लालबहादुर शास्त्री विनम्रता की मूर्ति थे। उनकी जिह्वा से अहिंसामयी भाषा निकलती थी, उनकी आँखों में विनयशीलता का पानी चमकता था और उनके चेहरे पर ऐसा भाव छाया रहता था, मानो वे किसी से भी दब जाने को तैयार हों! कौन जानता था कि यह विनम्र आदमी पाकिस्तान के साथ खम ठोंककर लड़ाई लड़ेगा और मरते-मरते हिन्दुस्तान की गिरी मूँछों को ऊँचा कर जाएगा? कौन जानता था कि हिन्दुस्तान को मुसीबत में फँसा देखकर चीन जब हिन्दुस्तान को अल्टीमेटम भेजेगा, तब शास्त्री जी गरजकर इस चुनौती को स्वीकार करेंगे और कहेंगे कि दोनों दुश्मनों से हम एकसाथ भिड़ने को तैयार हैं? मगर ये सारी बातें, जिनकी शास्त्री जी से हमने बिलकुल ही उम्मीद नहीं की थी, शास्त्री जी के कार्यकाल में सच हो गईं।

शान्ति के समय न तो समाज की ताकत परखी जाती है, न व्यक्ति के साहस की जाँच होती है। मर्द बराबर संकट में पहचाने जाते हैं। पिछले साल संकटों के बीच ही शास्त्री जी की असली पहचान हुई और यह पहचान इतने निर्विवाद रूप से हुई कि शास्त्री जी सारी जनता के हृदयहार हो गए और इतिहास ने उन्हें अपने अमर और उजागर मंच पर बिठा दिया। शास्त्री जी मरे नहीं, अमर हुए हैं। भारत में सन्तों की संख्या अधिक, वीरों की संख्या बहुत थोड़ी रही है। लालबहादुर शास्त्री का स्थान इन्हीं थोड़े लोगों के बीच रहेगा। इतिहास शास्त्री जी को जो स्थान देने जा रहा है, उसकी कुछ थोड़ी झलक हमें पिछले एक वर्ष में मिल गई है। आसार ये हैं कि आनेवाली संततियाँ लालबहादुर जी का नाम लेकर आगे बढ़ेंगी और देश पर जब-जब आक्रमण होंगे, जनता लालबहादुर की जय बोलकर दुश्मनों का मुकाबला करेगी। काल ने भारत के भविष्य का द्वार लालबहादुर जी के हाथों से खुलवाया है और यह बात निश्चित हो गई है कि देश के उठने का मार्ग वही है, जिसे लालबहादुर जी अपने बलिदान से प्रशस्त कर गए हैं। लालबहादुर केवल युद्ध के ही नेता नहीं थे, शान्ति-स्थापना की जोखिम भी उन्होंने

बड़ी ही हिम्मत से उठाई और जो आग उनके जीवनकाल में लगी थी, उसे वे खुद ही बुझाकर शहीद हो गए।

जो स्वयं निरभिमानी हैं, देश के स्वाभिमान की रक्षा वे ही कर सकते हैं। भुट्टो ने जब राष्ट्रसंघ के मंच से भारत को गालियाँ सुनाईं, शास्त्री जी ने कहा, 'हम गालियों का जवाब गालियों से नहीं, गोलियों से देंगे।' अमरीका ने जब यह रुख अपनाया कि अन्न रोककर वह भारत को लाचार करेगा, शास्त्री जी ने जनता को पुकार भेजी, 'सब मिलकर सप्ताह पीछे एक शाम उपवास करो। हम पेट पर पत्थर बाँधकर स्वाभिमान से जिएँगे, मगर किसी भी राष्ट्र के आगे मस्तक नहीं झुकाएँगे।' और अमरीका ने जब अपना निमंत्रण रद्द करके शास्त्री जी का अपमान किया, तब शास्त्री जी ने इस अपमान का भी बदला अपने ही ढंग पर लिया। वे जब नियाग्रा का झरना देखने को गए, उन्होंने कहा, 'इस झरने को हम उतना ही देखेंगे, जितना वह कनाडा की जमीन से दिखाई पड़ता है। अमरीका की भूमि पर हमारा कदम नहीं पड़ेगा।'

कहते हैं, जब चीन का अल्टीमेटम दिल्ली पहुँचा, पश्चिम के एक राजदूत शास्त्री जी को यह राय देने गए थे कि अब पाकिस्तान के साथ कुछ ठंडा-गर्म कर लेने में ही भारत का कल्याण है। शास्त्री जी ने उत्तर दिया, 'क्या आप भी हमें अल्टीमेटम देने आए हैं?'

जो लोग ऐसी नीति अपनाते हैं, ऐसे खतरे उठाकर देश के मनोबल को उत्थान देते हैं, देश का सही निर्माण उन्हीं के हाथों होता है। कोई भी देश केवल वणिक-वृत्ति से नहीं बनता। देश वे ही बनते हैं, जिनका क्षात्र धर्म उजागर और तेज है। पुरातन और नवीन, सभी इतिहासों की शिक्षा एक है और वह यह कि जिस जाति का क्षात्र तेज मन्द हो गया, उसका ब्राह्म तेज भी नहीं ठहरेगा। जातियों के अस्तित्व की आभा दुकानों में नहीं, मर्दों और औरतों के ललाट पर चमकती है। जिस जाति की बाँहें कमजोर हैं, उसका दिमाग भी काम नहीं करेगा। युद्ध आधुनिकता का विरोधी भाव है, मगर जो जाति आत्मरक्षा के लायक भी ताकत नहीं रखती, वह ढब-ढाँचे चाहे जितने बदले, मगर असली अर्थों में वह आधुनिक नहीं बन सकेगी।

भारत को शान्ति सिखाने का प्रयास हिमालय को ठंडा करने के लिए उस पर और भी बर्फ लादने का प्रयास है। भारत को युद्ध कभी भी प्यारा नहीं रहा, न आज इस देश की जनता युद्ध को प्यार करती है। हम हमेशा से शान्ति के सेवक रहे हैं और चाहते हैं कि आगे भी हम विश्व-शान्ति की सेवा प्रभावशाली ढंग से कर सकें। किन्तु विश्व-शान्ति की सेवा के लिए भी यह आवश्यक है कि हमारी हस्ती कायम रहे और अपनी सीमा के भीतर हम स्वाधीन रहें।

शान्ति-साधना के मार्ग पर हम बड़ी ही बेफिक्री से जा रहे थे कि अचानक चीन ने हमें बरछे घोंपकर जगा दिया। और उसके बाद पाकिस्तान और पाकिस्तान के दोस्तों और हिन्दुस्तान के छिपे दुश्मनों ने हमें जो सबक सिखाया है, वह भुलाने की चीज नहीं है। वह सबक यह है कि जो देश निहत्थे या कमजोर हैं, उन्हें इज्जत से जीने का अधिकार नहीं है। जो लोग सबसे लड़ने को तैयार रहते हैं, उन्हें दोस्त बनाने की ख्वाहिश हर एक को होती है, मगर जो लोग किसी से भी झगड़ना नहीं चाहते, सब लोग उन्हीं के साथ रार ठानते हैं। वह सबक यह है कि यज्ञ करनेवाले ऋषि के पास भी भरी हुई बन्दूक होनी चाहिए, नहीं तो उसका यज्ञ पूरा नहीं होगा। वह सबक यह है कि दुनिया को खतरा केवल उन्हीं दैत्यों से नहीं है, जो बलवान हैं। खतरे के कारण वे साधु और महात्मा भी हैं, जो शरीर से दुर्बल और मन से निर्वीर्य हैं। खास कर बड़े देशों का कमजोर होना विश्व-शान्ति के लिए सबसे खतरे की बात है।

भारतवर्ष का पतन इसलिए नहीं हुआ कि वह शान्ति का दुश्मन अथवा पापी और पर-सन्तापी देश था, बल्कि पतन उसका इसलिए हुआ था कि पुण्य उसने जरूरत से ज्यादा सीख लिया था। जो भी देश आत्मबल बढ़ाने की उमंग में बाहुबल की उपेक्षा करेंगे, उनका आज भी वही हाल होगा जो अतीत में हिन्दुस्तान का हुआ था। आदर्श मनुष्य शान्ति और सद्भावना का ही सेवक होता है, मगर शरीर से वह कमजोर नहीं होता। जो शरीर से कमजोर है, वह सही मानो में आदर्श मनुष्य नहीं है। आदर्श मनुष्य शरीर से दैत्य और मन से महात्मा होता है। जो लोग शरीर के अखाड़े में लड़कर पशुता को पछाड़ सकते हैं, वे ही लोग मनुष्यता को देवत्व की चोटी तक ले जा सकते हैं। जो लोग अपने देश की रक्षा करने में समर्थ हैं, वे ही लोग विश्व-शान्ति की भी रक्षा कर सकते हैं। दुर्बल हाथों का उपहार न तो महाकाल स्वीकार करता है, न उसे शान्ति की महालक्ष्मी कबूल करती है। लालबहादुर जी धन्य थे कि उनके हाथों की आरती महारुद्र और महालक्ष्मी, दोनों ने स्वीकार की। यही कृष्ण-चेतना का असली स्वरूप है; यही राम और परशुराम की शिक्षा है; यही गुरु गोविन्द की साधना और इस्लाम के उपदेशों का सार है।

[2 अक्टूबर, 1966 ई.]

2

लाल किले में होनेवाले इस वार्षिक राष्ट्रीय कवि-सम्मेलन ने देश में अच्छी कीर्ति प्राप्त कर ली है। यह हमारे राष्ट्रीय महोत्सव का एक अंग-सा बन गया है। किन्तु

आज इस उत्सव को हम राष्ट्रीय शोक की छाया में मना रहे हैं और यह छाया लालबहादुर जी के अचानक ही स्वर्गगमन के शोक की छाया है। लालबहादुर जी को हम सब लोग पहचानते थे, लेकिन उतना नहीं पहचानते थे, जितना अब पहचानने लगे हैं।

कवियों और लेखकों के बारे में हम लोगों का विश्वास है कि उनकी महत्ता का असली राज उनके जीवनकाल में नहीं खुलता। उसका असली पता हमें उनकी मृत्यु के बाद चलता है। लगता है, यही बात सभी प्रकार के लोगों पर लागू है। जो अभी जीवित है, काम कर रहा है, वह क्या करके मरेगा, इसका कुछ पता नहीं है। इसलिए अपनी असली राय हमें सुरक्षित रखनी चाहिए। यदि दूसरा युद्ध नहीं छिड़ा होता, तो संसार को यह पता ही नहीं चलता कि चर्चिल भी युद्ध के कामयाब नेता हो सकते हैं। यदि पाकिस्तान के साथ हमारी दुर्भाग्यपूर्ण लड़ाई नहीं छिड़ी होती, तो लालबहादुर जी के भी युद्ध-नेतृत्व की शक्ति का ज्ञान हमें नहीं हो सकता था।

वे अत्यन्त मृदुभाषी और विनम्र मनुष्य थे। वे इतने विनम्र थे कि जो भी व्यक्ति उनसे मिलकर लौटता था, वह एक बार यह जरूर सोचता था कि लालबहादुर जी से तो मैं ही कुछ तेज-तर्रार हूँ। लेकिन जो आदमी सबसे अधिक विनम्र था, जो सबसे कम तेज-तर्रार था, उसी की आज्ञा में रहने का सबक यह देश सीख गया था। और जब हमलावरों ने इस विनम्र आदमी पर खरोंच मारी, विनम्रता की चादर फाड़कर एक युद्ध का प्रबल नेता प्रकट हो गया और हमें उस पर गर्व होने लगा। लालबहादुर जी ने जब कार्य-भार सँभाला था, हमारे राष्ट्र का मस्तक ग्लानि से नीचे झुका हुआ था। जब वे मरने को आए, यह देश अपनी गर्दन तानकर चल रहा था। हमारे राष्ट्र पर लालबहादुर जी ने जो ऋण छोड़ा है, उसे हम कभी भी नहीं चुका सकेंगे। और उन्होंने केवल लड़ाई ही नहीं लड़ी, जो आग उनके समय में लगी थी, उसे वे अपने जीवनकाल में ही बुझाकर मरे। अगर ताशकन्द समझौते पर सही करने के पाँच मिनट पूर्व शरीरपात हो गया होता, तो वे उतने बड़े दिखाई नहीं देते। युद्ध और शान्ति, दोनों ही भारत-धर्म हैं। लालबहादुर जी इस धर्म के अवतार बनकर मरे।

अभी हाल में युद्धोन्मादी काव्य पढ़ने और सुनने का अभ्यास किया था, किन्तु आज हमारे सामने युद्ध नहीं, शान्ति का प्रसंग उपस्थित है। शुद्ध कविता तो राजनीति की स्ट्रेटजी के साथ अपनी स्ट्रेटजी नहीं बदलती है क्योंकि राजनीति से उसका कोई लगाव नहीं होता। मगर कवि-सम्मेलन केवल शुद्ध कविता का मंच नहीं है। वह सामाजिक संस्था है और समाज के चढ़ते-उतरते तारों के साथ उसे

तालमेल रखना पड़ता है। अतएव, मैं चाहूँगा कि आज के कवि-सम्मेलन में पाकिस्तानी युद्ध की कविताएँ न पढ़ी जाएँ। इसका अर्थ यह नहीं है कि हम वीर रस की भी कविताएँ नहीं पढ़ें। वीर, शृंगार, करुणा, अद्भुत–इन सभी रसों की कविताएँ मजे में पढ़ी जा सकती हैं। और आपका तो प्यारा रस अब हास्यरस हो चला है। उसके बिना आपको सन्तोष नहीं होगा।

युद्ध और शान्ति की समस्या मनुष्य की सनातन समस्या है। लड़ाई बुरी बात है, मगर मुश्किल यह है कि जो राष्ट्र युद्ध के लिए तैयार नहीं रहता, शान्ति से जीना उसके लिए असम्भव हो जाता है। जिसका आपद्धर्म प्रभावशाली नहीं होता, उसका परमधर्म आप-से-आप नष्ट हो जाता है। भारतवर्ष युद्ध से बिलकुल आँख मूँदकर शान्ति की साधना करे, मैंने इस विचाराधारा का हमेशा विरोध किया है और आज भी उसका मैं विरोध ही करूँगा। मैं चाहता हूँ कि हमारा देश न्याय पर रहे और लड़ाई से बचने की कोशिश करे, मगर लड़ाई से बचना जब असम्भव हो जाए, हमें लड़ने को तैयार रहना चाहिए। इस देश में केवल कृष्ण, गुरु गोविन्द, तिलक और नेता जी सुभाषचन्द्र बोस ही नहीं हुए हैं, बुद्ध, नानक और गांधी जी भी हुए हैं। हमें उस रास्ते पर चलना है, जो कृष्ण और बुद्ध के बीच, नानक और गोविन्द के बीच, गांधी और सुभाष के बीच की दूरी को संकीर्ण बना दे अथवा उसे बिलकुल मिटा दे।

[23 जनवरी, 1966 ई.]

स्वर्गीय लोहिया साहब

डॉक्टर राममनोहर लोहिया से मेरी पहली मुलाकात सन् 1934 या 35 ई. में पटना के सुप्रसिद्ध समाजवादी नेता स्वर्गीय फूलन प्रसाद जी वर्मा के घर पर हुई थी और हम लोगों का परिचय मित्रवर श्री रामवृक्ष बेनीपुरी जी ने करवाया था। उस समय लोहिया साहब मुझे उद्वेगहीन, सीधे-सादे नौजवान के समान लगे थे क्योंकि जितनी देर हम साथ रहे, उन्होंने बातें कम और काफी विनम्रता से की थीं।

उन दिनों पहली पंक्ति के नेता गांधी जी और जवाहरलाल, राजेन्द्र बाबू और सरदार पटेल, सुभाषचन्द्र बोस और राजाजी तथा मौलाना आजाद और डॉक्टर अंसारी थे। मगर दूसरी पंक्ति के नेताओं का भी देश में बड़ा नाम था। आचार्य नरेन्द्रदेव और जयप्रकाश जी, यूसुफ मेहरअली और अच्युत पटवर्धन, डॉक्टर लोहिया और पंडित रामनन्दन मिश्र तथा श्री गंगाशरण सिंह और श्री अशोक मेहता–इनमें से प्रत्येक की महिमा तेजस्वी और मेधावी देश-सेवक की महिमा थी। आचार्य जी तो, उम्र के लिहाज से, दोनों पीढ़ियों के बीच की कड़ी के समान थे, मगर नवयुवकों के विचारदाता वे ही थे और हर समय साथ वे नवयुवक समाजवादियों का ही देते थे। लगभग यही भूमिका डॉक्टर सम्पूर्णानन्द जी की भी थी। वे भारतीय संस्कृति के पूर्ण ज्ञाता होने पर भी समर्थन समाजवाद का करते थे, इससे समाजवादी विचारधारा को बड़ा बल मिलता था।

उन दिनों हम लोग विश्वासपूर्वक यह मानते थे कि नेतृत्व का जो बोझ जवाहरलाल जी की पीढ़ी के कन्धों से उतरेगा, वह इसी समाजवादी दल के कन्धों पर आएगा। मगर विधि का विधान कुछ और था। यूसुफ मेहरअली तो असमय ही स्वर्गीय हो गए, बाकी जो लोग कायम रहे, उनके भीतर व्यक्तिवाद बहुत अधिक बढ़ गया और वे किसी एक दल के जुए के नीचे अपनी गरदनें नहीं लगा सके। श्री रामनन्दन मिश्र और श्री अच्युत पटवर्धन को तो अध्यात्म ने खींच लिया, जयप्रकाश जी सर्वोदय की ओर चले गए और नरेन्द्रदेव जी मुख्यतः

शिक्षा-शास्त्री बन गए। नवयुवकों के इस दल का कोई एक सदस्य अगर आजीवन विस्फोटक बना रहा, तो वे डॉक्टर राममनोहर लोहिया थे।

जिस लोहिया से मेरी मुलाकात सन् 1934 ई. में पटना में हुई थी और जो लोहिया संसद में आए, उन दोनों के बीच भेद था। सन् चौंतीस वाला लोहिया युवक होता हुआ भी विनयी और सुशील था, किन्तु संसद में आनेवाले प्रौढ़ लोहिया के भीतर मुझे क्रान्ति के स्फुलिंग दिखाई देते थे। राजनीतिक जीवन के अनुभवों ने उन्हें कठोर बना दिया था और बुढ़ापे के समीप पहुँचकर वे उग्रपंथी बन गए थे। उनका विचार बन गया था कि जवाहरलाल जी से बढ़कर इस देश का अहित और किसी ने नहीं किया है तथा जब तक देश में कांग्रेस का राज है, तब तक देश की हालत बिगड़ती ही जाएगी। अतएव उन्होंने अपनी राय बड़ी निर्द्वन्द्वता से तैयार कर ली थी और वह सीधी राय यह थी कि जवाहरलाल जी का जितना भी विरोध किया जाए, वह कम है और कांग्रेस को उखाड़ने के लिए जो भी रास्ते दिखाई पड़ें, उन्हें जरूर आजमाना चाहिए।

स्वराज्य होने पर भी लोहिया जी को कई बार जेल जाना पड़ा। एक बार वे उस जेल में कैद किए गए थे, जिसमें कभी जवाहरलाल जी को काफी दिनों तक कैद रहना पड़ा था। उस जेल में, स्वराज्य के बाद, जवाहरलाल जी की एक मूर्ति स्थापित की गई थी।

जेल से छूटने पर लोहिया जी के मित्रों ने उनसे पूछा, "कहिए, इस बार का कारावास कैसा रहा?"

लोहिया जी ने कहा, "कुछ मत पूछो। मैं जिस कोठरी में कैद था, उसीके सामने नेहरू की मूर्ति खड़ी थी और हर वक्त मेरी नजर उसी पर पड़ जाती थी। जल्दी रिहाई हो गई, नहीं तो उस मूर्ति को देखते-देखते मैं पागल हो जाता।"

वाणी, व्यवहार और कार्यक्रमों में इतनी कठोरता बरतने के बावजूद लोहिया साहब मानते थे कि वे गांधी जी की ही राह पर चल रहे हैं; बल्कि वे मानते थे कि वे गांधी जी के सबसे बड़े अनुयायी हैं। राजनीति की अन्य बातों में उनका यह विश्वास कहाँ तक सही माना जा सकता था, यह विषय चिन्त्य है, मगर यह ठीक है कि देश में छाई हुई गरीबी को देखकर उनके हृदय में क्रोध भभकता रहता था और अँगरेजी को वे एक क्षण भी बर्दाश्त करने को तैयार नहीं थे। जब से लोहिया साहब संसद के सदस्य हुए, संसद में हिन्दी के सबसे बड़े प्रवक्ता भी वे ही हो गए थे। उन्होंने संसद में अपने सारे भाषण हिन्दी में दिये और राजनीति की पेचीदी-से-पेचीदी बातों का उल्लेख उन्होंने हिन्दी में ही किया। उनकी विशेषता यह थी कि भारी-से-भारी विषयों पर भी वे बहुत सरल हिन्दी में बोलते थे। जहाँ

तक मुझे याद है, वे सेना और फौज के बदले 'पलटन' कहना ज्यादा पसन्द करते थे। दिल्ली में हिन्दी के विरोधी तरह-तरह के लोग हैं। मगर लोहिया साहब के भाषणों से उन सभी विरोधियों का यह भ्रम दूर हो गया था कि हिन्दी केवल कठिन ही हो सकती है और अँगरेजी का सहारा लिये बिना हिन्दी में पेचीदी बातों का बखान नहीं किया जा सकता। मेरा खयाल है, हम सभी हिन्दी-प्रेमियों ने संसद में हिन्दी की जितनी सेवा बारह वर्षों में की थी, उतनी सेवा लोहिया साहब ने अपनी सदस्यता के कुछ ही वर्षों में कर दी। टंडन जी के बाद संसद में वे हिन्दी के सबसे बड़े योद्धा थे।

संसद में आते ही विरोधी नेता के रूप में लोहिया साहब ने जो अप्रतिम निर्भीकता दिखाई थी, उसकी बड़ाई खानगी तौर पर, कांग्रेसी सदस्य भी करते थे और उस निर्भीकता के कारण लोहिया साहब पर मेरी भी बड़ी गहरी भक्ति थी। सन् 1962 ई. के अक्टूबर में, चीनी आक्रमण से पूर्व, मैंने 'एनार्की' नामक जो व्यंग्य-काव्य लिखा था, उसमें ये पंक्तियाँ आती हैं :

तब कहो, लोहिया महान है,
एक ही तो वीर यहाँ सीना रहा तान है।

ये दो पंक्तियाँ लोहिया साहब को बहुत पसन्द थीं, गरचे कभी-कभी वे पूछते थे कि ये पंक्तियाँ कहीं तुमने व्यंग्य में तो नहीं लिखी हैं?

मैं कहता, "वैसे तो पूरी कविता ही व्यंग्य की कविता है, मगर व्यंग्य होने पर भी आपके 'सीना तानने' की तो बड़ाई ही होती है।"

एक दिन मजाक-मजाक में उन्होंने यह भी कहा था कि "महाकवि, ये छिट-पुट पंक्तियाँ काफी नहीं हैं। तुम्हें मुझपर कोई वैसी कविता लिखनी चाहिए, जैसी तुमने मेरे दोस्त (जयप्रकाश जी) पर लिखी थी।"

मैंने भी हँसी-हँसी में ही जवाब दिया था, "जिस दिन आप मुझे उस तरह प्रेरित कर देंगे, जिस तरह मैं जयप्रकाश जी से प्रेरित हुआ था, उस दिन कविता आप-से-आप निकल पड़ेगी।"

लोहिया साहब जितने अच्छे वक्ता थे, उससे अधिक बड़े चिन्तक थे। मगर उनकी चिन्तन-पद्धति का साथ देना अक्सर कठिन होता था क्योंकि उनके तर्क निर्मोही और कराल होते थे। कभी-कभी ऐसा भी लगता था कि जिस शत्रु पर वे बाण चला रहे हैं, वह वास्तविक कम, काल्पनिक अधिक है।

लोहिया साहब जब आखिरी बार अमरीका गए थे, उन्हें लेखकों ने कुछ किताबें भेंट की थीं। जब वे देश लौटे और मैं उनसे मिलने गया, उन्होंने उनमें

से दो किताबें मुझे उपहार के तौर पर दीं। उनमें से एक किताब कविता की है और उसकी कवयित्री हैं रूथ स्टीफेन। रूथ स्टीफेन ने यह पुस्तक लोहिया साहब को इस अभिलेख के साथ भेंट की थी :

'For Ram, who rips shadows into rags.'

अनुमान होता है कि कवयित्री के साथ लोहिया साहब की जो बातें हुईं, उनसे कवयित्री पर यह प्रभाव पड़ा कि यह आदमी बाल की खाल उधेड़ता है और काल्पनिक छायाओं के चिथड़े उड़ा देता है। अमरीका में लोहिया साहब ने एक ऐसा भी बयान दिया था, जिसका मकसद अमरीकी सभ्यता के खोखलेपन पर प्रहार था।

जब से नवीन जी गुजर गए, संसद का केन्द्रीय हॉल मेरे लिए सूना हो गया। मगर जब डॉक्टर राममनोहर लोहिया सदस्य बनकर संसद में आए, मैं सेंट्रल हॉल की ओर फिर से जाने लगा क्योंकि लोहिया साहब के साथ बातें करने में मुझे ताजगी महसूस होती थी और मजा आता था। वे अक्सर मुझसे पूछते थे, "यह कैसी बात है कि कविता में तो तुम क्रान्तिकारी हो, मगर संसद में कांग्रेसी सदस्य?"

इसका जो जवाब मैं दिया करता था, उसका निचोड़ मेरी 'दिनचर्या' नामक कविता में दर्ज है :

तब भी माँ की कृपा, मित्र अब भी अनेक छाए हैं,
बड़ी बात तो यह कि 'लोहिया' संसद में आए हैं।
मुझे पूछते हैं, 'दिनकर' कविता में जो लिखते हो,
वह है सत्य या कि वह, जो तुम संसद में दिखते हो?'
मैं कहता हूँ, 'मित्र, सत्य का मैं भी अन्वेषी हूँ।
सोशलिस्ट ही हूँ, लेकिन कुछ अधिक जरा देशी हूँ।
बिलकुल गलत 'कमून', सही स्वाधीन व्यक्ति का घर है।
उपयोगी विज्ञान, मगर मालिक सबका ईश्वर है।'

इस कविता में एक जगह गरीबी की थोड़ी प्रशंसा-सी है :

बेलगाम यदि रहा भोग, निश्चय संहार मचेगा,
मात्र गरीबी-छाप सभ्यता से संसार बचेगा।

यह बात लोहिया साहब को बिलकुल पसन्द नहीं थी। वे निश्छल आदर्शवादी थे और गरीबी के साथ किसी भी प्रकार का समझौता करने को तैयार नहीं थे। ईश्वर का खंडन तो उन्होंने मेरे समक्ष कभी नहीं किया, मगर भाग्यवाद या नियतिवाद के वे प्रबल विरोधी थे।

बातचीत के प्रसंग में एक दिन मैंने उनसे कहा था कि काम और क्षुधा की जिस समस्या से नई सभ्यता उलझ रही है, उसका ज्ञान प्राचीनों को भी था। जिस मनुष्य के अस्तित्व से समाज का गौरव बढ़ता है, लोगों को ऊँचा उठने की प्रेरणा मिलती है, उसके स्खलनों के प्रति प्राचीन सभ्यता भी उदार थी, और नहीं तो पंचकन्याएँ पूजनीया कैसे मान ली गईं? और अगर क्षुधा की बात लीजिए, तो गांधारी ने भगवान श्रीकृष्ण से कहा था :

वासुदेव, जरा कष्टं, कष्टं निर्धन जीवनम्,
पुत्रशोक महाकष्टं कष्टातिकष्टं क्षुधा।

लोहिया साहब ने उसी समय इस श्लोक को कंठस्थ कर लिया और कई दिन भेंट होने पर उन्होंने यह श्लोक मुझे सुनाया, शायद यह बताने को कि श्लोक उन्हें भली भाँति याद है।

उनके स्वर्ग-गमन से कोई एक मास पूर्व मैंने एक दिन उनसे निवेदन किया था, "आप क्रोध को कम कीजिए, वही अच्छा है। देश आपसे बहुत प्रसन्न है। अब आपको छोटी-छोटी बातों को लेकर कटुता नहीं पैदा करनी चाहिए। यह देश बड़ा ही कठिन देश है। कहीं ऐसा न हो कि भार जब आपके कन्धों पर आए, तब आपका अतीत आपकी राह का काँटा बन जाए।"

उन्होंने उदासी में भरकर कहा, "तुम क्या समझते हो, उतने दिनों तक मैं जीने वाला हूँ? मेरी आयु बहुत कम है, इसलिए, जो बोलता हूँ, उसे बोल लेने दो।"

कितने आश्चर्य की बात है कि वे अपने अन्त को समीप देख रहे थे?

[20 फरवरी, 1968 ई.]

स्वर्गीय डॉक्टर जाकिर हुसेन

जब से गांधी जी ने बुनियादी तालीम का आन्दोलन आरम्भ किया, डॉक्टर जाकिर हुसेन का नाम हम लोग ज्यादा सुनने लगे। बुनियादी तालीम के मामले में डॉक्टर जाकिर हुसेन गांधी जी के खास सलाहकार थे। गांधी जी ने सूत्र के रूप में जो कुछ कहा था, जाकिर साहब ने उसकी व्याख्या इतनी सफाई से की कि वे नई तालीम के नेता हो गए। उन दिनों जाकिर साहब के जो भी बयान अखबारों में आते थे, उन्हें हम लोग बड़े ही चाव से पढ़ते थे। उनके बयानों में दलीलें तो होती ही थीं, उनकी भाषा भी चुस्त और साफ होती थी और हम पर यह प्रभाव पड़ता था कि इस विचारक का चरित्र ठोस होगा, तभी उसकी उक्तियों में उलझन का नाम नहीं है।

जाकिर साहब से मेरी पहली मुलाकात भी 'बुनियादी तालीम संघ' के जलसे में हुई थी, जो शायद 1948 या 49 ई. में पटना के पास बिहटा या विक्रम में हुआ था। जाकिर साहब के भाषण की खूबी यह थी कि उनके वाक्य व्याकरण-सम्मत, सुलझे, पूरे और साफ होते थे, मानो वे पहले से ही सजे-सजाए धरे रहे हों! मौलाना आजाद नबी या पैगम्बर के ठाठ से बोलते थे, मगर वाक्यों की चुस्ती और सफाई वाला गुण उनमें भी था।

जाकिर साहब से मेरी दूसरी मुलाकात तब हुई, जब सन् 1952 ई. में हम दोनों राज्य सभा के सदस्य हुए—वे राष्ट्रपति के द्वारा नामित होकर और मैं कांग्रेस दल के द्वारा चुना जाकर। राज्य सभा के सदस्य जाकिर साहब पाँच वर्ष रहे थे, किन्तु इस अरसे में मेरा उनके साथ कोई खास मेल-जोल नहीं बढ़ा। सभा में वे पिछली बेंच पर बैठते थे और सीधे अध्यक्ष की ओर ताकते रहते थे। अपनी पाँच वर्ष की सदस्यता में उन्होंने सभा में कभी भी मुँह खोला हो, ऐसा मुझे याद नहीं आता है। वे बोलने वाले नहीं, सुनने वाले सदस्य थे। उनका विश्वास कर्म में था और जो कुछ जीवन में वे कर पाए थे, उससे वे भली भाँति भरे-पूरे और सन्तुष्ट थे।

संयोग ऐसा कि सन् 1957 ई. में जाकिर साहब बिहार के राज्यपाल नियुक्त हो गए। राज्यपाल का पद ऐसा है कि उस पर काम करने वाले आदमी को सीधी

कार्रवाई नहीं करनी पड़ती। उसके पद का प्रभाव उसके मिलने-जुलने, ढब-ढाँचे और तौर-तरीकों से आँका जाता है। बिहार में राज्यपाल डॉक्टर जाकिर हुसेन ने जो प्रभाव उत्पन्न किया, वह बेजोड़ था। अफसर उनके पास से उठना नहीं चाहते थे क्योंकि जाकिर साहब केवल राज-काज की ही बातें नहीं करते थे, बल्कि ताजे और अनूठे विचार भी उनके मुख से झरते रहते थे, जिन्हें सुनने में अफसर गर्क हो जाते थे। यह गनीमत बात थी। अफसर तो मेधावी लोग ही बनते हैं, किन्तु नीरस वातावरण में उन्हें विचारों की ताजगी बहुत कम मिल पाती है। इस ताजगी का मजा वे जाकिर साहब की संगति में लेते थे।

जिस साल राहुल जी को, शिवपूजन सहाय जी को, जयप्रकाश जी तथा सुधांशु जी को एवं मुझे भागलपुर विश्वविद्यालय ने डॉक्टरेट की उपाधि दी, उस साल के दीक्षान्त-समारोह की अध्यक्षता, कुलाधिपति की हैसियत से, डॉक्टर जाकिर हुसेन ने की थी। उस दिन सारे कार्यक्रम का संचालन जाकिर साहब ने शुद्ध हिन्दी में किया था। यह ध्यान खींचने वाली बात थी। जब समारोह समाप्त हुआ, मैंने जाकिर साहब को बधाई दी कि आपकी हिन्दी तो बिलकुल पंडिताऊ है। आपने हिन्दी पर यह स्वामित्व कैसे प्राप्त किया? वे बोले "आपको मालूम नहीं है, मैंने एक बार संस्कृत विश्वविद्यालय के दीक्षान्त समारोह का संचालन संस्कृत में किया था।"

मेरे यह पूछने पर कि यह दुष्कर कार्य आपने कैसे किया, उन्होंने कहा, "यह काम मुश्किल कहाँ, बिलकुल आसान है। मैं संस्कृत के वाक्य उर्दू में लिखकर उन्हें रट जाता हूँ और तब संस्कृत में सभा-संचालन करता हूँ।"

संसद के सम्मिलित सत्र में भी राष्ट्रपति की हैसियत से जाकिर साहब अपना भाषण पहले हिन्दी में पढ़ते थे और पीछे अँगरेजी में। पिछली बार तो उन्होंने अँगरेजी का भाषण पढ़ा ही नहीं। यह काम उन्होंने उपराष्ट्रपति के जिम्मे लगा दिया था।

जाकिर साहब का अटल विश्वास था कि यह देश शिक्षा के क्षेत्र में तभी आगे बढ़ेगा, जब अपनी सारी पढ़ाई और सारा चिन्तन वह अपनी भाषाओं में करे। लेकिन देश में ऐसे शिक्षा-शास्त्री आज भी मौजूद हैं, जो माध्यम-परिवर्तन की बात को शंका से देखते हैं। दिल्ली में गुजराती साहित्य सम्मेलन का उद्‌घाटन करते हुए राष्ट्रपति डॉक्टर जाकिर हुसेन ने इन्हीं शंकालु शिक्षाशास्त्रियों को लक्ष्य करके कहा था, 'मुश्किलें कहाँ नहीं हैं? मगर खुदा के वास्ते आप माध्यम-परिवर्तन का काम तो शुरू कीजिए। धीरे-धीरे आपकी सारी मुश्किलें आसान हो जाएँगी।'

जैसे जवाहरलाल जी का जीवन राजनीतिज्ञ का जीवन था, उसी प्रकार डॉक्टर जाकिर हुसेन का जीवन शिक्षाशास्त्री का जीवन था। प्राथमिक से लेकर

विश्वविद्यालयी स्तर तक शिक्षा की जितनी भी समस्याएँ हैं, जाकिर साहब को उन सबकी जानकारी थी, उन सबका प्रत्यक्ष ज्ञान था। शिक्षा के बारे में वे जो बात नहीं जानते थे, वह किसी के भी जानने लायक नहीं रही होगी। और शिक्षक होने पर उन्हें सबसे ज्यादा नाज भी था। सन् 1962 ई. में जब वे उपराष्ट्रपति चुने गए और अध्यक्ष की हैसियत से राज्य सभा में पहले-पहल आए, सभी दलों के सदस्यों ने उनका अभिनन्दन खुले कंठ से किया। मुझे याद है कि जब वे अभिनन्दन का उत्तर देने को खड़े हुए, उन्होंने कहा, 'मेरा सत्कार असल में एक शिक्षक का सत्कार है। बधाइयाँ मुझे सभी तबकों के लोगों ने भेजी हैं, मगर मुझे इस बात की खास खुशी है कि सबसे ज्यादा बधाइयाँ शिक्षकों के यहाँ से आई हैं। मैं यह सोचकर गौरव का अनुभव करता हूँ कि देश के असंख्य शिक्षक मुझे अपने में से एक समझते हैं।'

और राष्ट्रपति बनने के बाद उन्होंने राष्ट्र के नाम जो सन्देश दिया था, उसमें भी उन्होंने अपने शिक्षक होने की बात का उल्लेख काफी गौरव के साथ किया था।

पंडित जवाहरलाल जी के साथ मेरा अच्छा परिचय था। मुझे उन्होंने इस बात की खुली छूट दे रखी थी कि राजकाज के बारे में कच्ची-पक्की, जो भी बातें मुझे सूझें, उन्हें लिख दिया करूँ। सो जब मौलाना आजाद का देहान्त हुआ, मैंने पंडित जी को एक गोपनीय पत्र लिखा कि संसद के बहुत-से सदस्यों का खयाल है कि स्वर्गीय मौलाना साहब के स्थान पर डॉक्टर जाकिर हुसेन साहब को शिक्षा मंत्री नियुक्त किया जाए क्योंकि शिक्षा के मामले में जाकिर हुसेन साहब से ज्यादा तैयार और कोई भी व्यक्ति नहीं है।

पंडित जी ने मेरे पत्र का कोई उत्तर नहीं दिया, न भेंट होने पर उस विषय की कोई चर्चा ही चलाई। पीछे अफवाह उड़ी कि जाकिर हुसेन साहब से इस बारे में पूछताछ की गई थी, किन्तु उन्होंने स्वास्थ्य कमजोर होने के कारण मंत्री बनने से इनकार कर दिया है। मैं मन-ही-मन निराश हो गया। जाकिर साहब शैक्षणिक समस्याओं के सबसे बड़े विशेषज्ञ थे। उनके विचारों पर गांधी जी का पूरा प्रभाव था। मेरी प्रबल इच्छा थी कि एक बार उन्हें भारत का शिक्षा मंत्री अवश्य बनाना चाहिए; किन्तु यह जो होने लायक बात थी, होने से रह गई।

बाद में मेरी मुलाकात कर्नल जैदी से हुई और उनसे मैंने पूछा कि जाकिर साहब ने शिक्षा मंत्री बनने से इनकार क्यों कर दिया?

जैदी साहब मुझे एकांत में ले गए और बोले, "यही बात मैंने जाकिर साहब से पूछी थी। उन्होंने कहा कि मुझसे तो ऐसा प्रस्ताव किसी ने कभी किया ही नहीं। और अगर पंडित जी की बात हो, तो मौलाना की मृत्यु के बाद मैं तो पंडित जी के पास ही था। उन्होंने ऐसा कोई भी इशारा मुझे नहीं किया।"

अपने देश की जो स्थिति है, उसमें उस व्यक्ति की पूजा की जानी चाहिए, जो आज भी गांधी जी की राह पर है। राष्ट्रपति डॉक्टर जाकिर हुसेन सच्चे अर्थों में गांधीवादी थे। हिन्दू-मुस्लिम एकता का भाव उनके भीतर कूट-कूटकर भरा हुआ था। विषम से विषम परिस्थिति में भी एकता के प्रति उनकी आस्था अडिग रही। सच तो यह है कि उनके चरित्र में सम्राट अकबर के गुणों का स्पर्श था। इस देश की प्रथा के अनुसार नमस्कार वे दोनों हाथ जोड़कर करते थे। जब वे राष्ट्रपति के पद पर आसीन हुए, उन दिनों शृंगेरी के शंकराचार्य दिल्ली में ही विराजमान थे। राष्ट्रपति डॉक्टर जाकिर हुसेन उनकी सेवा में उपस्थित हुए और स्वामी जी से उन्होंने आशीर्वाद प्राप्त किया। इसे ही मैं अकबरी गुणों का स्पर्श कहता हूँ।

जाकिर साहब गांधीवादी थे, देशभक्त थे, बेजोड़ शिक्षाशास्त्री और विद्वान थे। लेकिन इन सबसे बढ़कर वे सभी दृष्टियों से भले मानस और सज्जन पुरुष थे। उन्होंने अनेक ओहदों पर काम किया, लेकिन उनको लेकर कभी कोई विवाद खड़ा नहीं हुआ। अलीगढ़ के मुस्लिम विश्वविद्यालय के कुलपति वे काफी दिनों तक रहे थे, लेकिन उनके समस्त कार्यकाल में एक भी मौका ऐसा नहीं आया, जब कोई निर्णय सर्वसम्मति से नहीं हुआ हो।

उनका चरित्र साधु का चरित्र था। दुखियों का दुःख बाँटने में उन्हें सन्तोष मिलता था। वे एक आदमी को बड़ा और दूसरे को छोटा नहीं समझते थे। जब मैं अपने जीवन की सबसे बड़ी विपत्ति, पुत्र-शोक में पड़ा, उपराष्ट्रपति डॉक्टर जाकिर हुसेन दिल्ली में मुझ अपदार्थ के घर आए थे। मैं जब तक नमस्कार करूँ, तब तक उन्होंने मुझे अपने आलिंगन में बाँध लिया और वे बोले, "भाई दिनकर, कुछ भी कहने-सुनने नहीं आया हूँ। यह भी परमात्मा की देन है और उसी रूप में इसे बर्दाश्त करना है।"

मेरी जो घनिष्ठता राजेन्द्र बाबू और डॉक्टर राधाकृष्णन् के साथ बढ़ी थी, वह घनिष्ठता डॉक्टर जाकिर हुसेन के साथ नहीं हो सकी। फिर भी मैं जाकिर साहब का इतना विश्वास करता था कि अपनी गुप्त से गुप्त कठिनाई भी उनके सामने खोलकर रख सकता था। मेरा खयाल है, देश में ऐसे अनेक व्यक्ति होंगे, जो घनिष्ठ न होने पर भी डॉक्टर जाकिर हुसेन का ऐसा ही विश्वास करते होंगे। वे शील की प्रतिमा और सज्जनता की मूर्ति थे।